13 x Griechenland

Kalimera Romiosini

EDITION ERDE TV-Buch

Klaus Gallas

13 x Griechenland

Kalimera Romiosini

TV-Buch WDR

Mit einem Sprachkurs Neugriechisch
von Hans Eideneier

Fotos Klaus Gallas

Konzeption Klaus Gallas

EDITION ERDE TV-BUCH WDR

Titelbild

Santorin: Inselhauptstadt Firá

Bild Seite 4/5

Dekor eines Vorratsgefäßes aus den Westmagazinen des Palastes von Knossós

Bild Seite 374/375

»Stadtrecht von Górtys«, der älteste schriftlich fixierte Gesetzestext Europas, 5. Jh. v. Chr.

Bild Seite 484/485

Schwarze Oliven

Dieses Buch entstand im Medienverbund
mit der WDR-Fernsehreihe 13 x Griechenland. Kalimera Romiosini.
Redaktion: Dieter Stobbe

EDITION ERDE TV-Buch
Lektorat: Cornelia Greiner
Herstellung: Michael Nagler
Karten: Computerkartographie Carrle, Odelzhausen
Satz: DIGISET BW Verlag, Nürnberg
Litho: Reprotechnik Staudacher, Nürnberg
Druck: Graphische Betriebe F. Willmy, Nürnberg
Gestaltung und Typographie: Prof. Hans Fick, Nürnberg

2. überarbeitete und korrigierte Auflage 1995
Erste Auflage 1995

Printed in Germany
ISBN 3-8214-6545-X

Für Ulrike und Nikólaos
zum 27. April 1994

Vorwort

Griechenland und die komplexe griechische Realität in einer TV-Reihe darzustellen oder zwischen zwei Buchdeckeln zu beschreiben, ist unmöglich! Vieles wird der Griechenlandkenner deshalb in den dreizehn Fernsehfolgen und im TV-Buch vermissen; vieles – so hoffen wir – wird ihm jedoch neben dem bekannten, vertrauten ein unbekanntes Griechenland eröffnen, das ihn fasziniert und neugierig macht und zu einer Reise ins Land der Hellenen anregt. Nicht ohne Grund haben wir die TV-Reihe »13 x Griechenland. Kalimera Romiosini« genannt: Zum einen, um deutlich zu machen, daß wir nur 13 Aspekte, sprich Landschaftsräume, vorstellen wollen und zum anderen, um mit dem Untertitel »Romiosini« die kulturelle Identität der Griechen deutlich auszusprechen. Denn Griechenland ist der einzige und wirkliche Nachfolger des Byzantinischen, also des Oströmischen Reiches.

Daß dieses Projekt im Medienverbund zwischen der Kulturredaktion des WDR und Edition Erde verwirklicht werden konnte, ist Lucyna Lodter und Hansdieter Uhlig (gest. 1994) vom BW Verlag in Nürnberg und Herrn Dieter Stobbe vom WDR in Köln zu verdanken. Bei der Realisierung des Projekts war besonders Sidney Wiesner mit Engagement und großer Übersicht involviert. Ohne seine Kreativität als Regie-Kameramann hätte dieses Vorhaben nicht durchgeführt werden können. Viele bürokratische und landesspezifische Hindernisse in Griechenland beseitigte für uns unser Produktionsleiter Nikos Sindichakis. Beiden gebührt mein ganz herzlicher Dank. Gleichermaßen danke ich Cornelia Greiner, die mit Sicherheit, sehr viel Einfühlungsvermögen und Sensibilität das TV-Buch als Lektorin betreute. Von der Griechischen Zentrale für Fremdenverkehr sei Olympia Tsioulákis und Jeórjios Kontojannópoulos gedankt. Auch Attika-Reisen in München gilt mein Dank für die Organisation unserer Reisen, hierbei seien besonders Petra Ibanidis und Michael Karavas erwähnt. Besonders angenehm war die Zusammenarbeit mit meinem Co-Autor Hans Eideneier, der den Text des Neugriechisch-Sprachkurses verfaßte, für die ich ihm ebenfalls herzlich danke. Schließlich gilt all jenen Helfern in Griechenland unser Dank, die teilweise aufopfernd bemüht waren, uns unsere Arbeit bei den Drehterminen zu erleichtern. Mein besonderer Dank richtet sich an meine Frau Ulrike, die es mit einfühlsamem Verständnis und viel Geduld ertrug, daß ich den größten Teil des Jahres 1994 auf Griechenlandreise und am Schreibtisch verbracht habe.

Klaus Gallas, München im Februar 1995

Inhaltsverzeichnis

1. Folge

Griechenland

Küsten des Lichts

Griechenland – das sind die einzigartigen Küsten des Lichts, das ist das Festland mit seiner großartigen Gebirgswelt, das ist die bunte Vielfalt der Inselwelt. Die Mannigfaltigkeit der griechischen Landschaft spiegelt sich im Wesen ihrer Bewohner wider: Griechenland – das sind vor allem die Menschen mit ihrem stark ausgeprägten Individualismus. Kein Wunder, daß die Griechen stolz auf ihre Herkunft sind, stand doch in ihrem Land die Wiege der europäischen Kultur, haben sich doch dort trotz jahrtausendelanger Fremdherrschaft griechische Kultur und vor allem griechische Sprache behaupten können.

In dieser ersten Folge haben wir mit der Kamera bekanntes und unbekanntes Griechenland eingefangen, Eindrücke visualisiert, die auf die weiteren Folgen einstimmen sollen: auf Kreta, den Ursprung Europas, Santorin, die schönste Perle der Kykladen, die antike und moderne Peloponnes, Athen, Attika, Rhodos und Kárpathos, Delphi und das Festland, Thessaloníki, Makedonien, Korfú, Lesbos und Chíos.

Bilder statt vieler Worte …

TEL ATLANTIS

PORTO FIRA
HOTEL

ONE

ΟΡΝΙΘΕΣ
ΒΑΒΥΛΩΝΙΑ

1. Folge: Griechenland

S.13: Réthimnon auf Kreta: Blick vom Kastro zu den Weißen Bergen

S.14/15: Santorin: Inselhauptstadt Firá

S.16: Olympia: Hera-Tempel

S.17: Mistrá: Frauenkloster Pandanássa

S.18: Athen: Agorá mit dem Theseion-Tempel und der Ajií-Apostóli-Kirche

S.19: Klosterkirche Dafní in Attika: Mosaik mit der Fußwaschung des Petrus, 11. Jh.

S.20: Rhodos-Stadt: Hafen und Großmeister-Palast

S.21: Épirus/Festland: Ioánnina mit Kastro und See

S.22/23: Thessaloníki: Der Weiße Turm, das Wahrzeichen der Stadt. Er gehörte ehemals zur byzantinischen Stadtmauer und schützte die Südostecke.

S.24/25: Athos, der »Heilige Berg«, mit dem russischen Kloster Pandeleïmon.

S.26/27: Korfú, die Hauptstadt der Ionischen Inseln mit alter und neuer Festung

S.28: Blick auf Míthimna/Móliwos an der Nordküste von Lesbos

2. Folge

Kreta

Ursprung Europas

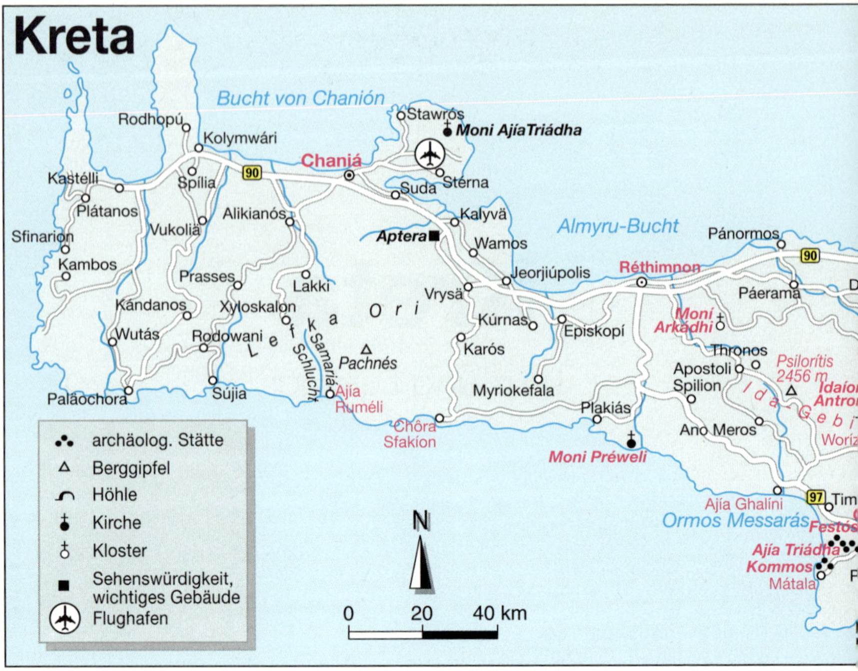

Kreta, ein Gebirge im Meer und dennoch beinahe ein Kontinent. Mächtig steigt die Insel fast 2500 Meter aus den Fluten empor, trennt Afrika von Europa, scheidet ägäische von libyschen Gewässern. Eine weiße Schneedecke krönt die Berge in den langen, kalten Wintermonaten.

Unter dem höchsten Gipfel Kretas, dem Psilorítis, breitet sich in 1100 Meter Höhe die **Nidha-Hochebene** aus. Darüber liegt die **Idäische Grotte**, die antike Autoren und Mythenforscher als Geburtsort des Zeus lokalisieren.

Der Name Ida bedeutet »Waldgebirge« und erinnert daran, wie waldreich diese Gegend während der Bronzezeit (2800–1200 v. Chr.) gewesen sein muß. Daß Imker und Hirten damals hier ihr Auskommen hatten, drückt sich schon im Zeus-Mythos aus. Danach soll das göttliche Kind in dieser Region mit dem Honig der Bienen Melissai und der Milch der Ziege Amaltheia genährt worden sein. Jüngere antike Quellen hingegen berichten, Zeus sei in der Diktäischen Grotte am Rande der Lassíthi-Hochebene geboren und in der Idäischen Grotte aufgewachsen. Wie dem auch sei, Mythenforscher und Archäologen sind sich einig: die Anfänge Europas liegen auf Kreta.

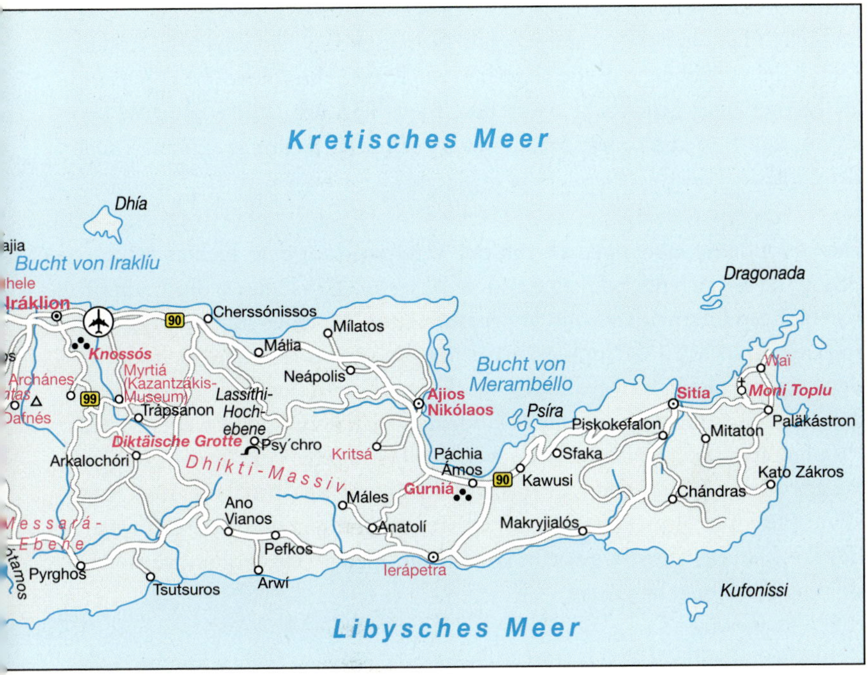

Heute wirkt das Ida-Gebirge seltsam bizarr und archaisch. Wo einst dichte Wälder standen, dominieren nun karstige Berghänge. Auf der Hochebene hingegen weiden wie vor Tausenden von Jahren in den Sommermonaten Schaf- und Ziegenherden. Die Hirten leben in steinernen Mitata-Rundhütten, deren architektonische Gestalt und Konstruktion auf uralte, minoische Grabbauten zurückgehen. Damit steht die minoische Welt der ägäischen Bronzezeit lebendig vor uns. Daß die Idäische Grotte vom Neolithikum bis in die frühchristliche Epoche als Kultstätte diente, belegen die sensationellen Funde, die Archäologen hier machten. Zu allen Zeiten besaß die Grotte eine für uns kaum mehr vorstellbare Anziehungskraft. Für die antiken Griechen muß sie das Heiligtum schlechthin gewesen sein. Selbst so berühmte Persönlichkeiten wie Solon, Pythagoras und Platon scheuten keine Mühen, um zum Geburtsort ihres Göttervaters Zeus zu pilgern.

Weniger als dreißig Kilometer östlich der Ida-Grotte, nicht weit von Knossós entfernt, nahe Archánes, erhebt sich der Berg **Júchtas**. Von ihm berichtet die kretische Legende, daß sich hier das mythische Grab des unsterblichen Zeus befindet. Ein Grab für den obersten der unsterblichen Götter? Der unsterbliche Zeus also doch sterblich? Jedes Jahr symbolisch zu Grabe getragen und im grellen Feuerschein wiedergeboren? So zumindest glauben es die Kreter. Man kann verstehen, daß die Griechen die Kreter, die solches behaupteten, als Lügner oder gefährliche Tiere und Menschen mit faulen Bäuchen beschimpften – so zumindest schreibt es der Apostel Paulus in seinem Titus-Brief (1.12.).

Das besondere Geheimnis, das mit der Verehrung auf dem Júchtas verbunden ist, deutet sich noch auf eine andere Weise an. Man kennt ja die Tradition von heiligen Orten mit besonderer Ausstrahlung, an denen im Laufe der Geschichte Kultstätten der unterschiedlichen Religionen entstanden sind. Bei den Griechen ist es für gewöhnlich so, daß auf hohen Berggipfeln, wo in der Antike Zeus verehrt wurde, die orthodoxen Nachfahren meist Kapellen des Propheten Elias errichteten, der – wie der heidnische Gott Zeus – für das Wetter verantwortlich war. Der Júchtas bildet hier eine Ausnahme: Ihn krönt keine Elias-Kapelle, sondern ein Kirchlein, das der Metamórphosis Christú, der »Verklärung Christi«, geweiht ist und auf die vorweggenommene Auferstehung des Herrn hindeutet.

Zum Metamórphosis-Fest im Ort Archánes und auf dem Júchtas kommen alljährlich am 6. August Menschen von nah und fern, um die Verklärung des Herrn zu feiern. Sie bringen Brote und Trauben mit, die sie segnen lassen. Die Feier hat im Grunde den Charakter eines Erntedankfestes. Sollte sich hierin ganz vage die Erinnerung andeuten, daß der »minoische« Zeus, der einst sicherlich einen anderen Namen trug, ein Vegetationsgott war, der durch sein Sterben und seine Wiedergeburt den jahreszeitlichen Zyklus des Vergehens und Werdens der Natur verkörperte? Vielleicht gab es ja schon vor 3 500 Jahren ein mit einer ganz ähnlichen Verehrung verbundenes ›Erntedankfest‹?

Die Bedeutung des Gipfelheiligtums auf dem Júchtas mag auch mit der Nähe des weltberühmten Palastes von Knossós zusammenhängen, der nach dem heutigen Wissensstand der Archäologie in minoischer Zeit die bedeutendste Residenz auf Kreta und damit wirtschaftlicher und politisch-sakraler Mittelpunkt war. Es wurde sogar nachgewiesen, daß die Verlängerung der Mittelachse des großen Zentralhofes auf den Júchtas ausgerichtet ist.

Das klingt alles ganz klar und verständlich. Doch wissen wir noch nicht lange von dieser immer noch geheimnisvollen, eigenartig mythischen Kultur der ägäischen Bronzezeit. Noch in der zweiten Hälfte des 19. Jahrhunderts hätte es niemand für möglich gehalten, daß die griechische Welt – das Festland wie die Ägäischen Inseln – schon weit vor dem großen Jahrtausend hellenischer Kultur eine Zivilisation aus dem vorgeschichtlichen Dunkel hervorgebracht hat. Eine Gesellschaft, die lange, bevor Homer die mündliche Überlieferung schriftlich fixiert hat, Blüte und Niedergang erlebte. Und es ist das Verdienst des genialen Heinrich Schliemann (1822 – 1890), unser Wissen von der griechischen und damit unserer europäischen Frühgeschichte entscheidend bereichert zu haben. Er nahm den griechischen Mythos, vor allem Homers »Ilias«, die den Trojanischen Krieg zum Gegenstand hat – bis dahin als frühestes Zeugnis abendländischer Dichtung bewundert, ohne jedoch nach einer verborgenen historischen Wahrheit befragt worden zu sein – als Grundlage für seine ersten archäologischen Abenteuer. Seine Vermutung wurde zur Gewißheit: Er entdeckte Mykene, Troja und andere mykenische ›Hochburgen‹. Auch Kreta rückte in das Interesse von Schliemann, doch sollte die Entdekkung der minoischen Welt einem anderen vorbehalten bleiben: dem englischen Ethnologen Sir Arthur Evans. Er begann im Jahre 1900 mit ersten Grabungen, die schließlich den **Palast von Knossós** ans Tageslicht brachten und mit ihm die minoische Kultur, die ihren Namen auf den sagenhaften kretischen König Minos zurückführt.

Unser Wissen über das minoische Kreta ist seitdem beträchtlich gewachsen und hat manche Korrekturen erforderlich gemacht. Hatte noch Evans als Apologet einer minoischen Vorherrschaft an eine Eroberung des griechischen Festlandes von Kreta aus geglaubt, so stellt sich diese Konstellation heute mit umgekehrten Vorzeichen dar: Zumindest in Knossós herrschten nach 1450 v. Chr., als alle anderen minoischen Zentren – mit Ausnahme von Archánes am Fuße des Júchtas – bereits in Schutt und Asche lagen, griechisch sprechende Mykener. Ob dieser Machtwechsel jedoch auf friedlichem Wege oder mit kriegerischer Gewalt erfolgt war, bleibt nach wie vor umstritten. Sicher ist nur, daß es im minoischen Kreta zwei große Katastrophen gab: Von der ersten, die am Ende der sogenannten Alten Palastzeit, um 1700 v. Chr., wahrscheinlich durch ein Erdbeben ausgelöst worden war, konnten sich die Menschen wieder erholen. Die zweite von 1450 v. Chr. hingegen, die vielleicht in engem Zusammenhang mit dem Vulkanausbruch auf der Insel Santorin stand und auf Kreta alle Paläste zerstörte, bedeutete das Aus für diese hochentwickelte Ägäiskultur.

Was den Untergang Altkretas anbelangt, so trafen hier möglicherweise auch äußere Einwirkungen und innerer Zerfall zusammen. Vielleicht hatte sich die minoische Kultur selbst überlebt, vielleicht waren die in ihr entwickelten Organisationen nicht stabil genug, in der Geschichte zu bestehen – man denke an wirtschaftliche Probleme oder eine schwerfällige zentralistische Verwaltung. Doch für den Untergang mögen auch andere Gründe existiert haben: Vielleicht führte am Ende sogar ein fundamentaler Wandel im Weltbild der Minoer zu ihrem Ende? Vielleicht mußte sich das bislang auf Kreta vorherrschende Prinzip des Weiblichen dem Männlichen beugen, womöglich, weil männlicher Geist kriegerisch war und sich besser aufs Kämpfen verstand.

Heute können wir den minoischen Hinterlassenschaften in Knossós und im Archäologischen Museum von Iráklion begegnen. Doch verstehen wir das, was wir sehen? Erkennen wir Europa, unsere kulturelle Tradition in der minoischen Kultur tatsächlich wieder? Wir erfinden Begriffe, um uns ein Bild von damals zu machen. Doch wozu diente wirklich eine große ›Palastanlage‹ wie jene von Knossós? Wir stellen uns aristokratische Lebensformen und einen königlichen Hofstaat vor. Noch heute zeigen Fremdenführer dem Besucher von Knossós den »Thron des Minos« oder das »Badezimmer der Königin«, obwohl es keinerlei Nachweis dafür gibt, daß dort je Könige gelebt hätten. Vor einigen Jahren sorgte der deutsche Geologe Hans Günther Wunderlich für Aufsehen und Empörung, als er die fraglichen Bauten als Totenpaläste deutete. Zwar sind derartige Theorien wissenschaftlich nicht ernst zu nehmen, doch leider finden gerade sie bei Laien und vielen Journalisten besonders große Aufmerksamkeit und lassen sich deshalb nicht ausrotten.

Dann die Fremdartigkeit der Bauten selbst! Wir stehen vor den Zeugnissen einer Denkweise und Baulogik, die so ziemlich alle Regeln unseres abendländischen Stilempfindens, das in seinen Grundzügen von der klassisch-griechischen Antike geprägt ist, verletzt. Das gilt besonders für die labyrinthartigen Paläste. Im Museum von Iráklion bewundern wir die erstaunlichen handwerklichen Fähigkeiten der Minoer, fühlen uns angesprochen von den farbenfrohen Fresken oder den kleinen szenischen Darstellungen der Siegelbilder und stehen dennoch auch vor Statuetten und Gerät, deren Sinn und Zweck wir allenfalls erahnen können.

Wie verblüfft mußten die Archäologen gewesen sein, als sie das Fresko einer jungen geschminkten Dame entdeckten, die eine so merkwürdige Ähnlichkeit mit den eleganten Pariser Frauen der Jahrhundertwende aufweist, wie wir sie von zeitgenössischen Bildern eines Toulouse-Lautrec kennen! Spontan gab Evans dieser ›Minoerin‹ den Namen »kleine Pariserin«.

Wir vermissen Befestigungen, Waffen und Kriegsdarstellungen, wie wir sie in allen Kulturen der Erde zu finden gewohnt sind. Dürfen wir daraus schließen, daß das minoische Kreta ein Paradies ohne Krieg war? Wir hören vom Matriarchat: Die Frauen hätten, so heißt es in Fachkreisen, zumindest bei religiösen Belangen den Ton angegeben. Wie sonst ist wohl zu erklären, daß auf allen Bildern mit menschlichen Darstellungen Frauen im Mittelpunkt stehen? Und stets sind es Frauen, die den Götterkult ausführen.

Kreta wirft viele Fragen auf, bleibt rätselhaft und geheimnisvoll, vor allem für jene, die diese große Welt im Kleinen binnen weniger Tage oder Wochen erfassen wollen. Für den heutigen Reisenden verschmelzen auf dem ›Kontinent‹ Kreta die mythischen Ursprünge Europas mit archäologischen Zeugnissen einer frühen Blütezeit und der lebendigen traditionsreichen Gegenwart zu einem überwältigenden Panorama vor der zeitlosen Kulisse der kretischen Landschaft.

Seit dem Ende der minoischen Zeit sah sich die Insel ständig fremden Einwanderern und Herrschaften gegenüber. Noch heute kommen ›Invasoren‹, wenn auch in friedlicher Absicht: Hunderttausende von Touristen nämlich, die jeden Winkel Kretas entdecken wollen. Auch sie hinterlassen ihre Spuren, die von den Kretern nicht immer ohne negative Folgen assimiliert werden. Bei so vielen Fremdeinflüssen war in der Vergangenheit und ist in der Gegenwart eine Veränderung spezifisch kretischer Lebensformen nicht auszuschließen. Griechische und speziell auch kretische Traditionen nähren sich vor allem aus der griechisch-orthodoxen Religion, die zumal in den Jahrhunderten, in denen Griechenland und Kreta unter osmanisch-islamischer Herrschaft standen, den alleinigen Kern griechischen Selbstverständnisses ausmachte.

Während der heidnischen und christlichen Jahrhunderte bildeten sich auf der Insel immer wieder neue städtische Zentren heraus. Jede Epoche hatte ihre Hauptstadt. So war **Górtys** - das immer noch völlig im Schatten der minoischen Archäologie steht – das römische Verwaltungszentrum der Provinz Creta et Cyrenae (Kreta und die nordafrikanische Küste). Die Stadt, im Süden der Insel in der fruchtbaren Messará-Ebene gelegen, bot alle Vorteile für die Herausbildung früher Zivilisationen. Der hier verlaufende Fluß Jeropótamos führt das ganze Jahr über Wasser und trägt dazu bei, daß diese Region auch heute noch wie schon zu Zeiten der Minoer, Griechen oder Römer die ›Kornkammer‹ der Insel ist. In dieser Ebene finden wir die ältesten Spuren menschlicher Seßhaftigkeit auf der Insel. Festós und Ajía Triádha aus minoischer Zeit und das römische Górtys sind die bekanntesten archäologischen Stätten. Daß die römische Metropole bis zum heutigen Tage kaum erforscht, wohl aber bekannt ist, hat seinen ganz besonderen Reiz: Zwar sind das Prunkstück des Ortes, das sogenannte »Stadtrecht von Górtys« (5. Jh. v. Chr.), ebenso wie die Ruinen der Titusbasilika Blickfang für den eiligen Touristen, doch wer mehr Zeit hat, der kann sich inmitten eines großen Olivenhains selbständig auf das Abenteuer Archäologie einlassen: Hinter jedem Baum, in jeder Blumenwiese, überall entdeckt er Reste aus der römischen Antike. Sie wird spürbar und sichtbar in jeder torsohaften Marmorstatue und jedem der noch gut erhaltenen Architekturfragmente. All diese grandiosen Hinterlassenschaften legen stilles Zeugnis ab von der glanzvollen Epoche, in der Górtys römische Hauptstadt war.

Eine andere noch unerforschte Stadt der Römer befindet sich bei **Ierápetra** an der Südküste. Hier kam es 1984 zu einem spektakulären Zwischenfall, der durch die Weltpresse ging und den Ort vorübergehend ins Rampenlicht setzte: In einer Nacht- und Nebelaktion hatten internationale Kunsträuber die römische Kopie einer Demeter-Statue stehlen wollen, ein kostbares Stück aus dem 2. Jahrhundert n. Chr., das ihnen von jenem Bauern angeboten worden war, der es zufällig beim Pflügen entdeckt hatte. Doch dank eines aufgeweckten Polizisten, der den Coup vereiteln konnte, blieb die Göttin in der Stadt und ist heute das Prachtexemplar des dortigen Museums.

Abgesehen davon blickt der Ort stolz auf den Besuch eines großen Potentaten zurück: Napoleon Bonaparte soll hier vor seiner Überfahrt nach Afrika im Jahr 1798 übernachtet haben. Diese Ehre verdankt Ierápetra seiner Lage, da es die einzige Stadt an der Südküste Kretas war und ist.

Zurück zur Messará-Ebene im Süden der Insel. Hier spielte sich in der minoischen ›Sommerresidenz‹ von **Ajía Triádha** eine andere Besonderheit ab. Antónios Markákis war mehr als dreißig Jahre Filakas, Wächter, der archäologischen Grabung nahe Festós und hütete bis zu seiner Pensionierung den minoischen Palast, als sei er sein Eigentum. Die Landschaft der Messará und ihr byzantinisches Erbe inspirierten ihn. Er griff zu Farbe und Pinsel und malte in naiver Art seine Welt. Tausende sahen nicht selten erstaunt und verwundert seine völlig eigenwilligen minoisch-byzantinischen Träume, kauften seine Bilder, so daß sein Ruhm heute weit über die Grenzen Kretas und Griechenlands hinausgedrungen ist.

An der westlichen Nordküste liegt **Chaniá**, das im 16./17. Jahrhundert den Namen La Canea trug und einst eine der glanzvollsten Metropolen Venedigs war. Gassen, Paläste und Hafen erinnern noch heute an Kretas Blütezeit während der venezianischen Epoche (1204 – 1669). Behutsame Denkmalpflege hat Chaniá in den letzten Jahren in die schönste Stadt der Insel verwandelt.

Auf die Erinnerung an die nachfolgende türkische Besetzung (1669 – 1821) stößt man vor allem in **Réthimnon**, das von den Türken zur Hauptstadt ausgebaut wurde, sowie im nahegelegenen **Kloster Arkádhi**, das in die nordwestlichen Ausläufer des Ida-Gebirges eingebettet ist. Als am 9. November 1866 eine türkische Übermacht in das Kloster einfiel, ließ Abt Gabriel Marinákis aus Verzweiflung die Pulverfässer in die Luft sprengen. 287 Verteidiger, 700 Frauen und Kinder sowie mehrere tausend türkischer Soldaten fanden den Tod. Eine Inschrift gedenkt dieses schrecklichen Ereignisses: »Die Flamme, die in dieser Krypta entzündet wurde und die ihren Feuerschein über das glorreiche Kreta verbreitete, war Gottes Feuer, in welchem sich die Kreter für die Freiheit opferten.« Der 9. November ist heute Kretas ›Nationalfeiertag‹!

Jahrhundertelange Fremdherrschaften können einem Volk den Lebenswillen brechen, seinen Charakter verformen, es bis zur Ohnmacht knechten, nicht aber auf Kreta, wie einmal mehr das historische Ereignis im Kloster Arkádhi beweist. Die Kreter sind stolz, und sie verteidigen ihre Freiheit mit aller Kraft. Die tragischen Ereignisse einer fünftausendjährigen Geschichte, auf die sie zurückblicken, konnten ihnen nichts anhaben – ein Schicksal, das ihnen sehr wohl hätte blühen können, wie das Schicksal anderer, heute längst vergessener Völker zeigt. Mit einem gesunden Selbstbewußtsein, das Inselbewohnern ohnehin zu eigen ist, sehen sie sich zunächst als Kreter, dann erst als Griechen. Der archäologische Nachweis, daß die minoische Kultur keine griechische war und zudem noch älter ist als diese, hat ihr Gefühl der Eigenständigkeit verstärkt. Ihr Stolz und ihr Selbstbewußtsein waren oft die Quelle für außergewöhnliche Leistungen, die ihnen nicht selten internationalen Ruhm und Erfolg bescherten. So wurde etwa Doménikos Theotokópoulos aus Fódhele unter dem Namen El Greco (1541 – 1614) Spaniens gefeierte Malerpersönlichkeit. Seine Meisterwerke, eigenwillige Beiträge zur Bilderwelt des Manierismus, hängen heute in den bedeutendsten Museen der Welt. Auf Kreta gibt es leider nur ein einziges Werk dieses berühmten Malers: den »Berg Sinai und das Katharinen-Kloster« im Historischen Museum von Iráklion. Das Gemälde, das wie ein kostbarer Staatsschatz aufbewahrt wird, stammt aus der Zeit um 1570, also aus El Grecos Lehrzeit in Rom, wo ihn vor allem die Körpersprache von Michelangelos Skulpturen nachhaltig beeinflußt hat. Dieses Frühwerk zeigt die Verbindung von östlichen und westlichen Elementen. Die dramatische Landschaft, bestehend aus byzantinischen Tafelbergen, die an die Felslandschaft von Meteora erinnert, wird belebt durch bunte Pilgerszenen.

Ein anderer Kreter wurde ebenfalls weltberühmt: Der Dichter Nikos Kazantzákis! 1883 in **Myrtiá/Warwári** nahe Iráklion geboren, machte er das Alltagsleben speziell auf Kreta, aber auch in Griechenland zum zentralen Thema seines literarischen Werkes. »Auf all seinen ausgedehnten Reisen hat er (A.d.V. Kazantzákis) stets ein Klümpchen kretische Erde bei sich, ballt sie in seiner Hand zusammen und schöpft daraus Kraft, große Kraft, als drücke er die Hand eines geliebten Freundes...« (aus Nikos Kazantzákis, *Rechenschaft vor El Greco*).

In seinem kleinen Geburtsdorf steht heute ein **Kazantzákis-Museum**. Allein das historische Gebäude, das sorgsam restauriert wurde, ist einen Besuch wert. Dank der Exponate sowie der Atmosphäre, die die Ausstattung zu vermitteln vermag, lernt man unvermutet ganz private Seiten des großen Dichters kennen. So erfährt man beispielsweise, daß es Alexis Zorbas tatsächlich gab und er ein Freund des Dichters war. Viele seiner Romane wie beispielsweise *Alexis Zorbas* (1946) waren auch als Theaterstücke erfolgreich. Unvergeßlich bleibt die Verfilmung, durch die Alexis Zorbas beziehungsweise Anthony Quinn Filmgeschichte gemacht haben. Noch ein anderer Kreter war an diesem Erfolg beteiligt. Míkis Theodorákis, der die Musik zu diesem Film komponierte. Die Melodie, zu der Zorbas am Strand tanzt, wurde in der ganzen Welt zur Erkennungsmelodie für Griechenland.

Seine letzte Ruhe fand Kazantzákis, der 1957 in Freiburg/Breisgau starb, auf der venezianischen Martinengo-Bastion in Iráklion, da ihm die orthodoxe Kirche, die ihn als ihren Gegner betrachtete, den geweihten Gottesacker verweigerte. Auf seiner schlichten Grabplatte steht ein von ihm verfaßter Dreizeiler, der zum Nachdenken anregt:
»Ich erhoffe nichts,
Ich fürchte nichts
Ich bin frei.«

Die Liebe zu seiner Heimat Kreta drückt sich vor allem in seinem Roman *Alexis Zorbas* aus: »Diese kretische Landschaft glich einer guten Prosa: klar durchdacht, nüchtern, frei von Überladenheiten, kräftig und verhalten. Sie drückte das Wesentliche mit den einfachsten Mitteln aus. Sie spielte nicht. Sie wandte keine Kunstgriffe an und blieb jeder Rhetorik fern. Was sie zu sagen hatte, das sagte sie mit einer gewissen männlichen Strenge. Aber zwischen den herben Linien dieser kretischen Landschaft entdeckte man eine Empfindsamkeit und Zartheit, die keiner vermutet hätte – in den windgeschützten Schluchten dufteten die Zitronen- und Orangenbäume und in der Ferne ergoß sich aus dem endlosen Meere eine grenzenlose Poesie.«

Iráklion, seit 1972 Inselhauptstadt, ist heute mit mehr als 130 000 Einwohnern die viertgrößte Stadt Griechenlands und zugleich die Drehscheibe für den Tourismus auf Kreta. Aktiver Denkmalschutz und Ansätze einer Verkehrsberuhigung machen Iráklion heute wieder als Stadt interessant. Die Dädalos-Fußgängerzone, der mit schattigen Bäumen angelegte Morosini-Platz und viele kleine Oasen der Ruhe laden zum Bleiben ein. Die Stadt und Region Iráklion haben im übrigen sehr viel Sehenswertes zu bieten. Doch nicht nur Knossós, das Archäologische Museum, das Ikonenmuseum und andere kulturelle Hinterlassenschaften der Insel müssen hier genannt werden. Besonders die traditionsreichen kretischen Feste sind es, die die Insel so liebenswert machen und die die Lebendigkeit ihrer Bewohner vermitteln. Da wäre das Metamórphosis-Fest am 6. August auf dem Júchtas (s. S. 34) oder das Weinfest von **Dafnés** im Monat Juli, allerlei Feiern, die farbenfrohe und zugleich geheimnisvolle Bilder einer reichen kulturellen Gegenwart widerspiegeln, deren Wurzeln bis zu den Anfängen Europas zurückreichen.

Hochburg des Tourismus auf Kreta ist **Ajios Nikólaos** am Golf von Merambéllo, an der östlichen Nordküste. Die Stadt ist das Saint-Tropez Kretas. Die älteste Luxus-Hotelanlage des Ortes und der Insel, »Minos Beach«, ist bis heute aufgrund ihrer schönen Gartenanlage und Architektur die interessanteste geblieben. Die Eigentümerfamilie Mamedákis schuf darüber hinaus im weitläufigen Park ein beeindruckendes Freilichtmuseum mit internationaler Kunst der Moderne.

Nur knapp achtzehn Kilometer westlich von Ajios Nikólaos, vor den Ausläufern des Dhíkti-Massivs, begegnen wir abermals dem traditionellen und ursprünglichen Kreta: **Kritsá!** Es ist das schönste kretische Gebirgsdorf überhaupt. Hier wurde auch die »Griechische Passion« von Kazantzákis verfilmt, bei der die Dorfbewohner als Laienschauspieler mitwirkten. Am Rande des Dorfes trifft man auf ein Juwel byzantinischer Kunst, die Kirche Panajía i Kerá.

Hat man sich erst einmal an das dämmerige Licht des Innenraums gewöhnt, dann ist man überrascht von der Farbenglut der Fresken und der Vielfalt ihrer dargestellten Themen.

Traditionen und Festlichkeiten werden besonders in der kretischen Bergwelt gepflegt. Da gibt es noch Brauchtum, das in vielen Städten meist in Vergessenheit geraten ist. Hochzeiten mit etwa 500 Festgästen sind hier keine Seltenheit wie beispielsweise in **Worízia** an den südlichen Hängen des Ida-Gebirges. Auch der Tanz des Priesters auf der Straße und seine kleinen Späße während der kirchlichen Trauung gehören dazu: Andächtig reicht er dem Bräutigam einen Teelöffel mit einer süßen Masse, bestehend aus Granatapfelkörnern, Honig und Nüssen, ein uraltes Symbol für Fruchtbarkeit, das der Geistliche jedoch plötzlich mit Genuß selber verspeist. Ungewöhnlich im August ist das erfrischende kalte Chonádha-Getränk, auch Kaneládha genannt, das den Gästen gereicht wird. Es besteht aus Schnee, der selbst an einem Hochzeitstag im Sommer von den höchsten Gipfeln des Ida-Gebirges geholt und mit Fruchtsirup vermischt wird.

Hier schließt sich der Kreis. Wieder sind wir im Ida-Gebirge angelangt, der mythischen Geburtsstätte des höchsten der olympischen Götter, des Zeus.

HOTEL
CONTESSA

TAVERNA
KYRIA MARIA

Μίκη Θεοδωράκη 'ΖΟΡΜΠΑΣ'

Dear Helen
Thank you for letting me be 'Zorba'
I've learned a lot from him -
And I found a friend - you.

DURAN
DURAN

2. Folge: Kreta

S.43: Das Ida-Gebirge mit dem Psiloritis im Winter – u: Die Nidha-Hochebene im Sommer

S.44: Archánes: Das Metamórphosis-Fest auf dem Júchtas

S.45: Das minoische Kreta: Fresko »kleine Pariserin« – »Stierhorn« – Frauengemächer in Knossós – Kamaresstil-Vase (Alter Palast) – Kultgefäß in Form eines Wagens – Florastil-Vase (Neuer Palast). (Alle Exponate stammen aus dem Archäologischen Museum in Iráklion.)

S.46: Górtys: Ruinen der römischen Hauptstadt – Naive Malerei von Antónios Markákis: »Das Paradies«, »Dreschschlitten«

S.47: Ierápetra-Museum: Römische Kopie einer Demeterstatue (2. Jh. n. Chr.)

S.48/49: Die Südküste bei Ajía Ghalíni mit dem Ida-Gebirge im Winter

S.50: Impressionen der ehemals venezianischen Hafenstadt Chaniá

S.51: Samariá-Schlucht

S.52: Das Ida-Gebirge vom Amári-Tal aus, von Osten gesehen. Im Bereich der nördlichen Ausläufer des Gebirges (am linken Bildrand) liegt versteckt das Kloster Arkádhi. – u: Kloster Arkádhi an den nordwestlichen Ausläufern des Ida-Gebirges

S.53: Réthimnon: Strand und Kastell – u: Arimondi-Brunnen

S.54: Gemälde von El Greco: »Berg Sinai und das Katharinen-Kloster« (um 1570, Historisches Museum Iráklion)

S.55: Entwurf zum Bühnenstück »Alexis Zorbas« (Kazantzákis-Museum in Myrtiá) – u: Anthony Quinn und Eléni Kazantzáki bei den Dreharbeiten zur Verfilmung von »Alexis Zorbas«

S.56: Iráklion, die Inselhauptstadt: Hafen, Straßenmaler, Wandmalerei aus der osmanischen Epoche (Historisches Museum), Morosini-Brunnen

S.57: Ájios Nikólaos: Freilichtmuseum Moderner Kunst im Garten des Luxushotels »Minos Beach«

S.58: Kretische Hochzeit in Worízia an den südlichen Ausläufern des Ida-Gebirges

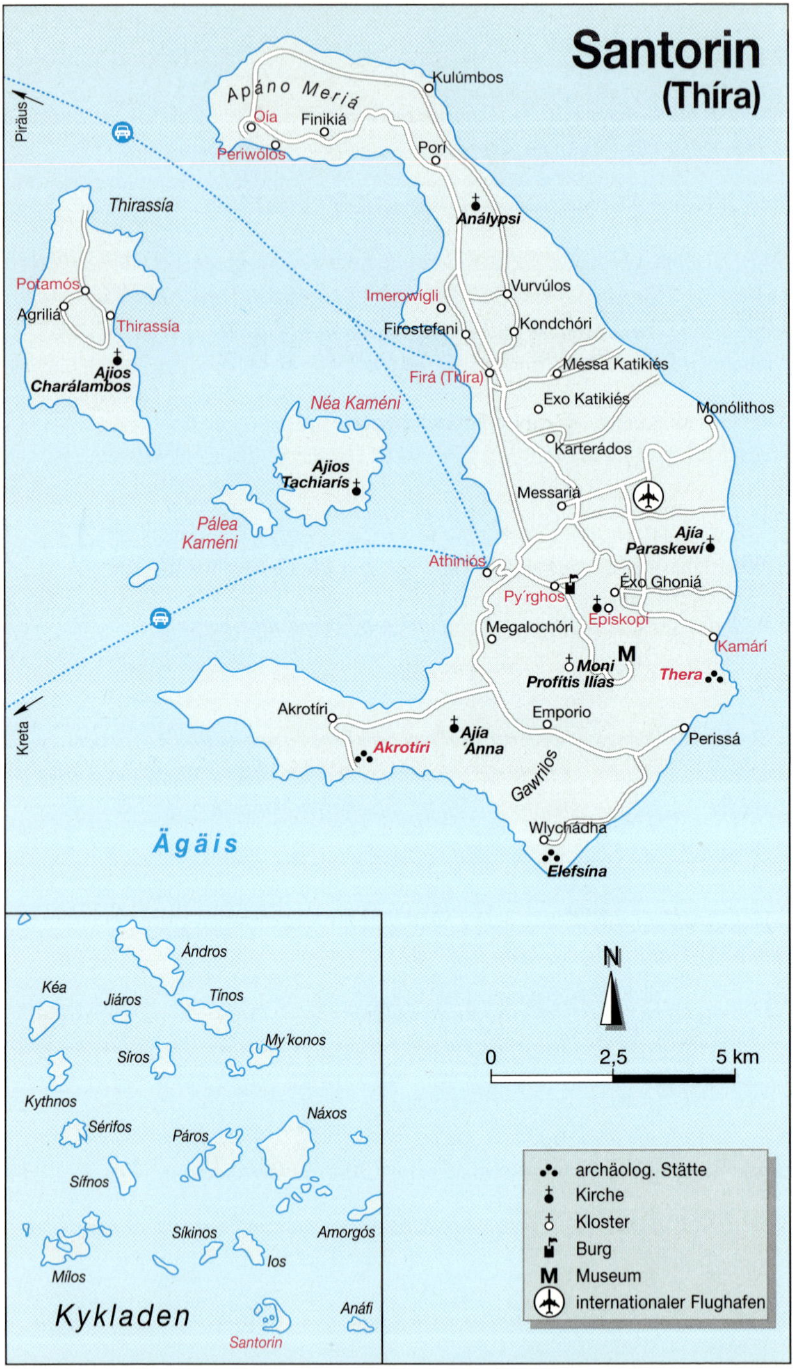
Santorin
(Thíra)
Piräus
Kreta
Apáno Meriá
Kulúmbos
Oía
Finikiá
Periwólos
Porí
Análypsi
Thirassía
Potamós
Agriliá
Thirassía
Ajios
Charálambos
Imerowígli
Vurvúlos
Firostefani
Kondchóri
Méssa Katikiés
Firá (Thíra)
Exo Katikiés
Monólithos
Néa Kaméni
Karterádos
Ajios
Tachiarís
Messariá
Pálea
Kaméni
Ajía
Paraskewí
Athiniós
Éxo Ghoniá
Py´rghos
Episkopí
Megalochóri
Kamári
M
Moni
Profítis Ilías
Thera
Akrotíri
Emporio
Ajía
´Anna
Akrotíri
Perissá
Gawrilos
Wlychádha
Elefsína
Ägäis
N
0
2,5
5 km
Ándros
Kéa
Jiáros
Tínos
Síros
My´konos
Kythnos
Náxos
Sérifos
Páros
Sífnos
Síkinos
Amorgós
Ios
Mílos
Kykladen
Anáfi
Santorin
archäolog. Stätte
Kirche
Kloster
Burg
Museum
internationaler Flughafen

3. Folge

Santorin

Perle der Kykladen

Unsere abendländische Kultur hat ihre Ursprünge im Mittelmeerraum. Anfangs war es das Meer, die Ägäis, die als Brücke zwischen den verschiedenen Kulturkreisen eine zentrale Rolle innehatte. Über sie wurden die frühen Errungenschaften des Orients in Richtung Westen vermittelt, hier war der Nährboden für die kulturelle Kommunikation der Ägäisvölker. An ihren reich gegliederten Küsten und auf ihren Inseln, die teilweise in Sichtweite zueinander liegen, entwickelten sich in der ägäischen Bronzezeit, zwischen 2600 und 1200 v. Chr., die ältesten Hochkulturen Europas. Hier auf den Kykladen, auf Kreta und an den Küsten der Peloponnes finden wir die ersten städtischen Siedlungen Griechenlands. Im 3. Jahrtausend v. Chr. gelangte vor allem die Kultur der Kykladen zu einer großen Blüte. Ausgedehnte Handelsbeziehungen über die Grenzen der Ägäis hinaus sind nachweisbar, wobei Obsidian von der Vulkaninsel Melos der Exportschlager der Antike gewesen sein dürfte. Das schwarze, scharfkantige vulkanische Gesteinsglas war überall begehrt, ließen sich doch aus ihm – bis zur revolutionierenden Entdeckung der Metallverarbeitung – Schneidewerkzeuge oder Waffen herstellen.

Die Griechen waren immer ein Seefahrervolk. Schon die Minoer und Mykener beherrschten während der Bronzezeit die Ägäis. Sehr wahrscheinlich besaßen sie sogar mit ihren großen Flotten ein Handelsmonopol, da die anderen Herrschaftszentren der damaligen Zeit, beispielsweise Ägypten und Mesopotamien, reine Landkulturen waren. Aufgrund dieser wirtschaftlichen Vormachtstellung und der geographisch günstigen Lage gab es auf den Kykladen wie auch auf Kreta einen beachtlichen wirtschaftlichen und kulturellen Aufschwung.

Auf dem Gebiet des Kunsthandwerks bestechen aus dieser Zeit ganz besonders die Kykladenidole. Das sind Statuetten, die oftmals bis auf die Brüste und ein breites Becken abstrahiert sind. Sie geben uns deutliche Hinweise auf die Verehrung von Muttergottheiten und erinnern an das vieldiskutierte minoische Matriarchat auf Kreta (s. S. 37).

Doch nicht alles war und ist paradiesisch auf diesen Inseln: Ihre Bewohner mußten ständig mit Naturkatastrophen, mit See- und Erdbeben sowie mit Vulkanausbrüchen, rechnen. Dank moderner Technik, wie etwa ›erdbebensicherer‹ Bauweise oder Frühwarnsystemen, werden die Menschen heute zwar nicht mehr gänzlich überrascht, Gefahr droht letztlich aber immer. Der Besucher läßt sich jedoch von diesen geologischen Bedrohungen nicht beirren. Jede Kykladeninsel besitzt ihren eigenen Reiz, ihren unverwechselbaren

Charme und zieht seit Jahrzehnten Menschen an, die darauf schwören, daß ihre Wahl-Insel (die manchen sogar zur zweiten Heimat geworden ist) die Schönste unter den Schönen sei. Die berühmteste freilich ist Santorin/Thíra mit ihrer ungewöhnlichen Gestalt. Und noch etwas ist charakteristisch für sie: Die einen kommen nicht mehr von ihr los, sind nahezu süchtig nach ihr, die anderen können sie nicht (mehr) ertragen, weil ihnen die Häuser zu weiß, überladen und verspielt, Luft und Wasser zu klar sind und das Leben nur noch kommerzorientiert ist. Sicher, Santorin hat sich von allen Inseln dem Massentourismus am meisten geöffnet. Aber mit dieser Kritik kann die Insel leben. Denn das wesentliche ihrer Schönheit besteht nicht in Äußerlichkeiten, sondern kann nur mit den Sinnen erfahren werden.

Seine Berühmtheit verdankt Santorin zwei Attraktionen: Zum einen ihrer ungewöhnlichen Gestalt, die von einem erloschenen Vulkankrater bestimmt wird, der heute von den Fluten des Meeres überspült wird, zum anderen der bronzezeitlichen Siedlung bei **Akrotíri** im Südwesten der sichelförmigen Hauptinsel, deren Entdeckung zu den Sternstunden der Archäologie im ägäischen Kulturraum gehört. 1967 begann der Grieche Spyrídon Marinátos etwa 600 Meter südlich des heutigen Dorfes Akrotíri mit der archäologischen Erforschung des Geländes, die er bis zu seinem Unfalltod am Grabungsort, am 1. Oktober 1974, mit aller Intensität und wissenschaftlichen Akribie fortsetzte. Unter bis zu zehn Meter dicken Asche- und Bimssteinschichten des Vulkanausbruchs aus der Zeit um 1500 v. Chr. entdeckte er eine vollständig konservierte Stadt. Die Sensation aber war: Die Siedlung erwies sich als Teil der minoischen Welt Kretas! Umstritten ist heute die Datierung des Vulkanausbruchs. Beim internationalen »Thíra-Kongreß« im Jahre 1989 stellten besonders Geologen eine neue Theorie vor, die angeblich durch zuverlässige Radiocarbon-Untersuchungen untermauert war: Danach soll sich der Vulkanausbruch bereits um 1625 v. Chr. ereignet haben, also rund 125 Jahre früher, als man bis dato angenommen hatte. Dies würde alle bisherigen historischen Erkenntnisse über die bronzezeitlichen Ägäiskulturen in Frage stellen. Nach der ersten großen Aufregung erwies sich der neue Datierungsvorschlag jedoch im Detail, besonders bei den stratigraphischen Fundzusammenhängen, als sehr problematisch, so daß die meisten Archäologen weiterhin von der Zerstörung Santorins um 1500 v. Chr. ausgehen. Die heute freigelegte Siedlung wurde nach einer Erdbebenkatastrophe, die die ganze Insel heimgesucht hatte, gegen 1560 v. Chr. errichtet. Um 1500 v. Chr. erfolgte dann (wohl nicht um 1625 v. Chr.) das endgültige Aus für die Stadt. Höchstwahrscheinlich hatten leichtere Erdstöße die Bewohner vorgewarnt, so daß sie den Ort rechtzeitig verlassen konnten. Denn anders als in Pompeji beim Ausbruch des Vesuv wurde in Akrotíri bisher kein einziges Skelett gefunden. Zunächst waren vermutlich nur einige Gebäude eingestürzt, und man hatte schon wieder mit den Aufräumarbeiten begonnen. Doch dann folgte die Katastrophe: Der etwa 1000 Meter hohe Insel-Vulkankegel explodierte, und seine Eruption bedeckte die minoische Stadt meterhoch mit Bimssteinschichten.

Das Schlimmste spielte sich aber im Meer ab: Die beim Ausbruch herausgeschleuderten Asche- und Lavamassen hinterließen im Meeresboden sehr große Hohlräume, die plötzlich einbrachen und sich mit Meerwasser füllten. Dabei kam es – infolge des Kontakts zwischen Wasser und glühendem Magma – zu gewaltigen Explosionen. Der gesamte Gipfel des Vulkans, das Innere der Insel, wurde dabei förmlich weggesprengt oder brach in sich zusammen. Die heutige Caldera, das innere Meerbecken Santorins, ist also vor rund 3500 Jahren entstanden; nur der sichelförmige östliche Außenbereich und ein Teilstück der Insel im Nordwesten (Thirassiá) blieben erhalten. Sie bestimmen die heutige Gestalt von Santorin.

Die Entdeckung des minoischen Akrotíri war ein Glücksfall für die Archäologie! Gewährt es doch gleich einer Momentaufnahme einzigartige Einblicke in die hochentwickelte Stadtbaukunst und die verfeinerte Wohnarchitektur der bronzezeitlichen Ägäiskultur. An schmalen, gepflasterten Straßen und harmonisch proportionierten Plätzen erheben sich zwei- bis dreigeschossige Hausfassaden. Die Wände über den Feldstein-Sockelbereichen bestehen aus einer soliden Holzarchitektur mit fachwerkartigem Stroh-Lehm-Gefache.

Im Erdgeschoß befanden sich die Vorratsräume und Werkstätten, und fast immer eine Mühle, was darauf hindeutet, daß die Bewohner ihr Getreide selbst gemahlen haben. In allen Häusern hat man auch Toiletten entdeckt, die mit der Abwasserkanalisation unter den Straßen in Verbindung standen. Derartige Hygienemaßnahmen schon vor 3500 Jahren! Licht erhielt das Erdgeschoß meist nur durch kleine Fenster, die oft unmittelbar neben den Türen angebracht waren. Auch hat man repräsentative Eingänge, regelrechte Portale, freigelegt. Die Grundrisse der Häuser ähneln stark jenen der Gebäude der minoischen Wohnstadt Gurniá auf Kreta. Ihre Fassaden erinnern an das berühmte Stadtmosaik von Knossós, das heute im Archäologischen Museum von Iráklion zu sehen ist. Akrotíri, Gurniá und das Stadtmosaik von Knossós vermitteln uns zusammen einen sehr lebendigen Einblick in die minoische Wohnarchitektur.

Die ins Obergeschoß führenden Steintreppen sind teilweise noch erhalten. Die dort gelegenen Räume haben große Fenster und sind meist mit kostbaren Wandmalereien geschmückt, die mit zu den wertvollsten Funden von Akrotíri zählen. Sie wurden auf den glatten, trockenen – nicht feuchten – Putz aus Kalkmörtel aufgetragen. Man spricht also zu Recht von Wandmalereien und nicht von Fresken. Oft sind es wunderbare florale Motive: etwa Strandnarzissen oder blühende Madonnenlilien inmitten einer bizarr geformten, vulkanischen(?) Felslandschaft, über der turtelnde Schwalben flattern. Daneben sind häufig Affen, Antilopen und andere exotische Tiere dargestellt. Daß sie damals tatsächlich auf Santorin beziehungsweise im ägäischen Raum beheimatet waren, ist eher unwahrscheinlich. Vermutlich schätzte man sie wegen ihrer Fremdartigkeit und hatte sie im Zuge der Handelsbeziehungen mit Afrika kennengelernt. Vielleicht sind einige Arten in die Ägäisregion importiert und als Haustiere gehalten worden.

Die Bilderwelt auf den Wandmalereien in Akrotíri ist äußerst informativ, bleibt aber zugleich rätselhaft und geheimnisvoll. Besonders ausdrucksstark sind die Darstellungen von Menschen: Während zum Beispiel ein junger Mann, der Makrelenbündel trägt, auf die Bedeutung des Fischfangs hinweist, dokumentieren boxende Kinder etwas von den damaligen Sportaktivitäten. Andere Malereien scheinen Kulthandlungen zu zeigen, in deren Mittelpunkt wie in der minoischen Kunst Kretas Frauen stehen. Somit läßt sich vermuten, daß die minoische Religion auch auf Santorin ausgeübt wurde. Besonders beeindruckend ist das Bildnis einer jungen Priesterin(?), die eine Schale voller Opfergaben hält, sowie die Darstellung einer Priesterin in minoischer Tracht mit entblößter Brust.

Den Höhepunkt der Malereien von Akrotíri bildet ein Fries mit Miniaturdarstellungen, das sich über drei Wände eines Raumes (Nr. 5 des Westhauses) zieht. Ob alle erhaltenen Teile inhaltlich zusammengehören, läßt sich nicht mit Sicherheit sagen.

Die Deutung der erzählerisch aufgebauten Szenen hat unter Altertumsforschern zu vielfältigen Kontroversen geführt. Die einen interpretieren sie als »Expedition in ein fernes Land« (nach Libyen), die anderen als »Untergang eines Schiffes« oder gar als »Militärexpedition« unter Beteiligung mykenischer Krieger, die von der Peloponnes stammen. Der Autor folgt der Auffassung, daß es sich hier um ein bedeutendes Fest der Bevölkerung von Alt-Thera handelt.

Die Malereien an der Nordwand geben wahrscheinlich eine historische Seeschlacht wieder. Inmitten einer Gebirgslandschaft sieht man ein Haus, auf dessen Dach sich Menschen befinden. Männer treiben Herden auf die Weide, während Frauen am Brunnen Wasser schöpfen. An der Küste stehen bewaffnete Krieger mit Eberzahnhelmen und Schilden aus Rindsleder, wohl die charakteristische Ausrüstung mykenischer Soldaten der Bronzezeit – schon Homer hat sie ausführlich in seiner »Ilias« beschrieben. Auf dem offenen Meer erkennt man Schiffe. Sie werden von Männern gesteuert, die nur mit einem Lendenschurz bekleidet sind, was darauf hindeutet, daß es sich hier um Minoer handelt. In den Meeresfluten scheinen einige nackte Männer zu ertrinken, es dürften Feinde sein, die die Küstensiedlung erobern wollten. Mykener und Minoer (von Alt-Thera) haben hier wahrscheinlich gemeinsam einen fremden Aggressor vertrieben.

In Erinnerung an dieses historische Ereignis und als Dank an die hilfreichen minoischen Gottheiten haben die Menschen auf Alt-Thera anschließend wohl alljährlich unter Beteiligung der Bevölkerung von Akrotíri ein Fest gefeiert, das die Malerei an der Südwand dokumentiert. Hier ist offensichtlich eine große kultische See-Expedition mit militärischem Charakter dargestellt. Acht festlich geschmückte Schiffe fahren von einer Bürger-Stadt mit ländlicher Bevölkerung zu einer prachtvollen Stadtanlage – ist es vielleicht Akrotíri? – mit palastähnlichen Treppenanlagen, wie wir sie von Knossós und den anderen minoischen Palästen her kennen. In beiden Orten sind Menschen in ganz unterschiedlicher Kleidung zu erkennen. Die besondere Sorgfalt der Maler allerdings galt den Schiffen, die mit Vogelmotiven verziert sind und von Delphinen begleitet werden. Auf einem mit Kulthörnern geschmückten Balkon scheint eine Priesterin mit erhobenen Händen die Flotte zu segnen: Wir wissen nicht mit Sicherheit, ob die Frau eine kultische Handlung ausführt, die auf das oben erwähnte historische Ereignis Bezug nimmt. Vielleicht läßt sich aber aus einzelnen Details wie etwa den Eberzahnhelmen schließen, daß bereits im 16. vorchristlichen Jahrhundert auch mykenische Flotten das ägäische Meer durchfuhren. Jedenfalls gibt uns die Malerei ein lebendiges Bild von der bronzezeitlichen Seefahrt in der Ägäis und von den Schiffstypen, die damals die Meere der antiken Welt durchsegelten.

Doch kehren wir zurück zum heutigen Santorin, das für uns als Sinnbild der Beharrlichkeit von Menschen stehen mag, die sich offenbar auch durch Rückschläge und Zerstörungen nicht beirren lassen. Immer wieder wurde die Insel von schwersten Katastrophen heimgesucht, damals wie heute ist der Vulkan tätig, verändert Gestalt und Aussehen der Insel, stellt eine Gefahr für jegliches Leben dar. Trotzdem hat der Mensch nie aufgehört, hier zu siedeln. Und geht nicht gerade von dieser gewaltigen Bedrohung jene Herausforderung und jene Anziehungskraft aus, die jährlich Tausende von Touristen aus aller Welt nach Santorin führt? Der fruchtbare vulkanische Boden und sicher auch die wilde Schönheit der Insel üben eine geheimnisvolle Macht aus, vermitteln zugleich aber ein Gefühl der Furcht und Beklemmung. Und da, wo der Bauer heute mühsam Asche und Geröll durchpflügt, sind in der Tiefe der Erde vielleicht noch weitere, bisher unentdeckte Zeugnisse der Welt der ersten Europäer verborgen…

Die anstrengende Arbeit der Bauern wird reichlich belohnt. Überall auf der Insel sieht man kunstvoll angelegte Terrassen, auf denen hauptsächlich Reben wachsen. Der fruchtbare vulkanische Ascheboden, die Sonne und das gute Wasser aus mittlerweile eigenen Brunnen – bis vor Jahren mußte die Insel noch mit Wasserimporten versorgt werden – bringen exzellente Qualitätsweine hervor. Anders als im übrigen Griechenland werden die Weinstöcke hier so gesetzt, daß die Trauben stets auf dem Boden liegen. Die Kraft der griechischen Sonne und die reflektierende Wärme des Bodens bringen Trauben von ganz besonderem Geschmack zum Reifen. Der Weinstock wird aus drei jungen Trieben gezogen, die spiralförmig verflochten in die Erde gepflanzt werden, so daß sie zu großen ›Nestern‹ heranwachsen. Teilweise bilden sich dabei so bizarre Formen, daß sie als Kunstwerke so manchen Vorgarten der Inselbewohner zieren.

Tiefen Einblick in das Leben der Bevölkerung und seine traditionellen Wurzeln im alten Brauchtum gewähren die zahlreichen Feste der griechisch-orthodoxen Kirche. Anders als in der Westkirche feiert die Ostkirche ihre Heiligen oft mit fröhlicher Ausgelassenheit. So beispielsweise in **Éxo Ghoniá**, südöstlich von Firá auf dem Weg nach Kamári, wo die Gemeinde am 28. Juli das Namensfest des heiligen Pandeleïmon begeht. Hunderte von Menschen kommen dann in die Kirche, um ihn bei einem Gottesdienst zu ehren. Anschließend findet auf dem Platz vor der Kirche und im Schatten ihrer Mauern die Speisung der Gemeinde mit Wein, Musik und fröhlichem Tanz statt. Man fühlt sich unmittelbar an antike Opferfeiern erinnert, die zu Ehren der heidnischen Gottheiten abgehalten wurden.

Die griechische Antike ist selbstverständlich auch auf Santorin vertreten. Für das antike **Thera**, auf einem karstigen Felsrücken östlich des Profítis Ilías, oberhalb der westlichen Steilküste gelegen, läßt sich die 1500jährige Kontinuität einer städtischen Siedlung nachweisen. Über Jahrhunderte hinweg galt der Berg beinahe als uneinnehmbar. Heute gelangen Touristen aus aller Welt, moderne Eroberer mit knatternden Motorrädern über eine asphaltierte Serpentinenstraße bis kurz vor die antike Stadt. Dann folgt ein mühsames steiles Wegstück, das nur zu Fuß zu bewältigen ist. Als Lohn winkt ein traumhaftes Panorama, eine Vogelperspektive auf den Badestrand von Kamári und über die gesamte Insel. Dann – fast allein, ohne andere Besucher – die Begegnung mit einer Stadt der Antike, deren Spuren weit verstreut sind. Felsreliefs mit altgriechischen Inschriften, ein Theater, Zisternen und ganze Straßenzüge lassen Alt-Thera vor dem geistigen Auge des Betrachters auferstehen.

Die christliche Epoche der Insel ist durch die Gründung der Kirche Kímisis tís Theotókou des byzantinischen Kaisers Alexis Komnenos (1081 – 1118) hervorragend vertreten. Das Gotteshaus steht in Episkopí nahe Éxo Ghoniá und ist eine höchstinteressante Mehrkuppelkirche, die im Innenraum eine marmorne Altarschranke (Ikonostas) und meisterhafte Fresken des 12. Jahrhunderts birgt.

Firá, die Inselhauptstadt auf einem Steilfelsen, hat zwei Gesichter. Das eine zeigt sie am frühen Morgen, wenn der Ort erwacht, und in jenen Stunden, in denen keine Touristen durch die Gassen wandeln und die Stadt den Einheimischen gehört.

Man spürt dann etwas von der Ruhe und Gelassenheit dieser Menschen, erahnt die sprichwörtliche Philoxenía, die Gastfreundschaft, der Kykladenwelt, wenn man zu einem Plausch oder Kaffee eingeladen wird. Und wenn man den Kaffee nicht einfach hinunterstürzt, sondern sich Zeit läßt und dem Gegenüber Aufmerksamkeit schenkt – zumindest solange, bis die Kaffeetasse völlig abgekühlt ist –, dann kann eine erste Brücke zur freundschaftlichen Annäherung geschlagen werden. Aber ganz plötzlich kann diese Ruhe emsiger Geschäftigkeit weichen. Dann nämlich – und jetzt zeigt Firá sein zweites Gesicht –, wenn ein sehr großes Kreuzfahrtschiff in die Caldera einläuft und die Stadt in einen Ameisenstaat zu verwandeln scheint. Alle Einwohner laufen scheinbar orientierungslos herum und haben doch nur ein Ziel: ein sattes Geschäft mit den Touristen, die gleich ausgebootet werden.

Schnell werden Tische gedeckt, Fensterläden geöffnet und die verlockenden Schaufensterauslagen ein letztes Mal prüfend gemustert. Eselkarawanen eilen über Serpentinentreppen zum Hafen hinunter, um jene Touristen in Empfang zu nehmen, die die Stadt weder mit der Drahtseilbahn noch über den mühseligen Fußpfad erklimmen wollen, sondern das ›Abenteuer‹ auf dem Rükken eines Esels vorziehen.

Auf den Glockenschlag genau – sprich den Klang der Schiffssirenen – kehrt wieder Ruhe ein. Die Stadt gehört jetzt den Einheimischen und den wenigen Touristen, die sich fürs Bleiben entschieden haben. In Firá und an den Küsten des Lichts wird es still, und man kann sich der Natur in ihrem schönsten Gewand widmen, das einzigartige Licht und die wundervollen Sonnenuntergänge genießen. Im Sommer ist dies ab 19 Uhr vor allem von »Franco's Classical Music Bar« aus ein besonderes Erlebnis. Der Klang klassischer Musik und die herrliche Landschaft werden zu sinnlichen Komponenten, die zu einer vollkommenen Harmonie verschmelzen.

Oía an der Nordwestspitze der sichelförmigen Insel ist ein anderer Traum. Einst lebten hier mehr als 6 000 Menschen, ehe 1956 ein Erdbeben die Stadt nahezu völlig zerstörte.

Jahrzehntelang glich der Ort dann einer Geisterstadt. Doch plötzlich erwachte wieder neuer Lebenswille: Man baute und investierte, sanierte auf behutsame Weise die traditionelle Architektur und errichtete Neues im geschmackvollen Kykladenstil. Heute ist der Ort ein Freilichtmuseum für anspruchsvolle Kykladenarchitektur. Maler und Bildhauer, Literaten und Musiker haben hier eine neue Kunstszene etabliert.

Am Abend aber wird Oía buchstäblich überrannt. Dann halten zahlreiche Busse am Rand der autofreien Stadt, und die Touristen stürmen durch die Gassen, um auch hier das Schauspiel Sonnenuntergang mitzunehmen. Weit reicht der Blick vorbei an der neuen Windmühle bis zur Insel Ios, wo die Sonne im Meer versinkt.

Noch etwas zur Urgewalt des Vulkans. Inmitten der Caldera liegen zwei ›verbrannte‹ Inseln: die kleine, ältere Pálea Kaméni und die größere, jüngere Néa Kaméni. Beide bestehen nur aus Eruptionsgestein. Etwa 300 Meter unter dem Meeresspiegel vereinen sie sich zu einem im Durchmesser rund vier Kilometer großen Kegel. Während Pálea Kaméni bereits 197 v. Chr. entstand, entwickelte sich die heutige Größe von Néa Kaméni bei drei Vulkanausbrüchen in den Jahren 1707/1711, 1925/1928 und 1950.

Sich vorzustellen, wie es auf Santorin vor dem Zeitalter des Tourismus einmal war, das kann man wohl am besten auf Thirassiá. Noch hat sich hier, obwohl Ansätze dafür bereits vorhanden sind, der Massentourismus nicht ausgebreitet. Bisher wird die Insel nur vereinzelt von Ausflugsbooten und einer täglichen – von der Hauptinsel boykottierten – Fähre angelaufen. Dann auch hier dasselbe Schauspiel wie in Firá: wartende Eselkarawanen, schnell geöffnete Restaurants und Souvenirläden… Noch fallen die wenigen Besucher, die die Insel mit schönen Wanderwegen und den urtümlichen Dörfern Potamós und Aghriliá erwartet, kaum ins Gewicht.

Der andere Blick vom Westen zum Caldera-Rand von Firá und Oía ruft nochmals in Erinnerung, mit welchen Gefahren und Naturgewalten die Menschen hier leben, immer sind es, können es todbringende Kompromisse sein…

RESTAURANT

3. Folge: Santorin

S.71: Warten mit Gelassenheit und Muße

S.72: Ascheschichten eines Vulkanausbruchs bedeckten um 1500 v. Chr. die ganze Insel.

S.73: Glockenstuhl in Oía, einem Ort an der Nordwestspitze von Santorin

S.74: Minoische Fresken von Akrotíri: Boxende Kinder, Lilienblüten, eine palastartige Stadt und eine Priesterin (?), die eine Schale voller Opfergaben trägt (um 1560 v. Chr., heute im Nationalmuseum Athen)

S.75: Antike Felsreliefs in Alt-Thera mit griechischen Inschriften

S.76/77: Ájios-Pandeleïmon-Kirche bei Éxo Ghoniá

S.78: Fest des hl. Pandeleïmon am 28. Juli in der Kirche bei Éxo Ghoniá

S.79: Kirche Kímisis tís Theotókou in Episkopí bei Éxo Ghoniá mit Fresken aus dem 12. Jh.

S.80: Strand von Kamári an der Ostküste

S.81: Firá, die Inselhauptstadt –
u: Eingangsschild einer Fischtaverne auf der Insel Thirassiá

S.82/83: Panorama von Oía

S.84: Oía, Freilichtmuseum für Kykladenarchitektur

S.85: Wanderung auf der Vulkaninsel Néa Kaméni

S.86: Blick auf Hafen und Stadt von Thirassiá

S.87: Glockenstuhl im Dorf Potamós auf der Insel Thirassiá –
u: Im Hafen von Thirassiá

S.88: Einfahrt in den Hafen von Thirassiá

4. Folge

Antike Peloponnes

Von der mykenischen
bis zur römischen Epoche Griechenlands

Peloponnes – das ist das Land des mythischen Pelops, ist Urland, unbegangene Wildnis und rauhe Bergwelt, Hort der Freiheit und lichtdurchfluteter Garten Eden, das ist Landschaft voller Kraft und Zärtlichkeit, voller Herbheit und Farbenkraft; hier gibt es blühende Täler mit berauschendem Oleander, segensreiche Olivenbäume, duftende Zitronen- und Orangenhaine. Die Halbinsel ist das Herz des klassischen Griechenland. Das Meer brachte ihren Bewohnern Freund und Feind, Frieden und Krieg. Ihre jahrtausendealte Kultur gleicht einem knorrigen Olivenbaum, der fest im Boden wurzelt und allen Stürmen der Zeit getrotzt hat.

In diesem Land der Hellenen vereinen sich Namen zu historischer Größe. Mykene, Sinnbild für Tapferkeit und Krieg, Leidenschaft, Haß und Liebe, Begegnung mit Klytaimnestra und Agamemnon. Sparta und die schöne Helena, deren Entführung durch Paris Anlaß für den Trojanischen Krieg gewesen sein soll. Aischylos und Euripides, Olympia und Epidauros, Mistrá und Mani – das sind Namen, die noch heute lebendig sind.

Die Wurzeln und mythischen Ursprünge dieser Kulturlandschaft liegen mehr als 4000 Jahre zurück und beginnen in den bronzezeitlichen Epochen der Ägäis. Nach dem aktuellen Stand der archäologischen Forschung war das griechische Festland bis 2200 v. Chr. von nichtgriechischen Stämmen bewohnt. Erst zu Beginn des 2. vorchristlichen Jahrtausends wurden die altmediterranen Traditionen auf dem griechischen Festland und in Kleinasien durch indoeuropäische Stämme unterbrochen, die von Norden einwanderten: Das frühhelladische Zentrum Lerna auf der Peloponnes und Troja an der Nordküste Kleinasiens wurden genau um diese Zeit zerstört. Das Eindringen fremder Mächte in diese Landschaftsräume bewirkte zunächst, daß die Entwicklung hier stagnierte, während die minoische Kultur auf Kreta eine konkurrenzlose Vormachtstellung erreichen konnte. Erst um 1900 v. Chr., am Ende der langen Völkerwanderungszeit, drangen dann die Vorfahren der mykenischen Griechen – die Achäer und die Ioner – in Hellas ein und vermischten sich mit den nichtgriechischen Völkern der frühhelladischen Epoche. Wahrscheinlich haben sich bereits damals wesentliche griechische Elemente, vor allem auch die griechische Sprache der Einwanderer, durchzusetzen begonnen. Daß die Kultur Griechenlands in der mittelhelladischen Epoche eine Blütezeit hatte, zeigt besonders Mykene, eine der berühmtesten archäologischen Stätten in Griechenland, mit ihrer Schachtgräberanlage, die um das Jahr 1600 v. Chr. entstanden ist. Ihre Popularität verdankt sie vor allem ihren kostbaren Grabbeigaben, die den Beginn der mykenisch-späthelladischen

Epoche (ca. 1580 – 1100 v. Chr.) markieren. Die Überraschung in diesen Gräbern waren Funde aus purem Gold! Das Goldgewicht der Schmuckgegenstände, Totenmasken und anderen Grabbeigaben betrug sage und schreibe fünfzehn Kilogramm. Doch woher stammte dieses Gold? Auf der Peloponnes und dem griechischen Festland sind Goldvorkommen nicht bekannt. Bis heute konnte der Ursprung des mykenischen Goldes nicht überzeugend nachgewiesen werden. Eine Erklärung wäre, daß es sich bei den Toten um mykenische Fürsten handelte, die den Ägyptern 1580 v. Chr. bei der Vertreibung der Hyksos militärischen Beistand geleistet und dafür als Lohn Gold erhalten hatten. Denn, daß die Ägypter die Hyksos nur mit fremder Hilfe haben besiegen können, ist belegt. Auch weisen der mykenische und der ägyptische Grab- und Totenkult gewisse Parallelen auf. Stärker allerdings ist der minoische Einfluß auf die mykenische Kultur. Und das, obwohl hier eine matriarchalische (s. S. 37) und dort eine patriarchalische Struktur (s. S. 96) bestimmend war.

Schon der englische Archäologe Arthur Evans hat im Zuge seiner seit 1900 vorgenommenen Ausgrabungen in Knossós festgestellt, daß der minoische Palast um 1450 v. Chr. von Angehörigen eines anderen Volkes in Besitz genommen worden war. Aufgrund archäologischer Indizien konnte nachgewiesen werden, daß es sich dabei um die griechischen Mykener handelte, deren Kultur von Heinrich Schliemann auf dem griechischen Festland und in der östlichen Argolis wiederentdeckt worden war. Mykener waren es, die den Thronsaal im Palast von Knossós erbauten, der im gesamten minoischen Kulturkreis nichts Vergleichbares kennt. Archäologische Funde beweisen darüber hinaus, daß die Insel Kreta Mitte des 15. Jahrhunderts v. Chr. unter mykenische Herrschaft geriet.

Die mykenische Kultur der Achäer, wie sie Homer in seiner »Ilias« beschreibt, hatte sich zwar bis nach Athen, Theben, ja sogar bis nach Orchómenos in Zentralgriechenland ausbreiten können, aber ihr Zentrum lag auf der Peloponnes, vor allem im Nordosten der Halbinsel, in der Argolis. Hier gab es neben den großen Zentren wie Mykene und Tiryns auch mehrere kleine Burgen und befestigte Küstenorte, wie etwa den Fürstensitz von Assine bei Tolon. Sie waren durch Straßen miteinander verbunden, von denen teilweise heute noch Reste oder Brückenanlagen erhalten sind.

Mykene selbst war – den archäologischen Funden zufolge – wohl damals die wohlhabendste und mächtigste Stadt des Reiches. Im griechischen Mythos ist

Messolóngi
Andírrio
Pýrghos
Rio
Psathópyrgos
Eratiní
Galaxídi
Golf von Korinth
Korfú, Italien
Patras
Wúdhení
Egío
Eliki
Diakoftó
Ano Diakoftó
Egira
Likoporiá
Kámári
Xilókastro
Kiáton
Káto Achaía
Kapeléto
Chalandrítsa
Kalanístra
Chióna
Kalávrita
Moni Ajíos Láwra
Killíni
Erímanthos-Berge
Priólithos
Stenó
Korinthia
Zefgolatío
Lehená
Andrawídha
Skiadas
Lámbia
Kaliáni
Psári
Amaliádha
Nemea
Kalívia
Daras
Kandíla
Argolis
Nemea
Peloponnes
Olympia
Pirgos
Olympia
Lagádhia
Sangas
Levidi
Argos
Vitina
Kréstena
Arkadien
Platána
Lerna
Zacháro
Trípolis
Stenó
Tolón
Andrítsena
Basäai
Ionisches Meer
Megalópolis
Asséa
Rízes
Ástros
Messinia
Dhório
Ajios Pétros
Kyparissía
Allagí
Meligalas
Lakonien
Filiatrá
Taÿgettos-Gebirge
Sellasía
Leonídhi
Thuría
Artemisía
Sparta
Chora
Messini
Mistrá
Kalámata
Skúra
Kazarmá
Mikrá Mandínia
Wrondamás
Kámbos
Pýlos
Kardamíli
Chánia
Krokeés
Methóni
Harokopió
Koróni
Skála
Sapiendsa
Langáda
Moláï
Gythión
Schisa
Liménio
Areópoli
Dhirú-Grotte
Mani
Jeroliménas
Wáthia
Pórto Kájo
Elafóni
Mittelmeer

Peloponnes
Thíva (Theben)
Arma
Dílesi
Amphiáreion
Euböa
Almiropótamos
Malakássa
Awlóna
Erithrés
Wília
Inói
Attika
Marathon
Marathón
Sty´ra
Watísi
Mándra
Asprópyrghos
Mégara
Elefsína
Dáfni
Athen
Rafína
Káristos
Platanistós
Ándros
Salamis
Piräus
Päanía
Brauron
Wrawróna
Petaliï
Markópulo
Korinth
Saronischer Golf
Wuliagmeni
Keratéa
Ájios Konstantínos
Thorkós
Láwrion
Cháos (Antike Gruben)
Aigina
Pórto Epídauros
idauros
Sunion
Patróklu
Jiáros
Kéa
Driopi
Kalloni
Poros
Poros
Istanbul
Aj. Jeórjios
Thermísia
Ky´thnos
Hy´dra
Sérifos
Sífnos
Kímolos
Antimílos
Ägäis
Poly´ägos
Mílos
wassía
Fähre
archäologische Stätte
Höhle
Kirche
Kloster
internationaler Flughafen
nationaler Flughafen
N
0
25
50 km
Kreta

sie der Königssitz Agamemnons, des Führers der kriegerischen Achäer im Kampf gegen Troja. Klytaimnestra, Elektra und Orest – das alles sind berühmte Namen, die mit Mykene und dem Atridengeschlecht (s. S. 97) verknüpft sind. In der mykenischen Welt tritt uns – anders als auf Kreta – ein kriegerischer Geist entgegen, und in der Religion dominieren männliche Gottheiten. Daß die Gesellschaft wahrscheinlich patriarchalisch ausgerichtet war, bezeugen insbesondere die Grabfunde: Die kostbarsten Beigaben entdeckte man meist bei den Männern; hier seien nur die goldenen Totenmasken im Gräberrund A von Mykene erwähnt. Und neben Geschirr waren es nun hauptsächlich Waffen, die den Männern ins Reich der Toten mitgegeben worden waren. Im Sinne eines Patriarchats, das heißt einer Männer-, genauer Väterherrschaft, führen die mykenischen Fürsten die Abstammung ihres Geschlechts und ihrer Ahnen auf Götter zurück. Ein genealogisches Bewußtsein, das wir sowohl in den Mythen als auch in den aufwendigen Grabanlagen, die ganze Sippen oder Familien aufnahmen, bestätigt finden.

Die mykenische Kultur ist uns schon aufgrund ihrer Architektur nicht so fremd wie die minoische. Vertraut sind uns die Anlage der Burg von Mykene, ihre monumentalen Rampenwege und das berühmte Löwentor, das freilich auch wieder minoische Einflüsse aufweist. Die antithetischen Löwen neigen sich einer minoischen Säule zu und stehen auf einem mykenischen Altar. Vielleicht galten Löwen in jener Zeit als Symbol der Macht schlechthin.

Die Grundrisse der mykenischen Burgen zeigen ein klares und weniger labyrinthartiges Baukonzept als die kretischen Paläste. Zentrum war das Megaron, der rechteckige Hauptraum mit einer offenen Vorhalle an seiner Schmalseite. Verbunden war es mit einer Reihe von Repräsentations- und Nebenräumen. Rund um den Palast breitete sich die Stadt aus.

Von der sogenannten Megaronbauweise der Mykener führt eine lückenlose Architekturtradition über den antiken griechischen Tempel bis hin zu den abendländischen Bauformen, die bis heute prägend geblieben sind.

Stadt und Akropolis von Mykene sind von einer drei bis acht Meter starken Mauer von etwa 900 Meter Länge umgeben, die im wesentlichen zwischen 1350 und 1300 v. Chr. entstanden und aus so gewaltigen behauenen Steinen zusammengefügt ist, daß die antiken Griechen die Errichtung dieser Befestigung mythischen Kyklopen mit übermenschlichen Kräften zugeschrieben haben. Daher stammt auch der Ausdruck »kyklopische Mauern«!

Die Erbauer der Festung hatten wohl mit einer langen Belagerung gerechnet und deshalb an der nördlichen Mauer einen unterirdischen Zugang zu einer Zisterne außerhalb der Burg angelegt. Welchen Feind sie erwarteten, wissen wir nicht genau.

Aber nicht nur in Mykene erfaßt den Besucher Bewunderung angesichts der großartigen bautechnischen Leistungen der Bronzezeit. Nicht weniger großes Können verraten die Befestigungen von **Tiryns**. Die bis zu elf Meter dicken Mauern sind hier ohne Mörtel aus exakt ineinanderpassenden Steinen gefügt. Während Mykene – strategisch günstig – auf einem auslaufenden Bergrücken inmitten einer heroischen Landschaft liegt, wurde Tiryns, bei weitem nicht so gut geschützt, auf einem nur wenig aus der Ebene aufragenden Felsplateau erbaut. Aus diesem Grund vielleicht sind die fortifikatorischen Anlagen in Tiryns technisch noch raffinierter als in Mykene. Insgesamt zeigen die Bausubstanz, der Festungscharakter, aber auch die Grundmauern der Wohnbereiche den Aufbau der mykenischen Architektur deutlicher als in Mykene selbst. Ein neues Element sind die Kasematten, die wahrscheinlich für Verteidigungszwecke angelegt wurden. Um die Wasserversorgung im Fall einer Belagerung sicherzustellen, wurden in Tiryns – ähnlich wie in Mykene – Zisternen angelegt.

Überraschend ist es schon, daß in der Argolis zwei so imposante Burgen ganz nahe beieinander standen. Möglicherweise gehörten ja beide wirklich, wie es der Mythos erzählt, ein und demselben Herrschergeschlecht. Tiryns jedenfalls gilt als Gründung des Perseus, der von hier aus auch Mykene ins Leben gerufen hat, wo die Herrschaft von den Nachkommen des Perseus an das Geschlecht der Atriden überging. Der erste König von Mykene war Atreus. Sein Sohn, Agamemnon, ist in Homers »Ilias« der mächtigste griechische Fürst, der die Achäer in den Trojanischen Krieg führt. Bereits Mitte des 5. Jahrhunderts v. Chr. schildert Aischylos in seiner großen Tragödien-Trilogie »Orestie« das blutige Ende des aus Troja heimgekehrten Agamemnon und den Muttermord seines Sohnes Orest.

In der Folgezeit waren die Mykener die Herren im östlichen Mittelmeer. Ab dem 14. Jahrhundert v. Chr. ist mykenischer Einfluß auf Rhodos und Zypern nachweisbar; auf Sizilien finden sich ebenfalls ihre Spuren. Im Verlauf des 13. Jahrhunderts müssen die Mykener immer stärker bedroht worden sein. Und Ende des 13./Anfang des 12. Jahrhunderts v. Chr. lagen all ihre Herrschaftszentren in Schutt und Asche. Zur selben Zeit zerfiel auch das Hethiterreich, sah sich Ägypten dem Ansturm fremder Seevölker ausgesetzt, die erst Pharao Ramses III. 1176 v. Chr. besiegen konnte.

Wir wissen nicht, wer diese Seevölker waren, die offenbar das gesamte östliche Mittelmeer bedrohten, und ob sie für das Ende der mykenischen Epoche verantwortlich waren. Man spricht von Philistern und ihren Bundesgenossen, die um 1200 v. Chr. auf dem Seeweg die erste Eroberungswelle einleiteten und das griechische Festland überschwemmten. Zeitlich etwas später gelangte unabhängig von ihnen vom Norden Griechenlands her der griechische Volksstamm der Dorer auf die Peloponnes und dann auf die ägäischen Inseln. Vermischungen und Vertreibungen waren die Folge. Während sich die Dorer auf dem Festland, der Peloponnes, Kreta, Rhodos und anderen ägäischen Inseln etablierten, flohen die Mykener (Ioner) übers Meer, hauptsächlich zur kleinasiatischen Küste, und gründeten dort so berühmt gewordene ionische Städte wie Didyma, Ephesos und Milet. Dies scheint sich jedoch erst zwischen dem 12. und 10. Jahrhundert v. Chr. ereignet zu haben, so daß die Dorer als Zerstörer der mykenischen Kultur wohl nicht in Frage kommen können. Kurz und gut: Die Historiker sind sich über die zeitliche Abfolge der Invasionen und die beteiligten Völker uneins. Man spricht daher von den »Dunklen Jahrhunderten« der griechischen Geschichte.

Mitte des 12. Jahrhunderts v. Chr. jedenfalls waren alle bronzezeitlichen Kulturen im Ägäisraum – sowohl auf Kreta als auch auf den Kykladen und auf der Peloponnes – zusammengebrochen. Ihre Erzeugnisse verschwanden, ihre Fertigkeiten und Errungenschaften gerieten fast vollständig in Vergessenheit. Auf die möglichen Ursachen gibt es verschiedene Hinweise. Einmal soll das Rohmaterial für die Bronzeherstellung knapp geworden sein. Andererseits ist es gut denkbar, daß die ›Grenzen des Wachstums‹ erreicht waren.

Wieder einmal kann mythologische Überlieferung weiterhelfen. Was da von den antiken Griechen über ihre Vorfahren berichtet wird, handelt in der Regel von Beutezügen und Kriegen, vom Kampf um Troja, von der Fahrt der Argonauten unter Jason, dem Zug der Sieben gegen Theben. Als Gründe für derartige kriegerische Aktionen müssen im Mythos persönliche Kränkungen, Erbstreitigkeiten oder gar der Raub der schönen Helena herhalten, um die der zehnjährige Krieg mit seiner Unzahl von Toten entbrannt sein soll. Realistischer scheint hier ein regelrechter Handelskrieg, denn Troja beherrschte aufgrund seiner topographisch günstigen Lage an der Einfahrt in die Dardanellen den Zugang zum Schwarzen Meer.

Fest steht, daß die von Norden eingewanderten Dorer im 12. Jahrhundert völlig neu anfangen mußten. Knapp ein Jahrhundert später kam ihnen eine revolutionierende Entdeckung zu Hilfe: das Eisen, das besonders für die Waffenherstellung von elementarer Bedeutung werden sollte. Die Dorer waren es, die damals die Grundlagen für die griechische Antike legten und jene geistige Welt schufen, der das Abendland so viel zu verdanken hat. Es ist das antike Griechenland mit all seinen klassischen Stätten auf der Peloponnes, dem Festland und den ägäischen Inseln, das die meisten Besucher anzieht, weil es ihnen vertraut ist. Doch das, was vorausging, die frühen Ägäiskulturen, und das, was folgte, das Byzantinische Reich und die Herausbildung des griechischen Nationalstaates, wird leider allzu oft konsequent ignoriert. Das liegt hauptsächlich am Geschichtsunterricht in den Schulen, der andere Schwerpunkte setzt und diesen Epochen nur geringe Beachtung schenkt.

Zaghaft schälen sich zur ersten vorchristlichen Jahrtausendwende die Anfänge der »neuen Welt«, der Antike, heraus. Der protogeometrischen und geometrischen Epoche (ca. 990 – 710 v. Chr.) folgt die orientalisierende Phase (710 – 620 v. Chr.). Hierbei ist besonders das 8. Jahrhundert v. Chr. zu nennen. Denn in diesem Zeitraum kommt es allmählich zu intensivem städtischen Leben, beginnt sich die Polis zu entwickeln. Doch zugleich stehen die Menschen am Ende dieses Jahrhunderts vor Ernährungs- und Versorgungsproblemen: Die Erträge aus Landwirtschaft und Handel reichen nicht mehr aus. Schiffe werden gerüstet; es folgen die großen Kolonisationen, das Zeitalter der Entdeckungen beginnt: 734 v. Chr. segeln korinthische Schiffe gen Westen nach Sizilien und Unteritalien, etwa zur gleichen Zeit drängen Griechen ins Schwarze Meer, nach Zypern, Phönizien, Palästina und Nordsyrien.

Auch auf dem Gebiet der Kunst gehen die Menschen dieser Zeit neue Wege. Sie bedienen sich zunächst des Zirkels und des Lineals, um ihre Kunstwerke zu entwerfen und zu dekorieren. Zunehmend werden dann die Einflüsse aus dem Orient bestimmend, wie beispielsweise das »archaische Lächeln« und die Ornamentik, und leiten die archaische Epoche (620 – 490 v. Chr.) ein. Die ersten früharchaischen Steintempel entstehen. Das älteste bekannte Beispiel ist der Artemis-Tempel auf Korfú, der um 590 v. Chr. errichtet wurde. Den frühgriechischen Epochen schließt sich um 490 v. Chr. die alles überstrahlende Hoch-Zeit, die Klassik, an, die erst mit dem Tod Alexanders des Großen 323 v. Chr. ihr Ende findet. Dann folgen der Hellenismus (323 – 27 v. Chr.), die römische Epoche und die byzantinische Herrschaft (324 – 1453), die von der Gründung Konstantinopels bis zu seiner Eroberung durch die Osmanen reicht. Es folgen Jahrhunderte der Fremdherrschaften durch Franken, Genuesen, Venezianer, Osmanen/Türken… Ein langer und schwerer Weg bis zur Entstehung des griechischen Nationalstaates ab 1821 (s. S. 129)!

Doch kehren wir zurück zum antiken Hellas der Peloponnes. Nahezu vergessen sind zu jener Zeit die alten mykenischen Hochburgen. Die neuen religiösen und wirtschaftlichen Zentren heißen nun Olympia, Sparta, Epidauros/Epídavros und Korinth. Zwar zeigen sie alle mykenische Siedlungsspuren, doch ist eine kontinuierliche Besiedlung dieser Stätten nach dem heutigen Stand der Wissenschaft eher unwahrscheinlich.

Die Blütezeit **Olympias** begann erst am Ende der Wanderungsbewegungen aus dem Norden, als die Dorer an diesem Ort ein Heiligtum für den Göttervater Zeus errichteten, der jetzt anstelle der Ur- und Fruchtbarkeitsgöttin Gaia über Elis, das Kernland von Olympia, herrschte. Erst da war der Weg frei für die Zeus-Spiele, die Vorläufer der Olympischen Spiele.

Herakles, der große griechische Nationalheld der mythischen Antike, gilt als Gründer der Zeus-Spiele in Olympia, die insgesamt über einen Zeitraum von fast 1200 Jahren, von 776 v. Chr. bis 393 bzw. 426 n. Chr., alle vier Jahre abgehalten wurden. Wesentlicher Bestandteil war der »olympische Frieden«, dem sich während der kultisch-sportlichen Festivitäten jeder teilnehmende Staat unterwerfen mußte. Brach ein Land den Frieden, wurden seine Sportler gesperrt, und die jeweiligen Regierungen hatten mit empfindlichen Strafen zu rechnen. Als beispielsweise während der 90. Olympiade 420 v. Chr. Sparta mitten im Peloponnesischen Krieg den Gottesfrieden brach, durften die spartanischen Sportler nicht zum Wettkampf antreten. Sparta selbst mußte später 2000 Minen zahlen (das entspricht einem damaligen Zeitwert von 6600 Ochsen). Immer waren die Olympischen Spiele auch ein politisches Forum für ›friedenschaffende Maßnahmen‹, für Beratungen, bei denen sich die politischen Vertreter der teilnehmenden Staaten trafen, um über Streitpunkte zu verhandeln und Friedensverträge aufzusetzen.

Bleibt noch zu erwähnen, daß die Antike bereits ein sportliches Regelwerk kannte, auf das Sportler der neuzeitlichen Spiele wesentlich länger warten mußten: So existierte im antiken Olympia schon eine eigene Frauen-Olympiade zu Ehren der Göttin Hera. Übrigens hat es in der Antike nie einen reinen Amateurstatus gegeben, wie das im 20. Jahrhundert so gern als Klischee bemüht wird. Die Athleten erhielten sehr wohl Geld für ihre Vorbereitungen. Die ›kultische Ehrung‹ für den Sieger bestand zwar nur aus einem Tugendpreis in Form eines Kranzes aus Blättern des wilden Ölbaumes, doch war auch materieller Lohn festgesetzt, wie es die Verfassung des Solon aus dem Jahre 594 v. Chr. zeigt. Ihr zufolge erhielten die Sieger von Olympia 500 Drachmen und Ehrenämter, die mit finanziellen Einnahmen verbunden waren. Hätte man diese Regelung für die neuzeitlichen Olympischen Spiele ab 1896 übernommen, so wäre manchem Sportler Leid erspart worden. Zu oft kam es vor, daß ein Athlet vor dem Start – dem jahrelanges, entbehrungsreiches Training vorausging – gesperrt oder ihm der Sieg nachträglich aberkannt wurde. Nur weil das IOC erfahren hat, daß er während seiner Trainingszeit für die Deckung seines Lebensunterhalts(!) gesponsert worden war. Gemessen an den Startprämien heutiger Athleten, die etwa in Deutschland bis zu 100 000 DM betragen, waren das nur klägliche Trinkgelder, für deren Annahme die Sportler im »Sinne der olympischen Idee« früher bestraft wurden.

Welch ein Hohn! Heute ist der Sport nicht nur vom Virus der Politik verseucht, sondern zeigt gerade im Bereich der Kommerzialisierung gefährliche Entartungen. Der junge menschliche Körper wird ›aufgerüstet‹, zum ideologischen Kampf, zum Ersatzkrieg! Olympischer Sport und Friedensbewegung haben leider nichts mehr gemeinsam. – Und noch etwas: Nicht nur heute, schon in der Antike waren Olympische Spiele ein gewinnbringendes Geschäft, aber auch eine äußerst schwierige Organisationsaufgabe. Allein 40 000 Zuschauer faßte das Stadion in Olympia, doch ist anzunehmen, daß insgesamt weitaus mehr Gäste in der Stadt weilten. Um für so viele Menschen ausreichend Unterkünfte und genügend Trinkwasser bereitzustellen sowie die Müllbeseitung zu gewährleisten, brauchte man einen erfahrenen ›Krisenstab‹.

Fast 200 Jahre hatte Olympia das Monopol für die kultischen Sportveranstaltungen, dann wurden sie auch in anderen Orten Griechenlands ausgetragen: ab 582 v. Chr. die Pythischen Spiele zu Delphi, ab 570 v. Chr. die Isthmien von Korinth und ab 537/36 v. Chr. die Nemeischen Spiele von Nemea. Diese panhellenischen Festspiele wurden so gelegt, daß es keine zeitlichen Überschneidungen gab und Olympia den kultisch-sportlichen Zyklus stets eröffnete. Seit Mitte des 6. Jahrhunderts v. Chr. gab es zusätzlich in Athen die Panathenaien mit musikalischen und gymnastischen Wettbewerben.

Olympia heute: Besucher, die den Spuren von einst nachgehen, sind meist schwer enttäuscht von dem bescheidenen Stadion, das sich ihnen im Zustand des 4. Jahrhunderts v. Chr. präsentiert. Da ist nichts Großartiges, nichts Imposantes! 40 000 Zuschauern sollen die sanften Hänge, so ganz ohne Sitzstufen, Platz geboten haben. Kaum zu glauben! Lediglich das römische Tor, das vom Heiligtum ins Stadion führt, entspricht einigermaßen den Erwartungen, ohne jedoch monumental zu wirken.

Im Temenos (»dem Ort, an dem sich die Götter aufhalten«), dem umfriedeten Bezirk des Heiligtums, sowie im Museum findet man hingegen viele aufregende und aussagekräftige Monumente, die von der Geschichte der Kultstätte und der Spiele erzählen.

Nur 300 Meter von der archäologischen Stätte entfernt, Richtung Lagádhia, liegen inmitten einer gepflegten Parkanlage die Gebäude der Internationalen Olympischen Akademie von Olympia. Eine Zypressenallee führt auf eine unscheinbare Marmorstele zu, die ein Medaillon mit dem Porträt von Pierre de Coubertin trägt. Der Franzose hatte sich mit all seiner Kraft und seinem Vermögen für die Wiederbelebung der olympischen Idee eingesetzt. 1896 war es dann endlich soweit: Die ersten Spiele der Neuzeit konnten in Athen stattfinden. De Coubertin blieb lange Zeit, bis 1925, Präsident des IOC in Lausanne, wo er am 2. September 1937 starb. Anfang 1938 erfüllte man ihm seinen Letzten Willen, überführte sein Herz nach Olympia, wo es in die Marmorstele eingemauert wurde.

Mehr als ein halbes Jahrhundert ist seitdem vergangen. Die Olympischen Spiele haben trotz ihrer Kommerzialisierung und Fragwürdigkeit nichts von ihrer Faszination verloren. Doch die Nationen der Welt ignorierten den verständlichen Wunsch Athens, daß Griechenland 1996 die Spiele zum 100jährigen Jubiläum austragen dürfe. Man war zu keiner Geste an das Ursprungsland der Olympischen Spiele bereit. Das Ansinnen Athens und die »olympische Idee« scheiterten, Atlanta und der Kommerz heißen die Sieger. Für Athen schien die Bewerbung beim IOC nur eine Formsache, doch war sie nicht vielleicht von vornherein zwecklos? Dennoch ließen die Verantwortlichen lange vor der offiziellen Abgabe aller Unterlagen am 31. Januar 1990 siegessicher Plakate und Sonderbriefmarken für das Jubiläum 1996 in Athen drucken. Möglicherweise haben ihnen am Ende die Verantwortlichen diesen ›Vorgriff‹ verübelt und dabei das Gebot sportlicher Fairneß vergessen …

Machen wir jetzt wieder einen Sprung ins Altertum, nach **Sparta**, den größten Staat im antiken Griechenland. Während sich die Historiker hinsichtlich seiner Ursprünge noch völlig uneins sind, erzählt der Mythos von intensiven und handfesten Verbindungen zwischen Sparta und Mykene. Selbst Zeus taucht in der mythischen Vergangenheit auf: So soll er sich in Gestalt eines Schwanes Leda, der Gattin des spartanischen Königs Tyndareos, genähert und sich mit ihr vereinigt haben. Folge dieser Liebesverbindung war die schöne Helena, um die später, nachdem sie von Paris geraubt worden war, der Trojanische Krieg entbrannt sein soll. Vorher kam es jedoch noch zu einer Doppelhochzeit in den Königshäusern von Sparta und Mykene: Während Menelaos, Sohn des Atreus von Mykene, Helena heiratet, ehelicht ihre Schwester Klytaimnestra dessen Bruder Agamemnon.

Das historisch Einzigartige des antiken Sparta ist, daß es sich um einen reinen Militärstaat handelte, dessen Bevölkerung in drei Klassen aufgeteilt war. Ganz oben in der gesellschaftlichen Hierarchie standen die Spartiaten, denen es per Gesetz verboten war, ein Handwerk auszuüben oder Handel zu treiben. Ihre Kinder wurden ab dem 7. Lebensjahr vom Staat einzig dazu erzogen, Berufskrieger zu werden. Dabei wurden die Werte Ehe und Familie bewußt unterdrückt. Das wirtschaftliche Rückgrat von Sparta bildeten allein die freien, allerdings von Sparta abhängigen Perioiken und die zum spartanischen Staatsbesitz zählenden Heloten, die also schlichtweg Sklaven waren. Dank der von Sparta im Süden der Peloponnes unterworfenen großen Ländereien erwirtschafteten die Perioiken und Heloten über Jahrhunderte hinweg den Wohlstand, der für die Gesamtbevölkerung erforderlich war.

Wer heute die weitläufige antike Stätte durchstreift und den Blick ins mächtige Taÿgettos-Gebirge und zur byzantinischen Stadt Mistrá schweifen läßt, den erinnert nichts an die militärische Vergangenheit von Sparta. Ja, meist kommt der Besucher nicht einmal bis zu dieser Stelle, sondern lediglich bis zu der überlebensgroßen Statue eines antiken Kriegers, die sich am Stadtrand des heutigen Sparta erhebt. Ihr Sockel trägt die altgriechische Inschrift »Molón lavé!«, die sich auf die Schlacht der Spartaner unter Führung des Leonidas gegen die Übermacht der Perser am Thermopylen-Paß im Hochsommer 480 v. Chr. bezieht. Damals forderten die Perser die Kapitulation und Waffen der Spartaner, die jedoch mit »molón lavé« antworteten, was frei übersetzt so viel wie »Komm und hol« (sie Dir, unsere Waffen) heißt! Jedes Schulkind in Griechenland kennt diesen Spruch auswendig und benutzt ihn liebend gern, um auszudrücken, daß es vor nichts und niemandem in der Welt Angst hat. Die riesige Gestalt des Kriegers scheint die historische Stätte der Urväter erfolgreich zu bewachen. Denn viele kehren bei seinem Anblick um, nicht wissend, was sich hinter seinem Rücken verbirgt. Doch hat man ›ihn‹ erst einmal überwunden, dann gelangt man in ein archäologisches Areal, das voller Überraschungen steckt und noch auf seine Entdeckung wartet. Unter einem dichten Olivenhain, unter spätantiken und mittelalterlichen Bauten sowie unter den monumentalen Resten eines römischen Theaters liegen die Spuren der Hauptstadt des Kriegsstaates Sparta.

Völlig anders erlebt der Besucher dagegen das Ausgrabungsgelände von **Epidauros/Epídavros**. Hier ist nahezu alles erschlossen, hier gräbt, forscht und restauriert man seit 1881! Die jahrzehntelange wissenschaftliche Beschäftigung mit der Kultstätte des Asklepios, des Gottes der Heilkunst, läßt nur noch wenige Fragen offen. Im alten, nicht gerade sehr einladenden Museum sind viele wertvolle Exponate ausgestellt, an denen man klassische Tempelarchitektur in Reinkultur studieren kann. Zum Greifen nahe sind hier korinthische Kapitelle und draußen in der Natur die Vorbilder für die Künstler: blühender Akanthus. Den Höhepunkt von Epidauros bildet das griechische Theater aus dem frühen 3. Jahrhundert v. Chr., ein Bauwerk von schönster Vollkommenheit. Der Gesamtentwurf, die Proportionierung und die Ausführung der Architekturglieder sind von höchster Qualität und Präzision. 54 Sitzreihen bieten 14 000 Zuschauern Platz. Wer die Gelegenheit und das Glück hat, hier einem antiken Drama oder einem Konzert beizuwohnen, der bringt sicherlich ein ganz besonderes Erlebnis von seiner Reise durch das klassische Griechenland mit nach Hause und kann sich vorstellen, wie ergreifend Theateraufführungen im alten Griechenland waren.

Ebenfalls einen tiefen, wenn auch anderen Eindruck hinterlassen das antike **Korinth** und der Kanal von Korinth, der das Ionische Meer über den Golf von Korinth mit dem Saronischen Golf verbindet: 6,3 Kilometer Wasserstraße mit einer Breite von 8 Metern und einer Tiefe von 23 Metern, eingefaßt von 80 Meter hohen Steilfelsen – das sind die gewaltigen Dimensionen dieses technischen Bauwerks. Bereits im 6. Jahrhundert v. Chr. existierte hier eine Díolkos, eine »Schleppbahn«, über die kleine Schiffe getreidelt wurden. 67 n. Chr. hatte Kaiser Nero bereits einen Kanal geplant, der jedoch erst in den Jahren 1882 bis 1893 von einer französischen Gesellschaft – ziemlich genau nach der Trassenführung des römischen Imperators – realisiert wurde.

Die antike Stadt Korinth besitzt drei faszinierende Sehenswürdigkeiten: den reifarchaischen dorischen Apollon-Tempel aus der Zeit um 530 v. Chr., der zu den Meisterleistungen griechischer Tempelarchitektur gehört, ferner das Museum mit erlesenen Exponaten aus mehreren Jahrhunderten sowie die antike

Stadt selbst. Sie stammt vorwiegend aus der Wiederaufbauphase unter Julius Cäsar, der Korinth, das etwa hundert Jahre zuvor dem Erdboden gleichgemacht worden war, 44 n. Chr. neu besiedeln ließ. Schnell entwickelte sich an der Stelle wieder eine blühende Stadt, die bald zu den wohlhabendsten und elegantesten der römischen Spätantike zählte. Aufwendige Bäder, eine imposante Marktstraße sowie Latrinen und Brunnenanlagen erinnern an diese Epoche. Im Jahr 512 n. Chr. wurde Korinth durch ein schweres Erdbeben für immer zerstört.

Verweilen wir zum Abschied von der Peloponnes nochmals in der Argolis, dort, wo sich der Kreis wieder zur mykenischen Kultur und zur griechischen Sagenwelt schließt: **Nemea** beispielsweise, das der Griechenlandbesucher meist nur von der Bahnstation auf dem Weg nach Mykene kennt oder von den fliegenden Händlern an der Straße, die den guten Wein von Nemea verkaufen, ist jener mythische Ort, an dem Herakles den »Löwen von Nemea« erlegte. Und es ist kein Geringerer als Herakles, der werbeträchtig auf den Weinetiketts abgebildet ist.

Nur wenige Kilometer abseits der Straße liegt nahe dem heutigen Dorf Nemea das antike Nemea. Es gibt nur wenige archäologische Plätze in Griechenland, die so viel Charme ausstrahlen und eine derart liebevolle Pflege erfahren! Nicht nur das Grabungsgelände mit dem Zeustempel und dem Stadion für die Nemeischen Spiele (s. S. 101), sondern ganz besonders das von den Amerikanern errichtete Museum verdienen Lob. Vor allem die Präsentation der Exponate ist didaktisch vorbildlich gelungen! Ein Fund des Museums sei hier besonders hervorgehoben: Schmuck und Goldringe aus der mykenischen Epoche, welche an die frühen Ägäiskulturen (s. S. 92ff.) sowie »Herakles im Kampf mit dem Löwen von Nemea« und »Herakles' Kampf gegen die Schlange von Lerna« erinnern.

Zugegeben, das Grabungsgelände von **Lerna**, südlich von Nemea, ist nicht spektakulär, für den Laien eher enttäuschend. Doch man hat an dieser Stelle eine Siedlungskontinuität vom Neolithikum bis zur mittleren Bronzezeit nachgewiesen (es handelt sich also um jenes Lerna, das von dorischen Einwanderern zerstört worden war, s. S. 92). Außerdem wurde hier – ganz untypisch für den griechischen Kulturraum – mit Lehmziegeln gebaut, von denen einige erhalten sind. Dann die Lage der Siedlung. Noch heute lassen die flachen Küstenausläufer ein Sumpfgebiet erahnen. Finden wir in dieser Topographie die Antwort auf den Herakles-Mythos? War Herakles' Gegner, die

Schlange, am Ende Sinnbild für jenen mordenden Sumpf von Lerna, für die den Menschen bedrohende Natur, die der antike Held urbar machte? Heute ist es umgekehrt! Inzwischen bedroht der Mensch die Natur! Griechenland und die Welt brauchen einen neuen Herakles, moderne Helden, die die Natur vor dem Würgegriff der Menschen bewahren und retten.

ΤΗΣ ΤΩΝ ΟΛΥΜΠΙΑΔΩΝ ΥΠΟ ΤΗΣ
ΟΙΚΟΥΜΕΝΗΣ ΑΝΑΚΑΙΝΙΣΕΩΣ
ΜΝΗΜΕΙΟΝ ΑΪΔΙΟΝ
ΤΗΝ ΣΤΗΛΗΝ ΤΗΝΔΕ
Η ΕΛΛΑΣ
ΕΝ ΤΗ ΙΕΡΩΤΑΤΗ ΟΛΥΜΠΙΑ
ΑΝΙΔΡΥΣΕΝ
ΕΙΣ ΑΕΝΑΟΝ ΑΠΟ ΤΩΝ ΑΓΩΝΩΝ
ΔΙΔΑΣΚΑΛΙΑΝ
ΨΥΧΗΣ ΤΕ ΚΑΙ ΣΩΜΑΤΟΣ
ΤΟΥ ΔΕ ΑΝΑΚΑΙΝΙΣΤΟΥ

Ο ΘΡΙΑΜΒΟΣ ΤΟΥ ΔΙΑΓΟΡΑ
ΕΡΓΟ ΚΑΙ ΔΩΡΕΑ ΣΤΗ Δ.Ο.Α.
ΤΟΥ ΓΛΥΠΤΗ ΝΙΚΟΛΑ
ΜΑΡΤΙΟΣ 1991
THE TRIUMPH OF DIAGORAS
DONATED TO THE I.O.A.
BY THE SCULPTOR NICOLAS
MARCH 1991

ΕΛΛΗΝΙΚΑ ΤΑΧΥΔΡΟΜΕΙΑ
ΕΠΙΣΤΟΛΙΚΟΝ ΔΕΛΤΑΡΙΟΝ
ΔΙΑ ΤΟ ΕΣΩΤΕΡΙΚΟΝ
ΕΛΛΑΣ
40 ΛΕΠΤΑ 40
ΟΛΥΜΠΙΑ
ΠΟΡΙΚΩΣ
AR AVION
26 Mars 1938 jour d'enterrement à Olympie
du coeur du restaurateur des Jeux Olympiques
Baron Pierre de Coubertin.

4. Folge: Antike Peloponnes

S.107: Die Griechen suchten ihre Zukunft immer auf dem Meer und besitzen heute die größte Handelsflotte der Welt

S.108: Mykenische Funde im Archäologischen Museum von Nauplia: Fresko aus Tiryns – u: Krieger auf einer Vase, »Prinz von Assine«

S.109: Das Löwentor von Mykene

S.110/111: Blick von Nauplia über die Bucht von Argolis

S.112: Weibliches Idol aus Tiryns (12. Jh. v. Chr., Museum Nauplia)

S.113: Epidauros: Griechisches Theater – u: Korinthisches Kapitell im Museum und Akanthusblüte in der Natur

S.114: Isthmus von Korinth

S.115: Korinth: Dorischer Apollon-Tempel – u: Römisches Mosaik und korinthisches Kapitell

S.116: Alfeios-Tal bei Olympia

S.117: Olympia: Entzündung der olympischen Flamme – Ausgrabungsgelände – M: Echohalle im Temenos – M: Zeus und Ganymed (480/470 v. Chr.) – u: Kopf eines Jünglings aus dem 2. Jh. n. Chr. – u: Römisches Eingangstor zum Stadion

S.118: Marmorstele mit dem eingemauerten Herzen von Pierre de Coubertin, dem Vorkämpfer der neuzeitlichen Olympischen Spiele – Die Internationale Olympische Akademie – u: Sonderbrief zur feierlichen Überführung des Herzens von Pierre de Coubertin am 26. März 1938 nach Olympia

S.119: Sparta: Das antike Theater im archäologischen Gelände

S.120: Nemea: Archäologisches Gelände

S.121: Küste der Argolis bei Lerna – u: Herakles' Kampf gegen die Schlange von Lerna auf einer attischen Schale (Nationalmuseum Athen)

S.122: Theater von Epidauros

5. Folge

Moderne Peloponnes

Auf dem Weg zum griechischen Nationalstaat

Patras – eine quirlige Großstadt an der Nordküste der Peloponnes, Hochburg des Karnevals in Griechenland! Wer den Hafen nur als Tor zu Griechenland, zur Peloponnes benutzt, der erfährt nichts von der Schönheit und dem Reiz dieser drittgrößten Metropole des Landes. Sicher, der Hafen mit seinen riesigen Tankern ist wie jeder Hafen zum großen Teil unansehnlich und laut. Ganz in seiner Nähe liegt jedoch Ipsikáminos, eine ehemalige Industrieanlage, die vorbildlich restauriert und zu einem attraktiven Freizeitzentrum mit Tavernen, Diskotheken und Galerien umgestaltet wurde.

Die Ein- und Ausfallstraßen von Patras sind gesichtslos bis häßlich wie in allen Großstädten. Doch hinter diesem schwarzgrauen Mantel verbirgt sich eine Stadt mit grünen Oasen, Plätzen zum Verweilen und historischen Monumenten, die Einblick in die reiche Vergangenheit der Stadt sowie der Region Achaia gewähren. Alles überragend erhebt sich im Zentrum der Stadt die Ájios Andréas Mitrópolis. Diese Bischofskirche wurde 1964 an der Stelle errichtet, wo der heilige Andréas sein Martyrium erlitten haben soll. Zur feierlichen Einweihung erhielt die Gemeinde übrigens von Papst Paul VI. ein Geschenk: das Haupt des Apostels, das seit 1460 in Rom aufbewahrt wurde. Heute befindet es sich in einem goldenen Reliquienschrein der Kathedrale. Das Geschenk war ein diplomatisch-freundschaftlicher Akt, der wahrscheinlich nur deshalb zustandekam, weil sich im Jahr 1964, nach knapp 1 000 Jahren Zerstrittenheit von Ost- und Westkirche, Papst Paul VI. und Patriarch Athenagoras I. von Konstantinopel auf dem Ölberg in Jerusalem getroffen hatten, um endlich eine Annäherung beider Seiten zu erreichen.

An die Frühzeit der Region, an die mykenische Epoche, erinnern die sensationellen Funde bei dem Ort **Wudhení**, außerhalb von Patras, die der griechische Archäologe Lázaros Kolónos erst vor kurzem, 1994, gemacht hat: eine Nekropole aus der Zeit zwischen 1300 und 1000 v. Chr. mit auffällig vielen Kuppelgräbern. Nur wenige hundert Meter entfernt, auf halbem Weg zur Küste, vermutet Kolónos die dazugehörige mykenische Stadt, von deren Existenz man bisher nichts wußte. Selbst der Mythos gibt wenig Auskunft über ihre Anfänge. Er weiß nur von einem Spartaner namens Patreus zu berichten, der die Stadt gegründet haben soll – sonst nichts.

»Mythos« ist auch das Thema von Státhis Chrisikópulos. Der 1945 in Patras geborene Künstler wurde mit seinen eigenwilligen Gemälden und Konstruktionen aus Glas, Metall und anderen Materialien international berühmt. Seine Werke und die Umgebung, in der er arbeitet, sind von einem merkwürdig erotischen Verhältnis zum Mythos und zur Geschichte Griechenlands gekennzeichnet. Sie schildern eine Einstellung zum Leben, die teils kritisch, teils humorvoll und ironisch ist. Der Künstler greift auf die Kraft des Mythos zurück, nicht allein um eine Geschichte zu erzählen, sondern um der Vergangenheit eine metaphysisch-poetische Dimension zu verleihen. Chrisikópulos bedient sich der Kontraste Leben und Tod, Kommen und Gehen, Gegenwart und Vergangenheit und ist bemüht, dem Betrachter die vielseitigen Erscheinungen der Gegenwart näherzubringen.

Diese Antipoden haben gerade für Patras, für den Lebenswillen und das Streben nach Freiheit, eine besondere Bedeutung. Man denke nur an Erzbischof Germanós, der am 25. März 1821 – einer Legende zufolge im nahegelegenen Kloster Láwra – zum Freiheitskampf gegen die Türken aufrief!

Hundert Jahre später gaben die Stadtväter dem Bildhauer Antónios L. Sóchos den Auftrag, zu Ehren von Erzbischof Germanós eine monumentale Bronzestatue zu errichten, die heute auf der parkähnlichen Platía Jeorjíu in Patras steht. Von einem hohen Marmorsockel aus blickt der Befreier Griechenlands, wie er gerne genannt wird, stolz und selbstzufrieden auf das Treiben herab, auf die spielenden Kinder, auf die Menschen, die tagtäglich hier entlangflanieren.

Der Weg, den Erzbischof Germanós den Griechen gewiesen hatte, führte schließlich tatsächlich zur Gründung des heißersehnten griechischen Nationalstaates, doch erst nach langen, entbehrungsreichen Jahren. Anfangs hatte es keineswegs erfolgreich ausgesehen. Viele lokale Volkserhebungen scheiterten. Es hatte den Anschein, als könne Griechenland nicht aus eigener Kraft selbständig werden. Tatsächlich bedurfte das Land starker Unterstützung aus dem Ausland.

Im **Kloster Láwra**, hoch oben an den nordöstlichen Ausläufern der imposanten Erímanthos-Bergregion, zeigen freundliche Mönche den Besuchern heute neben anderen Zeitdokumenten bereitwillig die »Fahne der Freiheit«, die Germanós hier am 25. März 1821 unter Glockengeläut und Kanonendonner gehißt haben soll. Daraufhin habe sich das Signal des Freiheitskampfes wie ein Lauffeuer durch das von den Osmanen besetzte Griechenland ausgebreitet. Nach neun Jahren erbitterter und blutiger Kämpfe, unterstützt von ausländischem Militär, mußte Sultan Mahmut 1830 weichen und Griechenland als unabhängigen Staat anerkennen.

Um die komplizierte politische Entstehungsgeschichte des neuzeitlichen Griechenland zu verstehen, die leider keinen Eingang in unsere Schulbücher gefunden hat, blicken wir kurz auf die Jahrhunderte osmanischer Besetzung zurück. Der 29. Mai 1453, die Einnahme Konstantinopels, war das fatale Datum in der griechischen Geschichte. Das byzantinische Jahrtausend, ein Zeitraum vom Untergang des Weströmischen Reiches, 476 n. Chr., bis zur Eroberung der Hauptstadt des Oströmischen Reiches, fand mit einem Schlag sein Ende. Byzanz hatte aufgehört zu existieren!

Daß die ehemaligen Bürger des Oströmischen Reiches, also die Griechen, als »Romios« (= Oströmer), wie sie sich heute noch voller Stolz nennen, und das Griechentum als »Romiosini« vierhundert Jahre Leid und Elend der Fremdherrschaft überleben konnten, ist ein erstaunliches Phänomen. Bei näherer Betrachtung der historischen Umstände hingegen ist es jedoch nachvollziehbar und konsequent. Zunächst einmal ist festzuhalten, daß die Osmanen besonders zu Beginn ihrer Herrschaft die volkreichen Griechen im Lande für den Aufbau ihres Osmanischen Reiches ganz dringend brauchten. Deren Wissen und Vermögen, das sich teilweise im Ausland befand, und ihre hervorragenden, weltweiten Handelskontakte waren es, die sie sich zunutze machen wollten und gemacht haben. So gewährten sie den Griechen von Anfang an relativ große Freiheiten. Diese waren gekoppelt mit der im Islam ohnehin festgeschriebenen Religionsfreiheit für Nichtmuslime, die allerdings in der Rechtspraxis meist nur Makulatur blieb – und das bis auf den heutigen Tag. In diesem Klima konfessioneller Toleranz erwies sich die griechisch-orthodoxe Kirche als Trägerin, Bewahrerin und Retterin griechischer Kultur und Tradition. Der Patriarch konnte seinen Sitz fortan in Konstantinopel halten, wo er noch heute residiert. Die Stadt erhielt nach 1453 von den Osmanen den Namen Istanbul, das aus dem griechischen »is tin polin« beziehungsweise »stin polni« (= in die Stadt) entstanden ist. Zu dieser Zeit hatte der Patriarch mehr Macht als in den Tagen des byzantinischen Reiches. Von nun an war er Oberhaupt der Ostkirche und zugleich Nachfolger des byzantinischen Kaisers. Unter osmanischer Herrschaft avancierte er zum geistlichen und weltlichen Herrscher über einen »Staat im Staate« und – wenn man so will – über ein »Volk ohne Staatsraum«.

»Lieber den Türkenturban oder den Lateinerhut«? – das war zum damaligen Zeitpunkt das Dilemma der Griechen. Fliehen oder sich unterwerfen? Zu deutlich war den Griechen noch die schändliche Plünderung der östlichen Metropole des Christentums, Konstantinopel, während des Kreuzzuges im

Jahre 1204 im Gedächtnis, als daß sie sich erneut unter den Schutz der Venezianer begeben hätten. Auch die negativen Meldungen aus anderen griechischen Kulturräumen, wie etwa Kreta, die inzwischen unter venezianische Herrschaft geraten waren, luden nicht gerade zum Kontakt mit der Markusrepublik ein. Also entschieden sich 1453 viele, sehr viele, zu bleiben. (In Istanbul lebten zu Beginn des 20. Jahrhunderts noch 400 000 Griechen, nach vielen Pogromen sind es heute kaum mehr als 3 000!) – Nur wenige verließen 1453 Istanbul, vor allem Intellektuelle, Künstler und Gelehrte. Die meisten von ihnen suchten ihr Glück auf Kreta, wo schon bald eine Universität gegründet werden konnte. Gemeinsam mit dem Klerus, der die Waffen in den Klöstern, manchmal sogar unter den Altären, versteckte, wagten die Griechen bei jedem Hoffnungsschimmer Freiheit den Widerstand. Solange, bis es zu diesem denkwürdigen 25. März 1821 kam!

Die Begeisterung für das antike Hellas und der Wunsch, den Aufstand des unterdrückten griechischen Volkes zu unterstützen, rief Philhellenen aus ganz Europa auf den Plan und bestimmte die öffentliche Meinung in vielen Ländern dermaßen, daß es tatsächlich zu umfangreichen Hilfeleistungen kam, ohne die sich Griechenland zum damaligen Zeitpunkt wohl kaum vom osmanischen Joch hätte befreien können. Ein Name mag hier stellvertretend für die Zahl jener stehen, die sich leidenschaftlich für die Sache der Griechen eingesetzt haben: Lord Byron. Seine aufrüttelnden Texte und flammenden Gedichte ergriffen die aufgeklärten Kreise Europas. Die Gewalt und die Dimension des Kampfes vorausahnend, schrieb er: »Die Zeiten der Könige neigen sich rasch ihrem Ende zu. Blut wird wie Wasser vergossen werden und Tränen wie leichter Regen. Aber die Völker werden schließlich siegen. Ich werde es nicht mehr sehen, aber ich sehe es voraus.« (*Briefe und Tagebücher*, Frankfurt 1960). Den Sieg erlebte er nicht mehr: Im Alter von 36 Jahren starb er am 18. April 1824 in Messolóngi an Malaria (s. S. 239).

Doch was geschah wirklich nach dem 25. März 1821? 1825 landeten die Osmanen mit einer starken Flotte auf der Peloponnes und zogen mordend durch das Land, so daß auch die größten Patrioten ihren Opfermut verloren. Der Kampf schien für Griechenland verloren. Da kam es infolge der veränderten Türkeipolitik Rußlands im Juli 1827 in London zwischen Großbritannien, Frankreich und Rußland unerwartet zu einer Einigung: Griechenland sollte einen autonomen Status erhalten, aber noch unter osmanischer Souveränität bleiben. Ein britisch-französisch-russischer Flottenverband lief in Richtung Peloponnes aus, um dort allein durch seine Präsenz Druck auf die Hohe Pforte, die Regierung in Istanbul, auszuüben. Doch es entwickelte sich unvorhergesehen eine kriegsentscheidende Eigendynamik: Es kam zur berühmten Schlacht von Navarone, bei der ein auf osmanischer Seite kämpfendes ägyptisches Geschwader vollständig vernichtet wurde. Diese Niederlage markiert die Wende des Kriegsgeschehens. Zwei Jahre später, im Friedensvertrag von 1829 in Adrianopel, akzeptierte das Osmanische Reich nachträglich die Statuten des Londoner Abkommens von 1827. Doch weitere drei Jahre mußten vergehen. Da Großbritannien und Frankreich den Russen einen Zugang zum westlichen Mittelmeer verwehren wollten, waren sie mit der Lösung eines halbautonomen Griechenland von Rußlands Gnaden nicht einverstanden, woraufhin Griechenland schließlich im Londoner Protokoll von 1830 seine volle völkerrechtliche Anerkennung erhielt.

Bereits seit Januar 1828 führte der aus Korfú stammende Diplomat und erfahrene Staatsmann Ioánnis Kapodístrias (1776–1831, s. S. 331) die Regierungsgeschäfte seines Landes. Von 1809 bis 1821 war er bereits – als Grieche! – Außenminister am Zarenhof Alexanders I. gewesen, hatte also beste Voraussetzungen für sein schwieriges Amt in Griechenland. Doch bereits Goethe prophezeite am 2. April 1829 in einem Gespräch mit Peter Eckermann, da Kapodístrias kein Revolutionär und Kämpfer, sondern Aristokrat sei, müsse er scheitern. Tatsächlich verkannte Kapodístrias vor allem die Bedürfnisse des seit Jahren nach Freiheit ringenden Volkes. Mehr als achtzig Prozent der Bauern, und das war der überwiegende Teil der Gesamtbevölkerung, verlangten eine gerechte Aufteilung der ›befreiten‹ Ländereien, der »nationalen Erde« (»Ethnikí Jí«)!, während Kapodístrias eine staatliche Verwaltung anstrebte. Die ehemaligen Freiheitskämpfer fühlten sich betrogen, schon bald stand das Land am Rande eines Bürgerkrieges. Am 9. Oktober 1831 wurde Kapodístrias in Nauplia Opfer eines Attentats. Wieder griffen die drei Großmächte Großbritannien, Frankreich und Rußland ein. Um die aufflammenden Unruhen in Griechenland zu ersticken, zwangen sie die griechische Nationalversammlung im Sommer 1832, einen ausländischen Monarchen als »König der Hellenen« zu akzeptieren. Damit wurde Griechenlands politische Selbstbestimmung und Freiheit mit Füßen getreten, dem Land ein fremder Souverän aufoktroyiert. Die griechische Innen- und Außenpolitik hatte fortan den Interessen der ›Schutzmächte‹ zu folgen. Die wiederum waren sich darin einig, Griechenland von einer schwachen europäischen Monarchie regieren zu lassen. Aus diesem Grund entschied man sich für die Wittelsbacher, die erst seit dem 1. Januar 1806 von Napoleons Gnaden zu Königen Bayerns gekrönt worden waren. Das Königreich Bayern gab es also erst seit jenem Neujahrstag! Legenden und Irrtümer halten sich oft hartnäckig. So glauben manche Bayern heute noch nostalgisch, ihr bayerisches Weiß/Blau sei in den griechischen Landesfarben aufgegangen. Doch dies ist ein Irrtum: Die griechischen Nationalfarben sind Blau/Weiß und gehen auf die Wappenfarben des byzantinischen Kaisers Nikephoros II. Phokas (963–969) zurück!

Doch zurück ins Jahr 1832, als die Wittelsbacher in Griechenland an die Macht gekommen waren. Erster König von Griechenland wurde der noch minderjährige Otto (1815–1867), Sohn des bayerischen Königs Ludwig I. Am 6. Februar 1833 hielt er prachtvollen Einzug in Nauplia, der ersten Hauptstadt des jungen Nationalstaates. Zahlreiche bayerische Beamte und Soldaten folgten ihm. Sie bauten eine hervorragende und gut funktionierende Staatsverwaltung auf, so daß Griechenland bald über modernere Gesetze und Verwaltungsstrukturen verfügte als manch anderer Staat in Mitteleuropa. Doch die bayerischen Beamten leisteten sich auch viele Peinlichkeiten und Ungeschicklichkeiten: Da der junge König anstrebte, als absoluter Monarch zu regieren, spielten sich seine vom aufgeklärten Absolutismus geprägten Beamten als ›Entwicklungshelfer‹ auf. Das offizielle Regierungsblatt und die neuen Gesetzbücher erschienen zweisprachig in griechisch und deutsch. Völlig unverständlich muß es den Griechen erschienen sein, daß sich ihr König nicht zur orthodoxen Kirche bekannte, zumal ihm (als Katholiken!) per Gesetz bei allen Sitzungen der Heiligen Synode der griechischen Staatskirche ein Vetorecht zustand. Noch heute spricht man in Erinnerung an jene Zeit abfällig von der »Varvarokratía«, von der »Bayernherrschaft«. An jene Zeit erinnern die Namen einstiger bayerischer Beamter, Architekten oder anderer Staatsdiener, die sich fürs Bleiben in Griechenland entschieden hatten: So wurde aus Fuchs Fix, heute Besitzer der größten Brauerei des Landes. Die Familie Claus baute in der Region Achaia mit ihrer Hauptstadt Patras ein großes Weingut auf, von dem der berühmte »Achaia Claus« stammt. Im Familiennamen Evert steckt das bayerische Ebert. Berühmtester Vertreter dieser Familie ist Miltiádis Evert, der frühere Oberbürgermeister von Athen und jetzige Parteivorsitzende der ND (Neá Dimokratía), einer konservativ-liberalen Partei, ähnlich der CDU, die zur Zeit zweitstärkste Partei Griechenlands ist.

Nauplia (Náfplion), ehemals königliche Metropole, wurde im Jahr 1834 von Athen als Hauptstadt des Landes abgelöst. Dennoch hat es sich eine gewisse Vormachtstellung auf der Peloponnes bewahrt. An die »Varvarokratía« erinnert heute ein monumentaler bayerischer Löwe, den König Ludwig I. zum Gedenken an die 1833/34 auf der Peloponnes gefallenen bayerischen »Offiziere und Soldaten« aus dem Felsen hatte hauen lassen. Im romantisch-nostalgischen Musik-Café Stathmós, dem alten Bahnhof der Stadt, der auf die Zeit Ottos zurückgeht, begegnen wir abermals den Anfängen des jungen Nationalstaates: Auf den stillgelegten Gleisen steht – museal herausgeputzt – eine alte Lok. Sie ist Symbol für den unter größten Opfern vollzogenen Wandel Griechenlands. Aber das Ziel ist erreicht! – die Lok hat ihre Schuldigkeit getan. Monarchie und Junta sind seit 1974 überwunden! Die Demokratie Griechenland ist ein zuverlässiger – wenn auch nicht immer leicht zu verstehender – Partner Europas geworden.

Heute ist Nauplia eine der schönsten Städte Griechenlands und zugleich der ideale Ausgangspunkt für Erkundungen auf der Peloponnes. Ein Hauch Venedig, vermischt mit zartem orientalischen Anklang ist hier lebendig geblieben. Schöne Bürger- und Patrizierhäuser, harmonisch proportionierte und architektonisch ansprechende Stadträume, Plätze und Straßenzüge aus osmanischer Zeit, alle nach denkmalpflegerischen Gesichtspunkten liebevoll restauriert, machen den besonderen Charme dieser Stadt aus. Dazu kommen vornehme, einladende Cafés und Tavernen sowie Boutiquen und Ateliers mit reichem und qualitativ hochwertigem Angebot. Dann der stimmungsvolle Hafen, die Insel Bourzi und die gewaltige Palamidi-Burganlage aus venezianischer Zeit (1711 – 1714).

Im Archäologischen Museum von Nauplia finden wir mykenische Hinterlassenschaften: Von ganz besonderer Schönheit sind die eleganten weiblichen »Gottheiten mit den erhobenen Händen« aus rotem Ton, die in Tiryns ausgegraben wurden, und der sogenannte »Fürst von Assine«, ein Miniaturkopf mit ernstem und feierlichem Ausdruck. Die mykenische Burgfeste des ›Fürsten‹ liegt heute wie einst nahezu unbeachtet und kaum erforscht auf einem hohen Felsrücken direkt an der Ostküste, nahe dem Badeort Tolon. Während Assine kaum wahrgenommen wird, sind die weiten Sandstrände am Fuß des Berges in den Sommermonaten fast immer überlaufen.

In **Assine** jedoch wird noch traditionsreiches Handwerk ausgeübt, das die Erinnerung an Odysseus und die antike Seefahrt der Mykener und Griechen aufleben läßt. Etwas landeinwärts, nahe einer Tankstelle, hat der Schiffsbauer Konstantínos Achinás seine Landwerft. Seine Hände schaffen wahre Meisterwerke an Schiffen. Sein kleines ›Atelier‹ erhält aus ganz Griechenland Aufträge, doch kann sein Zwei-Mann-Betrieb maximal vier bis fünf hochwertige Schiffe pro Jahr vollenden.

Das Meer, die vielgestaltigen »Küsten des Lichts«, die unendlich zahlreichen und völlig unterschiedlichen Landschaftsräume Griechenlands – durch gewaltige Gebirgszüge, Seen, Halbinseln und Inseln gegliedert –, all das hat den starken Individualismus der Griechen entscheidend mitbestimmt, erklärt den unverwechselbaren Charakter der Menschen jeder einzelnen Region. Doch nicht nur Leben und Arbeit in dieser kraftvollen Landschaft haben über Generationen den Geist ihrer Bewohner geprägt. Allein das Wesen der griechischen Landschaft hat inner- wie außerhalb der Landesgrenzen die Phantasie und Gedanken beflügelt. Goethe etwa, der übrigens Griechenland nie bereist hat, entwickelte eine geradezu sinnliche Beziehung zum Land der Hellenen. Er war so ergriffen vom Taÿgetos-Gebirge und von Mistrá, daß er die Liebesgeschichte zwischen Faust und Helena zur Königin der byzantinischen Städte auf der Peloponnes verlegte:

> »Weiß ich nun wo ich bin!
> Mitten der Insel drin,
> Mitten in Pelops Land,
> Erde- und Seeverwandt.«
> (Goethe, *Faust II*/9823)

Mistrá, die »Stadt auf dem Berg«, hat Generationen von bildenden Künstlern und Dichtern inspiriert. Noch heute ist jeder Besucher angesichts der byzantinischen Ruinenstadt tief bewegt.

1249 als Festung von Wilhelm von Villehardouin zum Schutz vor plündernden Slaven errichtet, erblühte Myzéthra, wie sie damals hieß, schon bald zur bedeutendsten Stadt des Mittelalters auf der Peloponnes. Ihren Namen verdankt sie ihrer topographischen Gestalt, die an die Spitzen der griechischen Myzéthra-Käse erinnert. Später wurde der Name von den Venezianern zu Mistrá verballhornt. Eine Hochblüte erlebte Mistrá unter der Herrschaft von Byzanz. Und so existieren hier die schönsten Beispiele spätbyzantinischer Architektur und Freskomalerei in ganz Griechenland. Diese Zeugnisse orthodoxer Sakralkunst überlebten Venezianer und Osmanen. Doch dann wurde es still um Mistrá, das während der Freiheitskämpfe sehr gelitten hatte. Seit der Neugründung von Sparta im Jahre 1834 siedelte die Bevölkerung dorthin um. Die historischen Gebäude von Mistrá verfielen, bis französische Forscher von 1896 bis 1910 erste Sanierungsprojekte durchführten. Als im Jahr 1952 die letzten dreißig Familien die Stadt verließen, konnte mit der systematischen Denkmalpflege von Mistrá begonnen werden.

Nur dreißig Kilometer südlich von Mistrá/Sparta, auf der mittleren der drei Halbinseln im Süden der Peloponnes, beginnt eine der eigentümlichsten Landschaften Griechenlands: die **Mani**. Ihre Bewohner, die Manioten, haben sich seit Jahrtausenden ihre Freiheit und ihre ureigenen Traditionen bewahren können. Schon zur Zeit des römischen Kaisers Augustus erhielten sie den Status »der Freien«. Auch den Osmanen gelang es nie, diesen Landstrich zu erobern. Zu wild, zu kämpferisch verteidigten sich die Manioten in ihren hohen festungsartigen Turmhäusern, den architektonischen Kennzeichen der Manikultur. Überall auf der Halbinsel sind sie zu sehen, freistehend oder innerhalb von Dörfern. Schließlich akzeptierten auch die Osmanen die Manioten als »Freie«, die im Gegenzug die Hohe Pforte in Istanbul als Zentralmacht anerkannten.

Stets galten in dieser wilden Bergwelt andere Gesetze. Die ›Blutrache‹ gehörte zum Ehrenkodex der Manioten und soll – so heißt es – immer noch verbreitet sein. Das Brauchtum auf der Mani verrät vielfach antike Wurzeln und Traditionen. So erinnern beispielsweise die – heute käuflichen – Klagefrauen bei Totenfeiern in ihrem Schmerz und Gestus an vergleichbare Darstellungen auf dorischen Vasen.

Die Freiheit der Griechen empfanden viele Manioten 1834 als Unfreiheit, ging ihnen doch damit ihre traditionelle Sonderstellung für immer verloren, da sie sich jetzt den Gesetzen des jungen Nationalstaates zu beugen hatten. Die Landflucht, die daraufhin einsetzte und die Mani nahezu entvölkerte, konnte zwischenzeitlich eingedämmt werden. Doch statt dessen breitet sich ein anderer Fluch aus: Die Mani boomt. Seit knapp einem Jahrzehnt werden die maniotischen Dörfer für den Individualtourismus erschlossen. Mit luxuriös ausgestatteten historischen Gebäuden sowie guten Möglichkeiten zum Wandern und Baden werden potente Wohlstandsnomaden, Xénoi, angezogen. In gewachsenen Ortschaften, wie etwa in Wathiá, erwacht hingegen wieder traditionelles Leben. Zwar gibt es auch hier zahlreiche Tanz- und Musikveranstaltungen für Touristen – werden, wenn man so will, Traditionen vermarktet –, doch dient dieses Engagement letztlich dem Erhalt bedeutender Kulturdenkmäler.

Daß dies ausgezeichnet funktionieren kann, zeichnet sich in **Monemwassía** an der Ostküste Lakoniens ab. Mächtig ragen hier die Steilfelsen eines schroffen Vorgebirges aus dem Meer, abweisend und schützend zugleich. Hoch oben auf dem Felsplateau und an den Südosthängen des Inselgebirges lag einst die blühende Stadt Monemwassía, die Perle der byzantinisch/venezianischen Stadtbaukunst. Während der venezianischen Epoche lebten in der Ober- und Unterstadt bis zu 40 000 Menschen.

In historischer Hinsicht verdient der Ort besondere Beachtung: 1821 wurden hier die ersten Entwürfe und Ideen für einen zukünftigen griechischen Nationalstaat diskutiert. Doch dann folgten Jahre der Dunkelheit, die geschichtsträchtige Stadt zerfiel. Oleander, Olivenbäume und Macchia überwucherten Steine, Pflaster und Gemäuer, die einst voller Leben waren.

Heute steht Monemwassía beispielhaft für eine überaus gelungene Kombination von Denkmalpflege und Fremdenverkehr. Historische Bausubstanz erstrahlt im neuen Glanz. Leben erfüllt Gassen und Plätze der autofreien Stadt. Doch auch Schattenseiten sind inzwischen erkennbar: Die Grundstückspreise erreichen die gleichen schwindelnden Höhen wie in der griechischen Metropole Athen, Touristen zahlen Höchstpreise, und die Lebenshaltungskosten der Einheimischen steigen – typische Kennzeichen von Hochburgen des Individualtourismus.

Auch Monemwassía kann mit einer großen Berühmtheit aufwarten: 1909 erblickte hier Jánnis Rítsos das Licht der Welt. Er ist einer der bedeutendsten griechischen Lyriker, dessen Werke in mehr als vierzig Sprachen übersetzt wurden. Siebenmal wurde er als aussichtsreicher Kandidat für den Literatur-Nobelpreis vorgeschlagen. Er verfaßte engagierte politische Gedichte (z. B. *Romiosíni*, 1945/1966), Dichtungen in Monologform, die sich mit den Nöten der einfachen Menschen, mit der Natur und dem Meer beschäftigen, die aber auch das Drama politisch Inhaftierter schildern (z. B. *Graganda*, 1973/1980). Und schließlich galt sein Interesse Momentaufnahmen des Lebens (z. B. *Zeugenaussagen*, 1963/1968 und *Steine, Wiederholungen, Gitter*, 1972/1980). Rítsos starb am 11. November 1990 und wurde auf dem kleinen Friedhof von Monemwassía beigesetzt.

Das berühmteste politische Gedicht von Jánnis Rítsos trägt den Titel »Romiosini«, »Griechentum«. Nicht zufällig vertonte Míkis Theodorákis gerade dieses Gedicht, das in ganz besonderer Weise das griechische Nationalgefühl anspricht! Text und Musik wurden zum Identifikationsmittel des Widerstandes gegen die Militärregierung von 1967 bis 1974. Ein anderes Gedicht, das ebenfalls von Theodorákis vertont wurde, entstand 1973 im Konzentrationslager auf der Insel Leros und trägt den Titel: *Achtzehn kleine Lieder aus der bitteren Heimat.*

Romiosini IV.

»Wer wird dir jetzt mitten in der Nacht das warme Brot bringen,
daß du die Träume nährst?
Wer wird sich in den Schatten des Ölbaums zu der Zikade stellen,
daß sie nicht verstummt?
Jetzt, da der Kalk des Mittags die Mauer des Horizonts rings
weiß färbt
und ihre großen mannhaften Namen wegwischt?

Diese Erde, die nach Morgengrauen duftete –
die Erde, die ihre und unsere war – ihr Blut –
wie die Erde duftete! –
und jetzt wieso sperrten unsere Weinberge ihre Türen zu,
wieso schwand das Licht auf den Dächern und den Bäumen,
wie soll man glauben, daß die eine Hälfte in der Erde liegt
und die andere in Eisen?

Mit so vielen Blättern winkt dir die Sonne ein 'Guten Tag'
mit so vielen Fahnen leuchtet der Himmel
diese aber liegen in Eisen und jene in der Erde.

Schweig', gleich werden die Glocken läuten.
Diese Erde ist ihre und unsere.

In der Erde halten sie in ihren gekreuzten Händen
das Seil der Glocke – sie warten auf die Stunde, sie schlafen nicht,
sie warten darauf, zur Auferstehung zu läuten. Diese Erde
ist ihre und unsere – niemand kann sie uns nehmen.«

(Aus dem Griechischen
von Isidora Rosenthal-Kamarinea in: *Hellenika* 1993, Bochum)

47

ΜΥΘΟΣ

ΚΑΡΤΟΤΗΛΕΦΩΝΟ
CARDPHONE
ΑΓ. ΑΝΑΡΓΥΡΟΙ

Γιάννης

5. Folge: Moderne Peloponnes

S.137: Patras, Tor zu Griechenland und zur Peloponnes

S.138: Die mykenische Nekropole Wudhení in der Nähe von Patras und ihr Entdecker, der Archäologe Lázaros Kolónos

S.139: Patras, »Mythos« von Státhis Chrisikópulos

S.140: Erzbischof Germanós ruft am 25. März 1821 zum Freiheitskampf gegen die Osmanen auf, Gemälde von Gerasimós D. Kásolas, 1959 (Kloster Láwra) – u: Herzliches Willkommen im Kloster Láwra – Statue von Germanós in Patras

S.141: König Otto kommt nach Nauplia – Gemälde von Peter von Heß (Neue Pinakothek, München) – Nauplia: Der alte Bahnhof ist heute ein reizvolles Café.

S.142: Empfang König Ottos 1835 auf der Akropolis in Athen, Gemälde von Peter von Heß (Neue Pinakothek, München) – u: Phantasierekonstruktion der Akropolis in Athen, Gemälde von Leo von Klenze (Neue Pinakothek, München)

S.143: Landwerft des Konstantínos Achinás bei Assine/Tolon

S.144: Mistrá: Kloster der Muttergottes Hodegetria – u: Fresko »Taufe im Jordan« im Peribleptos-Kloster (3. Viertel 14. Jh.)

S.145: Mistrá-Dorf: Byzantinische Kapelle mit einem spätrömischen Sarkophag, der heute als Brunnen genutzt wird.

S.146: Fischzucht an der Ostküste der Peloponnes bei Ástros – u: Köhler bei Kréstena im Alfeios-Tal

S.147: Monemwassía, byzantinische Stadt mit vorbildlicher Denkmalpflege

S.148/149: Monemwassía, ein Vorgebirge im Meer

S.150: Monemwassía: Geburtshaus und Grabstätte von Jánnis Rítsos

S.151: Unbekanntes Griechenland: Mani, Strand und Turmhaus – Idylle bei Gýthion – Strand bei Tyrú

S.152: Jeráki, Ájios-Joánnis-Chrysóstomos-Kapelle. Portal mit spätantiken Spolien, die das Preisedikt zur Bekämpfung der Inflation unter Kaiser Diokletian aus dem Jahre 301 n. Chr. zum Inhalt haben.

Athen
N
0
250
500 m
Thessaloníki
Krokidha
Thiras
Ajiu Meletiu
Sepolion
Liosson
Pergamou
Ithakis
Aristotelus
3. Septemwriu
28. Oktovriou Patission
Eptaniu
Wosporu
Kipselis
Redhestu
Paprasiou
Derigni
Ewelpidhon
Dikastiria
Pédhion Areós
Ajias Sofias
Mihail Wodha
Ioannnon
Iolianu
Aharnon
Bahnhof
Leof. Aléxandras
Petras
Ajiu Pawlu
Was Iraklitu
National-
museum
Tositsa
Trikoupi
Strefi
Komninon
Technische
Universität
Marni
Mezonos
Lenorman
Karaskaki-
Platz
Mistokleus
Harilau Trikupi
National-
Theater
Omonia-
Platz
Akadhimias
Ippokratus
Meg. Alexandru
Kolonu
Sarantapihu
Keramiku
National-
bibliothek
Skufa
Likawittós
Markt
Markt
Pireos
Sofoklus
El. Wenizelu (Panepistimiu)
Universität
Stadiu
Akademie
Ajios
Jeórjios
Ewripidu
Piräus
Dipilu
Sari
Ai. Asomaton
Athinias
Eolu
Akadhimias
Solonos
Dhexamini-
Platz
Kolonaki
Pat. Ioakim
Mlauli
H. Schliemann-
Hans
Benaki-
Museum
Kykladen-
museum
(Gulandris)
Ermú
Syntagma-
Platz
Leoforos Wasilisis Sofias
Ajii
Apostoli
Stoa des
Attalos
Kathedrale
Mitropoleús
Adhrianu
Parlaments-
gebäude
(Königliches
Schloß)
Byzantinisches
Museum
Theseion
Apostolu Pawlu
Griech.
Agora
Plaka
Filellinon
Irodhu Attiku
Nationalpark
Kidathineon
Leoforos Amalios
Akropolis
Austellungshalle
Zappeion
Herodus-
Attikus
Dionysos-
Theater
Wass. Konstantinu
Dionissiu Areopagitu
Tempel
des Zeus
Hatzihristu
Arditu
Olympiastadion
von 1896
Karatasi
Sehenswürdigkeit
Kirche
B Bibliothek
M Museum
H Hotel
R Restaurant
T Theater
Fußgängerzone

6. Folge

Athen

Metropole des klassischen und modernen Griechenland

Unzählige Male bin ich bereits in Athen gewesen: am 2. August 1963, voll ungeduldiger Erwartung, meine erste Begegnung mit der Stadt der Göttin Athena; zuletzt am 11. September 1994, diesmal mit verständnisvoller Kritik, Achtung und Respekt vor den Empfindsamkeiten der Menschen in der Agglomeration Athen-Piräus! Damals – vor mehr als dreißig Jahren – hatte ich nur Augen für die Antike und suchte das vermeintlich unverdorbene, unschuldige Griechenland – das es nie gegeben hat. Heute spüre ich dem Leben in Athen nach und entdecke die oft kraftvollen antiken Wurzeln vieler Brauchtumserscheinungen, die sich unter dem christlich-byzantinischen Mantel des 20. Jahrhunderts verbergen.

Athen ist Qual und Lust, Mühsal und Freude zugleich, für seine Bewohner ebenso wie für Besucher. Seit mehr als 150 Jahren ist diese Stadt in unkontrollierter Weise gewachsen. Zahlen, die in Europa ohne Beispiel sind, belegen das: Waren es 1833 noch circa 5 000 Einwohner, so registrierte man 1991 knapp 3,1 Millionen, das sind rund 30 Prozent der Gesamtbevölkerung Griechenlands. Die Entwicklung des Verkehrs und der Industrie im Einzugsbereich der Metropole beschert ihrem Ballungsraum ein ständiges Chaos. Hinzu kommt die Luftverschmutzung – Athen verzeichnet die höchsten Werte in Europa. »Tó néfos«, der Smog über Athen, ist zum Gespenst der Stadt geworden. In den heißen Sommermonaten schlägt er manchem auf den Kreislauf – Todesfälle sind dann nicht selten. Von Mitte September bis Anfang Oktober verdoppelt sich die Sterberate, vor allem alte Menschen sind betroffen. Ursachen: Herzversagen und Lungenembolie. Die ätzende Luft greift Rachen, Bronchien und Augen an. Da sind die Maßnahmen der Regierung nicht mehr als Augenwischerei: Privatfahrzeuge dürfen an Werktagen nur noch eingeschränkt fahren, Autos mit gerader Endziffer auf ihrem Nummerschild an geraden Kalendertagen, Autos mit ungerader Endzahl an ungeraden. Doch das bedeutet keine spürbare Entlastung für die Stadt, besitzen doch die meisten Familien zwei oder gar mehr Fahrzeuge. Auch die Taxen tragen in hohem Maße zur Luftverschmutzung bei. In keiner europäischen Großstadt gibt es so viele von ihnen wie in Athen: 56 Taxen auf 10 000 Einwohner (in München sind es 46 und in Paris nur 27!). Die praktizierte Mehrfachauslastung – die Taxen lassen unterwegs weitere Fahrgäste zusteigen – ermöglicht zwar den Transport von etwa 750 000 Menschen pro Tag. Die Dieselfahrzeuge belasten die Stadt und ihre Einwohner jedoch in unerträglicher Weise. Es fehlt ein entsprechendes Verbot beziehungsweise ein staatlicher Anreiz, daß die Autos auf Motoren mit bleifreiem Benzinverbrauch umgestellt werden. Voller Hoffnung blicken deshalb die Athener auf den Bau einer neuen U-Bahn, von dem sie sich eine ›reinere‹ Zukunft versprechen. Die schon lange bestehende Linie Kifissiá-Piräus zeigt, wie dankbar die Bevölkerung öffentliche Verkehrsmittel annimmt.

Umweltprobleme kennen Griechenland und Athen schon seit 2500 Jahren. Immer aber fanden sich auch Menschen, die an das Bewußtsein ihrer Zeitgenossen appelliert haben. So beklagt bereits Platon (427 – 347 v. Chr.) in seinen »Kritias« (111 b,c,d) kummervoll den sorglosen Umgang mit der Natur: »In dem damaligen noch unversehrten Lande [Attika] aber erschienen die Berge wie Erdhügel, die Talgründe waren mit fetter Erde bedeckt, und die Berge bekränzten dichte Waldungen, von denen noch jetzt augenfällige Spuren sich zeigen. Denn jetzt bieten einige der Berge nur den Bienen Nahrung; vor gar nicht langer Zeit aber standen noch die Bedachungen von zum Sparr[enholz] tauglichen, dort für die größten Bauten gefällten Bäumen unversehrt. Auch trug der Boden viele andere, hohe Fruchtbäume und bot den Herden höchst ergiebige Weide; vorzüglich aber gab ihm das im Laufe des Jahres von Zeus entsandte Wasser Gedeihen, welches ihm nicht, indem es wie jetzt bei dem kahlen Boden in das Meer sich ergoß, verlorenging; sondern in dem er viel Erde besaß, in sie es aufnahm und es in einer schützenden Tonschicht verteilte, entließ er das von den Höhen eingesogene Wasser in die Talgründe und gewährte allerwärtshin reichliche Bewässerung durch Flüsse und Quellen, von welchen auch noch jetzt an den ehemaligen Quellen geweihte Merkzeichen zurückgeblieben sind…« (Übersetzt von Hieronymus Müller)

Angesichts des geschilderten paradiesischen Zustands Attikas in grauer Vorzeit kann man gut verstehen, daß Athena und Poseidon, Tochter und Sohn von Zeus, diese Region begehrten. So berichtet es jedenfalls der Mythos. Um den Kampf zwischen den beiden Geschwistern zu schlichten, stellte ihnen der Göttervater eine Aufgabe. Sie bestand darin, der Stadt ein Geschenk zu machen, das für alle Zeiten Grundlage für das Wohlergehen ihrer Bürger sein sollte. Als erster war Poseidon an der Reihe: Kurz entschlossen schleuderte er seinen Dreizack auf die Akropolis, dorthin, wo heute die stolzen Ruinen der einst prächtigen Erechtheion-Halle stehen. Und siehe da, eine kraftvolle Quelle sprudelte aus dem Fels: Wasser, das Element des Lebens. Man erzählt aber auch, daß es keine Süßwasserquelle sondern ein Brunnen gewesen sein soll, der zu den Tiefen des salzigen Meeres hinunterreichte. Damit soll der Gott den Athenern symbolisch zu verstehen gegeben haben, daß diese mit seiner Hilfe die Herrschaft über die Ägäis und die Meere der Welt erringen könnten. Ein vortreffliches Geschenk, dem Athena erst einmal etwas entgegensetzen mußte. Sie berührte mit ihrer Lanze zart den Fels, und es erblühte ein prachtvoller Olivenbaum. Ein junger Nachfahre des mythischen Baumes wird dem Akropolisbesucher noch heute an der Westwand des Erechtheion gezeigt. Außerdem lehrte die Göttin den Athenern die Kunst, Olivenbäume zu kultivieren. Das Ergebnis des Wettkampfes ist bekannt: Athena trug den Sieg davon. Sie war es auch, die der Stadt ihren Namen gegeben hat. Öl, Oliven, Holz und viele andere Agrarprodukte bildeten seitdem für Athen einen wichtigen Erwerbszweig.

Wer auch immer den Sieger bestimmt haben mag, ob Zeus selbst, die Götterversammlung, Athens mythischer König Kekrops oder am Ende die Bürger der Stadt. Tatsache ist, daß Athen in der Antike über Jahrhunderte hinweg ein Agrarstaat war! Erst zu Beginn des 5. Jahrhunderts stieg es dank der energischen Politik von Themistokles (um 525 – ca. 459 v. Chr.) zur Seemacht auf. Wahrscheinlich war es die drohende Gefahr durch die Perserkönige Darius und Xerxes, die ganz Griechenland erobern wollten oder die Erinnerung an die Schlacht bei Marathón (490 v. Chr., s. S. 184), die den attischen Feldherrn und Staatsmann antrieb, 483/482 v. Chr. sein gigantisches Flottenprogramm politisch durchzusetzen. Finanziert wurde es mit den Einnahmen aus den Silberbergwerken von Láwrion (s. S. 181). Die Mobilmachung auf See sollte sich aber bald als richtig erweisen. Zunächst folgte jedoch die Katastrophe: 480 v. Chr. werden Athen und die Akropolis von den Persern überrannt und vollständig zerstört. Doch zur gleichen Zeit kann Themistokles mit seiner Flotte die Armada der Perser in der Bucht von Salamis vernichtend schlagen. Themistokles ging als »Held von Salamis« in die Geschichte ein. Griechenland war befreit und konnte mit dem Wiederaufbau beginnen. Bemühen wir noch einmal den Mythos, der auch dieser Entwicklung Rechnung trägt. Nicht Poseidon, sondern Athena gilt als die ›Erbauerin‹ der ersten Schiffe, und nicht der Gott des Meeres, sondern der mythische König Damaos von Argos als der Erfinder der Navigation.

Ein anderer Mythos spricht von den frühen matriarchalischen Strukturen der Athener Gesellschaft und dem Wandel zum Patriarchat. Danach sollen die Frauen – welche einst die Mehrheit der Bürger stellten – geschlossen Athena, alle Männer Athens aber Poseidon gewählt haben. Erzürnt über seine Niederlage ließ der Gott alle fruchtbaren Wiesen und Äcker durch die Fluten des Meeres überschwemmen. Um Poseidon zu besänftigen, entmachteten die Männer ihre Frauen, und nahmen ihnen ihr Stimmrecht; auch mußten sie fortan den Namen ihrer Ehemänner tragen…

Wie tief all diese Mythen im Bewußtsein der antiken Griechen verwurzelt waren, zeigt sich in erster Linie an den prachtvoll ausgestatteten Bauwerken aus der klassischen Epoche Athens (523 – 490 v. Chr.). So gab Perikles dem berühmtesten Bildhauer der Antike, Phidias, den Auftrag, den Neubau des **Parthenon** (448 – 432 v. Chr.) zu übernehmen. Dieser ließ im Osten des großen Giebels die »Geburt der Athena« und im Westen den »Wettstreit zwischen Athena und Poseidon« lebendig werden. Auch wenn diese Bildwerke heute nur noch in Fragmenten erhalten sind, so zählen sie dennoch zu den Glanzstücken der Sammlungen des Akropolismuseums. Übrigens: Die Akropolis, die lange Zeit einer Großbaustelle glich, wurde mit den Erlösen aus der Silberproduktion von Láwrion finanziert. Ohne diese Geldquelle wäre Athen im 5. Jahrhundert v. Chr. nie das geworden, was es dann wurde!

Selbst als Ruine – oder gerade deshalb – geht von der **Akropolis** eine unbeschreibliche Wirkung aus. Man erahnt etwas von der einstigen Harmonie, Schönheit und Größe, die die vollendeten Bauten ausgestrahlt haben. So zog es auch mich 1963 bei meiner ersten Ankunft in Athen mit ungeduldiger Erwartung sofort zur Akropolis hinauf. Damals war das Felsplateau, das Athen wie eine Krone überragt, noch nicht eingezäunt. Den Rücken in eine von der Sonne durchwärmte Kannelure des dorischen Parthenon geschmiegt, den Blick Richtung Piräus und Saronischen Golf, wo die Sonne glutrot ins Meer eintaucht, mit den Gedanken im griechischen Mythos versunken – ein Erlebnis, an das ich mich erinnere, als sei es gestern gewesen. Ein kleines Stück dieser Romantik ist mir jedoch abhanden gekommen, weiß ich doch inzwischen, daß eben genau in diesen Saronischen Golf die ungeklärten Abwässer der Viermillionen-Metropole Athen-Piräus hineinströmen …

Die Anziehungskraft der Akropolis ist jedoch ungebrochen. Ihre mächtigen Bauglieder liegen zu Füßen des Parthenon und weit verstreut auf dem Felsen. Sie geben dem Besucher die Möglichkeit, die Einzelteile mit Augen und Händen zu begreifen. Da erkennt man, daß sich ein dorisches Kapitell nicht aus den Einzelgliedern Abdeckplatte (Abakus), schräg gewölbter Ring (Echinus) und Säulenhals (Hypotrachälion) zusammensetzt, sondern daß alle drei Elemente aus einem Werkstein geformt wurden. Heute benötigt man riesige Kräne, um die Einzelteile des Parthenon wieder zusammenzufügen – die Arbeiten werden noch Jahre in Anspruch nehmen. Den Architekten und Bauforschern von heute wird dank ihres ernsthaften wissenschaftlichen Bemühens sicherlich ein stattliches Werk gelingen, doch eine exakte Rekonstruktion beziehungsweise Kopie des Parthenon wird unmöglich sein, denn jeder Tempel hat gleichsam ein persönliches Antlitz, wie jeder Mensch auch. Der griechische Tempel wurde nicht einfach aus vorgefertigten Einzelteilen errichtet. Säulentrommeln, Kapitelle oder Architravquader für die klassischen Bauten der Akropolis wurden in den Pendeli-Marmorsteinbrüchen im Norden Athens in Rohform gebracht und dann unter größten Mühen zur Baustelle der Akropolis hinauftransportiert. Dort erst erhielten alle Teile ihre individuelle Gestalt und wurden anschließend zu einem Tempel zusammengefügt. Der ganze Baukörper ist nach einer inneren, tektonisch bestimmten Gesetzmäßigkeit geordnet. Alle Glieder haben exakt vorgegebene Proportionen, die sich in einem ganz bestimmten Verhältnis zur Größe entwickeln. Letztendlich unterliegen die griechische Tempelarchitektur und die griechische Plastik der gleichen inneren Logik und Vollkommenheit.

Überwältigend ist der Blick von der Akropolis auf den Großraum Athen. Hier die dichtgedrängten Gassen der malerischen Plaka, dort die Bauten der königlichen Stadterweiterung: König Ottos verwirklichte Pläne, aus dem Dorf Athen – das es 1835 beim Einzug des Wittelsbachers tatsächlich war – wieder eine Weltstadt zu machen. Seine der Antike nachempfundenen Bauten sind farbig bemalt – eine Polychromie, wie sie für die antike Tempelarchitektur charakteristisch war! Fragmente mit kraftvollen Farbspuren, die das belegen, kann man vor allem im Akropolismuseum sehen.

Schließlich richtet sich der Blick auf das großräumige moderne Athen, auf das wuchernde Chaos, auf eine Neustadt, die die fruchtbaren Felder in der Umgebung bis hin zu den Hängen des Hymettós-Gebirges verschlungen hat.

Doch inmitten dieses Häusermeers gibt es überall – vor allem in der **Plaka** – Oasen der Ruhe, heimelige Plätze und Gassen. Man findet sie leicht, wenn man sich nur ein paar Seitenstraßen vom großen Touristenstrom entfernt. **Kolonáki**, das wohlhabende Stadtviertel unterhalb des Lykabettós, besitzt eine eigene Ausstrahlung, man hat den Eindruck, es sei eine Stadt in der Stadt. Seit Jahren gehe ich, wann immer ich in Athen eintreffe, zuallererst in das Straßencafé »Dhexaminís« am gleichnamigen Platz. Hier – mitten im Grünen – spüre ich die Atmosphäre, die ich für ein richtiges Ankommen und einen vorübergehenden Aufenthalt in Athen brauche: die Lebendigkeit einer Stadt. Künstler und Studenten, Angestellte und Geschäftsleute, Rentner und Millionäre, sie alle treffen sich hier am Fuße des Lykabettós; sie diskutieren und politisieren bei Meze und einem Glas Ouzo. Nichts scheint sich im Vergleich zum Alltag des antiken Athen geändert zu haben.

CAFE
RESTAURANT
nefeli
PEPSI

NAULOTTE

ΜΙΑΚΛΙΝΗΚΕΝΗΦΕ
ΡΕΤΑΙΕΣΤΡΩΜΕΝΗ
ΤΩΝΑΦΑΝΩΝ
ΟΣ
ΣΑ=ΚΑΛΑΜΑΣ
ΕΜΠΕΣΙΝΑ
ΥΡΟΚΑΣΤΡΟΝ
ΛΠΕΣΙ=ΚΑΛΠΑΚΙ

ΙΛΙΟΥ ΜΕΛΑΘ

Ἄποψις τῆς παρελάσεως καὶ ἐνάρξεως τῶν Ὀλυμπιακῶν Ἀγώνων τοῦ 1896.

ATHENS '96
THE GOLDEN OLYMPICS
20
50
80
100
250
ATHENS '96
HELLAS
ΕΛΛΗΝΙΚΗ ΔΗΜΟΚΡΑΤΙΑ
1990
13-7-1990
ΕΛΤΑ
ΕΛΛΗΝΙΚΑ ΤΑΧΥΔΡΟΜΕΙΑ
ΠΡΩΤΗ ΗΜΕΡΑ ΚΥΚΛΟΦΟΡΙΑΣ

ΦΑΛΗΡΟΝ
ΜΟΣΧΑΤΟΝ
ΚΑΛΛΙΘΕΑΝ
ΘΗΣΕΙΟΝ
ΜΟΝΑΣΤΗΡ.
ΟΜΟΝΟΙΑΝ
ΒΙΚΤΩΡΙΑΝ
ΑΤΤΙΚΗΝ
ΗΣΑΠ
ΕΙΣΟΔΟΣ
ΠΑΤΗΣΙΑ
ΠΕΡΙΣΣΟΝ
Ν.ΙΩΝΙΑΝ
ΗΡΑΚΛΕΙΟΝ
ΑΜΑΡΟΥΣΙΟΝ
ΚΗΦΙΣΙΑΝ
ΑΠΑΓΟΡΕΥΕΤΑΙ

6. Folge: Athen

S.161: Hafen von Piräus: Der »Lilienprinz von Knossós« und viele andere Motive der minoischen Epoche sind heute Markenzeichen bedeutender griechischer Wirtschaftsunternehmen

S.162: Die Plaka, die Altstadt von Athen

S.163: Dionysos-Theater am Fuße der Akropolis

S.164: Akropolis, Eingangsbereich am Beulé-Tor

S.165: Pendeli-Steinbrüche, aus denen das Baumaterial für die antiken Gebäude der Akropolis stammt – o: Restaurierung des Parthenon – u: Nike-Tempel – Arbeiten im Steinbruch von Pendeli (Rekonstruktionszeichnung von John Travlos)

S.166: Wandmalereien aus dem antiken Griechenland sind nur wenige erhalten: Hier ein nackter Krieger mit Helm, Lanze und Speer, vielleicht ein Werk des Vasenmalers Euthymides, um 510/500 v. Chr. (Akropolis-Museum Athen)

S.167: Römische Agorá auf der Plaka

S.168: Klassizismus und Polychromie an der Akademie der Wissenschaften (1859 – 1887) von Theophil von Hansen

S.169: Grabmal des Unbekannten Soldaten am Syntagma-Platz

S.170: Das ehemalige Wohnhaus (»Iliou Melathron«) von Heinrich Schliemann wurde von Ernst Ziller gebaut und wird heute als Numismatisches Museum genutzt.

S.171: Moderne Architektur im Kolonáki-Viertel

S.172: 1. Olympische Spiele der Neuzeit 1896 in Athen

S.173: Die Olympischen Spiele zum 100jährigen Jubiläum dürfen nicht in Griechenland ausgetragen werden.
Die Sonderbriefmarken dafür waren schon gedruckt!

S.174: Die Metro in Piräus

Attika
0
25
50 km
N
Glífa
Nea Py'rghos
Papádhes
Ajía Anna
Mandúdi
Giáltra
Lutrá Edipsú
Rowiés
Strofiliá
Limni
Prokópi
Arkítsa
Liwanátes
Atalándi
Bucht von Euböa
Dhírfis-Berge
Euböa
Kími
Paraliá Kímis
Malesína
Proskinás
Lárymna
Martíno
Psahná
Awlonári
Kástro
Akrefnio
Chalkis
Neochóri
Wasilikó
Aliwéri
Lépura
Aliartos
Ipato
Ritsóna
Wathi
Erétria
Amárinthos
Mawrommáti
Dílesi
Kárawos
Arma
Amphiáreion
Kandilion-Berge
Wájia
Thíva (Theben)
Inói
Skála Oropós
Malakássa
Avlona
Kapanthríti
Grammatikó
Erithrés
Hymettós
Wília
Inói
Párnitha
Pendéli
Marathón
Acharnés
Marathón
Mándra
Asprópyrghos
Kifissía
Dáfni
Elefsína
Rafína
Mégara
Pikérmi
Pérama
Athen
Salamína
Spáta
Korinth
Päania
Brauron
Bucht von Salamis
Piräus
Wrawróna
Salamis
Markópulo
Glifáda
Sofikó
Keratéa
Korfós
Wuliagmeni
Aigina
Ájios Konstantínos
Aigina
Cháos (Antike Gruben)
Thorikós
Néa Epídauros
Agístri
Lávrion
Porto Epídauros
Méthanon
Patróklu
Sunion
Ligúrio
Ägäis
Epidauros
Trachiá
Driopi
Kalloni
Póros
Rádo
Póros
Karnezeíka
Ghalatás
Thermísia
Kranídhi
Hydra
Fähre
archäologische Stätte
Berggipfel
Höhle
Kirche
internationaler Flughafen
nationaler Flughafen

7. Folge

Attika

Bekanntes und unbekanntes Griechenland

Völlig zu Unrecht schenken Griechenlandreisende der Region Attika nur wenig Aufmerksamkeit – aber vielleicht ist dieser Umstand gar nicht so sehr von Nachteil für das Land. Für viele besteht Attika lediglich aus Athen, den überfüllten Stränden der Apollon-Küste und dem obligaten Kap Sunion mit seinem Poseidon-Tempel. Zugegeben – das gleißende Abendlicht an der Südspitze der Halbinsel, das Erlebnis eines Sonnenuntergangs vor einer von Mythen durchtränkten Erde sind sehr beeindruckend.

Nikos Kazantzákis, der populärste griechische Schriftsteller, der mit seinem *Alexis Zorbas* Weltruhm erlangte, drückt seine Liebe zu Attika mit folgenden poetischen Worten aus: »Die attische Landschaft zeigt, wie das Vorbild des Menschen sein muß; gut gestaltet, wortkarg, frei von überflüssigem Reichtum, kräftig, doch imstande, diese Stärke zu zügeln und der Phantasie Grenzen zu setzen. Die attische Landschaft erreicht manchmal diese Grenzen, doch sie überschreitet sie nicht, verharrt im freudigen, wohlgesinnten Ernst. Ihr Reiz zerfällt nicht in Romantismen und ihre Stärke nicht in Derbheit. Alles ist wohlabgewogen, wohlbemessen, und die Tugenden werden nicht übertrieben, sie übersteigen nicht das menschliche Maß, machen dort halt, wo ein Weitergehen sie unmenschlich oder göttlich werden lassen müßte. Die attische Landschaft brüstet sich nicht, hält keine prahlerischen Reden, verfällt nicht auf melodramatische Gefühlsduseleien, sagt, was sie zu sagen hat, ruhig mit männlicher Kraft. Sie bringt mit den einfachsten Mitteln das Wesentliche zum Ausdruck.« (Nikos Kazantzákis, *Zauber der griechischen Landschaft,* deutsch von Isidora Rosenthal-Kamarinea, München 1966, S. 55).

Doch Attika hat weit mehr zu bieten. Das Land, das sich im Südosten Griechenlands als Halbinsel ins Meer schiebt, besitzt eine stille Schönheit, einen Zauber, der aus einer Mischung von Bescheidenheit und Kraft erwächst. Die weichen Hügelketten des Hymettós und Pendéli sowie das Párnitha-Gebirge im Norden durchziehen ganz zaghaft die Landschaft. Hier schuf die Natur kein lautes Pathos, keine hoch aufgetürmten Berge, kein spektakuläres Gebirgsmassiv, allenfalls ein Wechselspiel aus tiefen Schluchten und karstigen Felsen. Darauf, gleich zarten Farbtupfern, wie spielerisch darübergeworfen, das Kleid der vier Jahreszeiten: Unverwechselbar die immergrünen, asketischen Zypressen, berauschend der stets würzige, frische Duft von Pinien, der die Luft erfüllt; dazwischen Zikaden mit ihrem ohrenbetäubenden Konzert. Stolz und würdevoll wachsen die Olivenbäume der Athena mit ihren silberglänzenden Blättern empor, dicht drängen sich die mythischen Rebstöcke auf den Weinbergen des Dionysos aneinander. Und dann die alles umspannende

Symphonie des Lichts, mal ruhig und vergeistigt, mal wild und leidenschaftlich. Sie kann trunken machen, Körper und Seele erfassen und den Menschen ganz erfüllen.

Tauchen wir ein in die attische Landschaft. Beginnen wir dort, wo sie schon vor Jahrtausenden den Menschen der Antike Heil – im wahrsten Sinne des Wortes – geschenkt hat: im Heiligtum von **Amphiáreion** (Amfiário), nahe der nördlichen Ostküste Attikas, in den Bergen oberhalb von Skála Oropós. Der Ort, der in das weite Tal eines Wildbaches eingebettet ist und von dichten Wäldern schützend umschlossen wird, besitzt noch heute starke Anziehungskraft. Andächtige Stille umgibt ihn. Mythos und Geschichte werden beim Durchschreiten der meist menschenleeren Stätte lebendig. Am ganz frühen Morgen, wenn der Tag gerade anbricht und die Landschaft in ein Sonnenmeer verwandelt, wenn frischer Tau von den Nadeln der Zwergkiefern und Blättern der Platanen herabtropft, dann kann man sie mit ihrer tiefen mythischen Bedeutung und mystischen Kraft wahrnehmen: die heilige Stätte des Amphiaros, einer chtonischen Heilgottheit, die zugleich ein angesehener Heros war, der an dieser Stätte als Traumdeuter für Heilschlaf verehrt wurde.

Amphiáreion war – wie sonst eigentlich nur die Asklepios-Heiligtümer – eine ›Klinik‹, die weit über die Grenzen Attikas hinaus hoch geschätzt war. Hier schlossen die Bereiche Heilkunst und -kult einander nicht aus, sondern bildeten mit ihren unterschiedlichen Wirkungsweisen eine Synthese. Die Berührung der heiligen Schlange der Gottheit, der durch Rauschmittel herbeigeführte Heilschlaf, dazu die Anwendung von traditionellen Heilpflanzen und -kräutern, aber auch medizinische Bäder bildeten den Katalog antiker Therapiemöglichkeiten. Voraussetzung für die Behandlung war, daß der Patient keine Blutschuld auf sich geladen, also keinen Mord begangen, und sich vor dem Kontakt mit dem Arzt gewaschen hatte. Dann erst erfolgte die kultische Reinigung. Und schließlich gehörte zur Behandlung auch, daß der Patient gegebenenfalls die psychischen Ursachen für sein Leiden anerkannte und bereit war, sich auch davon heilen zu lassen.

Das Amphiáreion versprach jedoch nicht nur ärztliche Hilfe, sondern war darüber hinaus ein anerkanntes Orakelheiligtum. Wer die Gottheit befragen wollte, der opferte ein gesundes männliches Tier, meist eine Ziege oder ein Schaf, umhüllte sich mit dessen gereinigtem Fell und legte sich nachts in die Krankenhalle, um im Traum von der Gottheit zu erfahren, welchen Weg sein Schicksal nehmen werde.

Es gab eine ›heilige Tempelordnung‹, die den gesamten ›Klinikablauf‹ regelte und sich auf einem Inschriftenstein im Amphiáreion erhalten hat. Auf diese Weise erfahren wir etwas von der wirtschaftlichen Seite antiker ›Kliniken‹, die schon damals unter einer Kostenexplosion zu leiden hatten: Jene Stelle nämlich in den ›Vorschriften‹, die den Preis für den Eintritt in das Heiligtum und die Behandlung festschreibt, wurde mehrfach ›ausradiert‹ und mit neuen Wertangaben überschrieben. Da war aber auch ausdrücklich vermerkt, daß nur »gültiges Geld« dem Gott geopfert werden dürfe – demnach sind die Priester wohl zu oft von Patienten getäuscht und betrogen worden.

Von der einst imposanten Anlage, in der jedes Jahr im Herbst Festspiele und alle vier Jahre große musische und sportliche Veranstaltungen stattfanden, ist noch vieles erhalten: die große dorische Säulenhalle für den Heilschlaf, mit getrennten Bereichen für Männer und Frauen, das kleine Theater und der Tempel des Amphiaros sowie die heilige Quelle und die Bäder für die Kranken. Von den vielen Fundstücken, auf die man hier stieß, seien besonders die bereits erwähnte Tempelordnung und die Votivgaben menschlicher Gliedmaßen hervorgehoben, die meist aus Marmor oder Terrakotta gefertigt sind. Besonders viele dieser ›Körperteile‹ wurden im Heiligtum von Korinth entdeckt: Ohren und Augen, Arme und Beine, Brüste und Genitalien. Sie alle erzählen von Krankheiten, von denen die Menschen damals am meisten geplagt waren. Manche Darstellungen von männlichen Genitalien beispielsweise zeigen, daß diese Patienten offenbar unter einer Vorhautverengung gelitten und sich einer Phimose-Behandlung unterzogen haben. Votivgaben dieser Art existierten jedoch nicht zum Zwecke eines ›Tauschhandels‹, quasi als Gegenleistung für Heilung und Gesundheit, denn dafür waren sie bei weitem nicht wertvoll genug. Vielmehr wünschte sich der Kranke, daß sich eine Gottheit seiner Krankheit so annehme, als sei es ihre eigene. Und welche Gottheit möchte schon mit einer Krankheit leben?

Das Christentum hat diesen antiken Brauch ohne Unterbrechung bis in unsere Gegenwart gepflegt. Besonders Christen der griechisch-orthodoxen Welt bringen ihren Heiligen Votivgaben (Taxímata) dar, verbunden mit der Bitte um Genesung von bestimmten Leiden oder um Erfüllung ganz persönlicher Wünsche. Liebevoll hängen die Gläubigen ihre kleinen, silbernen Votivplättchen an Schnüre, befestigen sie an den Ikonen und schmücken sie mit frischem Basilikum und blühenden Pflanzen. Hilfe versprechen sie sich insbesondere von der Gottesmutter, aber auch von den Heiligen der orthodoxen Kirche – ein Glaube, der bei den Griechen tief verwurzelt ist. Daran kann beispielsweise auch die Onássis-Stiftung nichts ändern, die in Athen eine der modernsten Herzkliniken der Welt unterhält. Nicht selten bringen die Gläubigen erst ihrer Gottesmutter, ihrer Panajía, ein Herz-Taxímata dar, ehe sie sich im Onássis-Herzzentrum den Ärzten anvertrauen…

Kehren wir wieder zurück ins antike Attika, nach Athen, damals wie heute Metropole Griechenlands. Seine Akropolis mit dem Parthenon sowie all die anderen Prachtbauten des 5. Jahrhunderts v. Chr., seinen ganzen Wohlstand und seine politische Vormachtstellung im »Goldenen Zeitalter« verdankte es dem Erlös aus den reichen Silberminen im Süden der Halbinsel, nahe dem Poseidon-Tempel beim antiken Laureotikí (auch Laurio genannt), dem heutigen Láwrion.

Begeben wir uns also auf den Weg ins antike ›Ruhrgebiet‹, in das größte Industriegebiet der Antike schlechthin. Wer sich bei seiner Fahrt zum Poseidon-Tempel am Kap Sunion für die Straße quer durch Attika entscheidet und nicht die Route an der Westküste wählt, dem fallen ab Markópulo, spätestens aber hinter Keratéa, die parallel zur neuen Asphaltstraße verlaufenden ungenutzten Gleiskörper auf. Hier und da stehen verlassene, altertümliche Häuschen, direkt daneben eigenartige Kessel und Rohre. Schaut man sich diese Gebäude und Gerätschaften näher an, so entdeckt man, daß es sich bei ihnen um alte Bahnhöfe und Pumpstationen handelt, die man einst benötigte, um Wasser in die Dampflokomotiven zu füllen. Die Gleise sind überwuchert mit Unkraut, Gras und Blumen. Überall liegen handgroße Brocken Erzgesteins herum. Wir stehen vor Industriedenkmälern aus dem beginnenden 20. Jahrhundert, die eine Brücke zu den antiken Silberbergwerken schlagen. Wir befinden uns bereits im antiken Revier von **Láwrion**, das ehemals eine Ausdehnung von etwa 200 Quadratkilometern hatte.

Archäologische Funde bestätigen, daß hier seit etwa 2900 v. Chr. (im Tagebergbau) vereinzelt Erze abgebaut und Metalle gewonnen wurden. Seit der Bronzezeit, ungefähr ab 1550 v. Chr., wurde an diesem Ort erfolgreich und kontinuierlich geschürft. Im großen Stil setzte die Förderung von Erzgesteinen sowie deren Verhüttung im 6. Jahrhundert v. Chr. ein. Ausschlaggebend dafür war die Einführung des Münzwesens in der antiken Welt. Dabei fiel Athen im Altertum eine ganz besondere Rolle zu: Die Silberproduktion von Laurio war so ergiebig, daß Athen nicht nur Münzen von bester Qualität und in ausreichender Menge prägen, sondern das Edelmetall auch an andere Staaten zur Herstellung eigener Währung verkaufen konnte.

Dies war der Grund für den raschen Aufstieg der antiken Stadt Athen zum geistigen und kulturellen Zentrum Griechenlands. Voraussetzungen für den ›industriellen‹ Ausbau des Bergbaureviers waren überdurchschnittliche Ingenieurbauleistungen, ein hochentwickeltes Handwerk, ein gut funktionierendes Management und eine effektive Betriebsorganisation, darüber hinaus eine ausgewogene Sozialordnung für Arbeiter sowie die gesamte Bevölkerung. Wenn man einmal bedenkt, daß damals an die 10 000 Bergleute in diesem Revier beschäftigt waren (andere Schätzungen gehen sogar von 80 000 bis 100 000 aus), dann begreift man erst, welch gewaltige Organisation für die Verwaltung dieser Großindustrie erforderlich war.

Aischylos und Aristoteles, Herodot und Xenophon sowie andere antike Autoren sprechen von der »Silberquelle Athens, die die Erde für die Stadt birgt« oder von den »gewachsenen Hügeln aus Silber«, denen der Staat seine berühmten Eulen verdankt. Die Eule auf der Vorder- und Athena auf der Rückseite der silbernen ›Wappenmünzen‹ waren seit dem Ende des 6. Jahrhunderts v. Chr. Synonym für die Stadt Athen. Jahrhundertelang wurden nun »die Eulen« (als Tetradrachmen) – das heilige Tier der Athena und Wappentier Athens – »nach Athen getragen«.

Der Staat Athen war tatsächlich zu dieser Zeit unsagbar reich. Ihm allein gehörte das gesamte Bergbaurevier im Süden Attikas. Hinzu kam eine geschickte Wirtschaftspolitik, die es Athen ermöglichte, ohne jede Investition optimale Gewinne aus den Silberbergwerken zu erzielen: Der Staat verkaufte nämlich kein Land, sondern vergab nur die Schürfrechte. Diese wiederum konnten nur Athener Bürger erlangen. Sie waren für die Inbetriebnahme der Gruben und Stollen verantwortlich und trugen allein das wirtschaftliche Risiko. Der Staat war prozentual an der Silberproduktion (nicht am Gewinn!) beteiligt. Für die Konzessionen gab es zwei Vertragsalternativen: sieben Jahre Laufzeit für völlig neu einzurichtende Gruben (bei eigener Investition) oder drei Jahre für bereits in Betrieb befindliche Gruben. In jedem Fall mußte bei Vertragsabschluß vorab eine Grundgebühr entrichtet werden. Sie belief sich Anfang des 5. Jahrhunderts v. Chr. auf 20 und am Ende gar auf 150 Drachmen; Ursache für diese Preisentwicklung waren wie heute: Inflationen!

Die Bergarbeiter waren ausnahmslos Sklaven, und zwar sehr wertvolle! – Ihr Marktpreis betrug das Dreißig- bis Vierzigfache eines ›normalen‹ Sklaven. Im 5. vorchristlichen Jahrhundert arbeitete etwa ein Drittel aller Sklaven des Landes in attischen Bergwerken. Auch diese Zahl wirft ein Licht auf die Bedeutung der Silberminen. Die Sklaven gehörten zum Besitz der Grubenbetreiber oder wurden bei ›Menschenhändlern‹ gemietet. Die größten Betriebe beschäftigten damals an die tausend Bergarbeiter. Zur Absicherung der Staatseinnahmen – wohl weniger aus Gründen des Arbeitsschutzes für die Sklaven – legte der Staat drastische Strafen für Verstöße gegen die Sicherheit in den Gruben fest: Sie reichten von der Einziehung des gesamten Vermögens bis hin zur Todesstrafe für die Grubenbesitzer.

Bis zum 1. Jahrhundert n. Chr. wurden – nach vorsichtigen Schätzungen – etwa 3 500 Tonnen Silber und 1 400 000 Tonnen Blei gewonnen. Diesen enormen Produktionszahlen steht eine beängstigende andere Zahl gegenüber, die auf den sorglosen Umgang mit der Umwelt hindeutet: Für die Verhüttung des erzhaltigen Pulvers benötigte eine Art Hochofen pro Tag eine Tonne Holzkohle. Die Ursache für die kahlen, waldlosen Hänge Griechenlands gehen auch auf den industriellen Abbau von Erzen in der Antike zurück.

Zwei archäologische Zonen vermitteln noch heute einen ganz tiefen Einblick in die Epoche der Silberproduktion von Láwrion: Nahe der Küste liegt **Thorikós**, die antike Arbeiter- und Revierhauptstadt. Hier existiert ein großes Theater, das mehr als 5 000 Zuschauern Platz bietet. Nur etwa 100 Meter davon entfernt befinden sich die Eingänge zu den Stollen sowie die antiken Silberwaschanlagen. Westlich von Láwrion, auf einem etwa 150 Meter hoch gelegenen Plateau hinter Ájios Konstantínos, breitet sich ein chaotisches und gefährliches Gelände aus: Aufgerissene Erdspalten, umgestürzte Bäume, die von einbrechenden Erdmassen in die Tiefe gerissen wurden, daneben die antiken Halden, die einer Mondlandschaft gleichen. Im Volksmund wird diese Gegend **Chaos** genannt! Wir stehen über den Stollen und Gruben der antiken Silberbergwerke von Laureotikí. Hier, im Tal von Asklipakó, stößt man auf zahlreiche Werkstätten, Zisternen für die Silberwaschanlagen und Ruinen altertümlicher Schmelzöfen. Die nur leicht abfallenden Hänge kann man problemlos überqueren und blickt dann voller Bewunderung auf die technischen Errungenschaften der antiken Bergbauingenieure. Ohne ihre Leistung hätte es, wie gesagt, weder das wohlhabende Athen der Klassik noch den Poseidon-Tempel von Sunion gegeben. Tausende pilgern täglich dorthin, um Sonnenuntergang und Bauwerk zu erleben. Aber fast jeder Besucher läßt Láwrion auf dem Wege dorthin links liegen.

Die Silberbergwerke bescherten nicht nur den Griechen der Antike Reichtum, sondern auch den Bürgern des jungen griechischen Nationalstaates!

1860 verfaßte der griechische Bergbauingenieur Andréas Kordéllas ein Gutachten zu den antiken Schlackenhalden und stellte fest, daß sie noch immer einen Restbleigehalt von rund zehn Prozent aufwiesen, es sich also lohnte, sie auszuschmelzen. Die griechische Regierung zeigte an der erneuten Ausbeutung jedoch zunächst kein Interesse. Eine französische Firmengruppe unter Beteiligung eines Italieners kaufte daher das Gelände samt der antiken Schlackenhalden und begann mit der Arbeit. Später erhielt die griechische Regierung eine fünfzigprozentige staatliche Gewinnbeteiligung. In Láwrion entstand nun wieder eine blühende Industrie. Die oben bereits erwähnte Schmalspur-Eisenbahn zwischen der Südspitze Attikas und Athen wurde eingerichtet. Bis 1917 waren alle antiken Halden abgebaut.

Seit 1876 hatte parallel zu diesen Arbeiten die französische Firma »Compagnie Française des Mines du Laurium« sogar mit der Reaktivierung der antiken Stollen begonnen, allerdings nicht mehr um Silber, sondern um Blei, Mennige und kohlehaltiges Quecksilber zu gewinnen. Erst 1976 wurden die Gruben aus Rentabilitätsgründen endgültig stillgelegt. Ihr antikes Erbe wissen die Stadtväter von Láwrion auch heute noch gewinnbringend zu nutzen. Vorbildlich haben sie die französischen Industriebauten der Jahrhundertwende saniert. Der Hauptbahnhof im Stil französischer Gründerzeit-Architektur dient jetzt als Taverne, die alten Lagerhallen wurden zu Konzert- und Ausstellungshallen umfunktioniert.

Doch verweilen wir noch einen Augenblick in der Antike und bei den Anfängen der industriellen Silbergewinnung. Wir schreiben das Jahr 490 v. Chr. Darius und sein mächtiges persisches Heer sind in den Norden Griechenlands eingedrungen und bewegen sich auf Athen zu. Datis, der Befehlshaber der persischen Truppen, erreicht die attische Ebene bei **Marathón**. Dort erwartet ihn das zahlenmäßig weitaus schwächere Heer der Athener mit etwa 10 000 Mann, unter ihnen auch die verbündeten Platäer. Das Glück steht auf seiten der Griechen: Miltiades' bessere Kriegstaktik und der Einsatz effizienterer Waffen bringen im September des Jahres 490 v. Chr. den ersten Sieg über die persische Übermacht ein. Er führte zwar keine Entscheidung herbei, und viele Schlachten zwischen Griechen und Persern sollten noch folgen, doch stärkte er das Selbstbewußtsein der Griechen und war mit ein Grund für die lebenswichtige Entscheidung, das Flottenprogramm des Themistokles (s. S. 158) durchzusetzen. Doch dafür benötigte der Staat sehr viel Geld. Und um eben diese Finanzierung zu sichern, wurde die verstärkte Ausbeutung der Silberminen von Láwrion beschlossen.

Etwa auf halbem Wege zwischen Marathón und Láwrion, an der Ostküste Attikas, liegt **Wrawróna**, das antike Brauron. Der moderne Küstenort hat in den letzten Jahren seine touristische Infrastruktur erheblich ausgebaut. Zwar hat der Massentourismus hier noch nicht Fuß gefaßt, doch auch dieser Ort wird sich ihm wohl irgendwann einmal ganz ergeben. Völlig unbeachtet, auch den wenigen Individualtouristen meist nicht bekannt, liegt inmitten hügeliger Weinberge die Ausgrabungsstätte von **Brauron**, das einst zu den zwölf alten Städten Attikas zählte. Ruhe breitet sich über der antiken Stätte aus und verleiht ihr eine ganz besondere Atmosphäre, die aus der Verbindung von Natur und der Heiligkeit dieses Ortes erwächst. Ein alter Bachlauf mag an die frühe kultische Funktion des Fruchtbarkeitsheiligtums von Brauron erinnern. Der nur noch in seinen Fundamenten erhaltene dorische Artemis-Tempel stammt vom Anfang des 5. Jahrhunderts v. Chr. und wurde wohl ebenfalls mit den Erlösen aus den Silberminen von Láwrion finanziert. Berühmt war das antike Brauron wegen seines alle fünf Jahre stattfindenden »Bärenfestes«. Der Mythos erzählt, daß die Bewohner in dieser Ebene den Lieblingsbären der Göttin Artemis getötet hätten, da er ein junges Mädchen zu Tode gebracht hatte. Daraufhin zürnte die Göttin und verlangte Sühne. Seit dieser Zeit huldigten die Menschen der Artemis alle fünf Jahre mit Kulttänzen: Mädchen im Alter von fünf bis zehn Jahren tanzten als ›kleine Bären‹ für die Göttin. Wer nicht nach Brauron kam, um die Göttin zu verehren, durfte sich weder freien lassen noch heiraten!

Die Heiligkeit dieses Ortes hat sich bis in die Gegenwart gehalten. Der heidnischen Verehrung folgte die christliche. Im 6. Jahrhundert entstand westlich der antiken Stätte eine große frühchristliche Basilika. Im Temenos der Artemis, dem umfriedeten Bezirk des Heiligtums, wird heute der heilige Georg verehrt. Oberhalb des Felsens erhebt sich eine kleine Kuppelkirche, deren architektonische Gestalt an die Anfänge der byzantinischen Kreuzkuppelkirche erinnert. Berühmtester Vertreter dieses Bautypus ist die Klosterkirche von **Dáfni**, wo wir dem absoluten Höhepunkt byzantinischer Mosaikkunst aus der 2. Hälfte des 11. Jahrhunderts begegnen. Die Werke, besonders die Gestaltung der Köpfe, erreichen mit ihrer Plastizität die höchste Vollendung des hellenistischen Idealportraits der Antike.

Richten wir jetzt den Blick auf einen oft vernachlässigten Aspekt Griechenlands: auf die moderne Kunst. Attika bietet in dieser Hinsicht etwas besonders Reizvolles. Außerhalb von Athen, in der kleinen Hymettós-Ortschaft Päanía, hat der wohlhabende Industrielle Ian Vorrés als Mäzen eine wahre

Oase für moderne Kunst geschaffen. Gartengestaltung von höchstem Rang und Architektur von erlesener Feinheit bilden den ästhetischen Rahmen für ganz unterschiedliche Beispiele der Bildenden Kunst. Griechische Maler und Bildhauer aus dem In- und Ausland, die alle der 2. Hälfte des 20. Jahrhunderts angehören, fanden hier die Möglichkeit, ihre bedeutendsten und reifsten Werke auszustellen.

Schließlich machen auch wir uns auf zum Poseidon-Tempel nach Kap Sunion – vielleicht, um einen herrlichen Sonnenuntergang zu erleben. Er liegt in der Tat an einem wunderschönen Ort. Das ratternde Geräusch unzähliger Fotoapparate im Hintergrund und das Stimmengewirr von Touristen aus aller Welt sind zwar befremdend, doch können sie das eindrucksvolle Bild, das sich uns bietet, nicht stören. Dieser Zipfel unserer Welt, der weit in die »heiligen Gärten des Poseidon« hinausragt, gehört zu den schönsten Naturschauplätzen der Welt.

ΕΙΚΟΣΙΠΕΝΤΑΕΤΗΡΙΣ
ΛΑΥΡΙΟΥ
1865
1890
LE 22 AVRIL / 4 MAI 1890
Hors d'Oeuvre
Bennes de Macaroni
Saumons du Laurium } Sauce
Astakos de Therico } Ergastirienne
Griffons & Craiseurs rôtis à la Palycare
Volailles du Sunium en Briquettes
Salade de Serpierina
Gâteau à la Cordellite
Mousse d'Aragonite fleurie
Dessert
Vins { Rouge: Château Décélie
Blanc: Pikermi
Champagne: Patras
Café Glacé

ΑΘΕ

ΑΦΕΤΗΡΙΑ ΜΑΡΑΘΩΝΙΟΥ

ΑΣ μπ 1943

7. Folge: Attika

S.187: Die Schiffswerften in der Bucht von Salamis

S.188: Bucht von Salamis: Hier fand 480 v. Chr. die Seeschlacht gegen die Perser statt. – u: Antike Schiffsdarstellung (Archäologisches Museum Firá/Santorin)

S.189: Klosterkirche Dafní, die den Höhepunkt byzantinischer Mosaikkunst aus der 2. Hälfte des 11. Jh. birgt

S.190: Die Schachtanlagen der Bergwerke von Láwrion aus dem Jahre 1890 – u: Die Bahnlinie Láwrion-Athen aus der Jahrhundertwende

S.191: Zeitgenössische Darstellung der Bergwerke von Láwrion (1890)

S.192: Zisternen für die antiken Silberwaschanlagen im Tal von Asklipiakó bei Láwrion – u: Antike Silberbergwerksstollen bei Laureotikí

S.193: Antikes ›Bergwerk‹, korinthische Tontafel mit Bemalung (Staatliche Museen Berlin) – u: Münze mit Athena und der athenischen Eule aus dem Silber von Láwrion (Staatliche Münzsammlung München)

S.194: Taxímata-Täfelchen, Votivgaben der griechisch-orthodoxen Christen – u: Antike Votivgaben aus dem Heiligtum von Korinth – Das Theater von Amphiáreion

S.195: Das Artemis-Heiligtum von Brauron/Wrawróna

S.196: Marathón: Der Grabhügel der Gefallenen aus der Schlacht zwischen Griechen und Persern 490 v. Chr. – u: Der Grieche Spýros Louis, Sieger des ersten Marathonlaufs im Jahre 1896 – Startlinie in Marathón für den Marathonlauf von 1896

S.197: Hafen von Láwrion an der südlichen Ostküste Attikas

S.198: Vorres-Museum in Päanía: Ausstellungsraum – u: »Herakles im Hades« – »Die Steinigung des hl. Stefanos« von Yánnis Nikoú

S.199: Vorres-Museum in Päanía: »Sinthesi« (»moderne Stadt«) von Chrístos Sarakatzianós – u: »Das Trojanische Pferd« von Sofía Kalogerópoulou

S.200: Poseidon-Tempel am Kap Sunion

Rhodos
Kárpathos
Türkei
Kerme Körfezi
Kos
Py'li
Kos
Kardhámena
Resadiye
Cumali
Datca
Turgut
Bozburun
Taslica
Jialí
Nissyros
Mandráki
Nikía
Sy'mi
Symi
Megálo Chorió
Tilos
Liwadhia
Rhodos
Rhodos
Kremastí
Paradissíon
Ialyssós
Sorónì
Kalithéa
Kámiros
Psínthos
Afandu
Mandrikón
Prof. Ilías
Moní Tsambíka
Chálki
Chálki
Kastéllos
Kritinía
Apollona
Archángelos
95
Attáwiros
Charakion
Siána
Lárma
Monólithos
Moní Thári
Líndos
Apolakkiá
Péfki
Dodekanes
Mesanaghrós
Lachaniá
Kattawía
Saría
Saría
Dhiafáni
Ólympos
Mittelmeer
Kárpathos
Spóa
Kalí Limni
Apéri
Kárpathos
Arkássa
Fähre
archäolog. Stätte
Berggipfel
Burg / Schloß
Kloster
internationaler Flughafen
N
0
10
20 km
Kreta, Kássos

8. Folge

Rhodos und Kárpathos

Inseln des Dodekanes

Rhodos ist ein Rausch von Farben, dazu das zarte Blau des Himmels, das fast unmerklich in das Blau des Meeres eintaucht. Rhodos ist Sonne, sonnendurchflutetes Land des Helios, und Rhodos ist Feuer. Rhodos ist Stille und vergewaltigte Natur. Rhodos ist ein Blütenmeer und verbrannte Erde…

Als im Oktober 1994 die Meldungen durch die Weltpresse eilten, »Touristen auf Rhodos durch sintflutartige Regenfälle von reißenden Flüssen in den Tod gerissen«, waren die griechische Öffentlichkeit und die politisch Verantwortlichen entsetzt. In der Tat hatten doch Kritiker der zu arglos gehandhabten Umweltpolitik des Landes schon seit Jahren Katastrophen dieser Art – und die nicht nur für die Insel Rhodos – prophezeit. Seit Jahrzehnten ist das ökologische Gleichgewicht der Natur empfindlich gestört. Großflächige Entwaldungen und Erosionen verändern in beängstigendem Maße die Umwelt. Allein auf der Insel Rhodos wurde in den letzten zwanzig Jahren rund ein Drittel der ursprünglich mehr als 800 Quadratkilometer großen Waldfläche (das sind etwa 60 Prozent der Insel) durch Brände zerstört. In ganz Griechenland fielen in den letzten 2000 Jahren von ehemals 49000 Quadratkilometern Wald rund 37 Prozent dem Raubbau des Menschen zum Opfer.

Das ›Waldsterben‹ begann bereits in der Antike: Die Schilderung von Platon über die Umweltzerstörungen (s. S. 157) und die Silberbergwerke von Láwrion, die ganze Wälder verschlungen haben müssen (s. S. 182), bieten traurige Beispiele dafür. Bei den heutigen Waldbränden, die Jahr für Jahr auf der Insel toben, besteht angesichts erfolgversprechender Bodenspekulationen nicht selten der Verdacht auf Brandstiftung. Ursachen sind aber auch achtlos weggeworfene Zigarettenkippen und Glasscherben auf den wilden Müllhalden – für Griechenlands Landschaft ohnehin eine große Schande. Die Antwort der Regierung: 400 Quadratkilometer Neuanpflanzungen in den Jahren 1965 bis 1975 – angesichts der Tatsache, daß eine Waldfläche dieser Größe allein im Jahre 1985 vernichtet wurde, wird eine solche Umweltpolitik hier zur Farce!

Und doch findet man auf Rhodos auch Landschaften, die noch intakt sind, die sich immer wieder aufs neue im Morgenlicht unter uralten silbriggrauen Olivenbäumen in ein buntes Blumenmeer verwandeln. Wo Pinien und Zypressen, Kiefern und Steineichen noch nicht verwundet sind. Wo der Mensch die Schönheit der Natur und die rhodische Flora wie in einem paradiesischen Garten entdecken kann: die seltene rhodische Pfingstrose in ihrem feierlichen weißen Gewand, die geheimnisvolle asiatische Ranunkel in brennendem Purpurrot, die stolze rhodische Schachblume, die mit ihren hellgelben Glocken an zärtliche Weisen erinnert, dann die Akazie mit ihrem gelben Lichtermeer und die Quittenblüten, deren weiße Blätter liebevoll die keimenden Früchte umhüllen. Diese rhodische Landschaft mutet wahrhaftig wie ein Paradies an! Bei ihrem Anblick versteht man, daß ihre Schönheit schon vor Jahrhunderten weit über die Grenzen der Insel hinaus im ganzen Mittelmeerraum hoch gerühmt wurde. Selbst im fernen Byzanz sprach man bewundernd von der blühenden Stille des rhodischen Eilandes und von dem geheimen heilenden Zauber der Naturkräfte.

Dort, am byzantinischen Hof – so erzählt eine Legende –, wurde die Tochter des Kaisers von einer rätselhaften, todbringenden Krankheit befallen. Jede Hoffnung war zerronnen, sie noch heilen zu können. Jede Medizin, jedes Gebet versagte. Voller Kummer und Trauer erhoffte man sich Trost von der paradiesischen Schönheit von Rhodos und beschloß, die kranke Prinzessin – die »Wasilopúla«, wie sie mit Kosenamen hieß – dorthin zu bringen, damit sie auf dieser Insel vom Leben Abschied nehme. In den Wäldern, in den Bergen, in der Einsamkeit erwartete sie den Tod. An Heilung glaubte sie schon lange nicht mehr. Sie kam zum Sterben, doch dann wurden Wünsche zu Wirklichkeit. Wider Erwarten fand sie wundersame Genesung in der rhodischen Natur, entdeckte neue Freude am Leben und gründete am Ort ihrer Gesundung ein wohlhabendes Kloster: **Moní Thári** mit der Kirche Taxiarches, nahe dem Gebirgsdorf Lärma. Doch die rauhe Wirklichkeit holte die Legende wieder ein: Denn auch an diesem heiligen Ort wütete das Ungeheuer Feuer. Bis zu hundert Meter fraß es sich vor einigen Jahren an die Klostermauern heran und zerstörte die Umgebung. Geblieben ist eine grüne Klosteroase, in der sakrale Stille und eine Heiterkeit herrschen, wie sie auch klösterlichem Leben nur selten zu eigen ist. Die Kirche ist geschmückt mit Fresken aus dem 14. Jahrhundert sowie aus den Jahren 1506 und 1620. Glühende Farben und ein Bildprogramm mit seltenen und aufschlußreichen Themen entführen den Betrachter in eine andere Welt.

Eine weitere unbekannte Welt offenbart sich dem Inselbesucher, sollte er die Gelegenheit haben, das griechische Osterfest in Lärma mitzufeiern. Hier ist es wie in einigen anderen Dörfern der Insel Brauch, vor der Auferstehung des Herrn, noch bevor die Gemeinde am Ostersamstag *(megálo sáwato)* um Mitternacht vom Priester das »Licht der Erlösung« empfängt, das sich dann schnell wie ein Lauffeuer von Kerze zu Kerze unter den Gläubigen verbreitet, noch bevor man sich einander mit dem Gruß »Christós anésti« (Christus ist auferstanden) begegnet und »talithós anésti« (Wahrlich er ist auferstanden) erwidert, daß also noch vor dieser heiligsten Handlung in der orthodoxen Kirche der Verräter Judas in Form einer Puppe vom Baum geschnitten und – unter Tanz und Geschrei der Dorfjugend – dem lodernden Osterfeuer übergeben wird. Mit diesem Akt wollen die orthodoxen Christen sichergehen, daß der Verräter Christi auch wirklich tot ist und sich nicht am Ende doch noch durch üble Tricks seine Auferstehung beim Herrn erschleichen kann.

Das Osterfeuer in Lärma mit der Verbrennung des Judas ist ein Brauch, der an uralte, längst vergessene Mythen erinnert: zum Beispiel an die schöne Helena (s. S. 98). Sie soll nämlich eigenartigerweise auf ihrer Rückreise von Troja nach Mykene auf der Insel Rhodos um Gastrecht gebeten haben, das ihr die rhodische Königin Polyxo, die Gemahlin des vor Troja gefallenen Tlepolemos, jedoch verweigerte. Wut und Trauer über die vielen tapferen gefallenen Helden von Rhodos waren so groß, daß man darüber das heilige Gastrecht mißachtete. Kurz entschlossen ergriff man Helena, die als Anstifterin des Trojanischen Krieges betrachtet wurde, und erhängte sie an einem Baum (griech. *dendra*). Für die Antike läßt sich tatsächlich nur auf der Insel ein Helena-(Dendrítis)-Baumkult nachweisen.

Nicht weit vom Kloster Thári und dem Ort Lärma entfernt stoßen wir an der Westküste auf mittelalterliche Monumente. **Monólithos** ist, wie es der Name bereits sagt, ein »hoher Felsen«, auf dem die Johanniter (s. S. 210) 1476 eine uneinnehmbare Burg errichteten. Wie von einem Adlerhorst konnten sie von hier aus die mittlere Küste der Insel und das Meer bis hin zu den Ufern Asiens überwachen. Weiter nördlich liegt das Kastell **Kámiros**, heute eine pittoreske Burgruine, die im Frühjahr von einem bunten Blumenteppich überzogen ist. Sie erzählt vom mittelalterlichen Bankwesen und von Handelsverbindungen zwischen Orient und Okzident. Bereits 1355 sollen die Bankhäuser der Accajoli, Bardi und Peruzzi aus Florenz dieses Vorgebirge gemeinsam zur Festung ausgebaut haben, um hier sichere Zwischenlager für ihren Mittelmeerhandel anzulegen.

Blickt man vom Kastell in Richtung Südosten, so sieht man hoch oben an den Ausläufern des Attáwiros-Gebirges (1215 m) das malerische Dorf **Kritinía**. Auf Rhodos gewesen zu sein, ohne diesen Ort besucht zu haben, ist für den Autor undenkbar. Von hier aus sieht man die Küste und das glänzende heilige Meer. Im Dorf die Menschen mit Fragen voll offener Neugier. Der Dorfplatz ein urbaner, stiller Raum mit einer mächtigen Kuppel aus den Kronen immergrüner Platanen; Licht durchflutet Astwerk und Blättergewölbe. Würdevolle Häuser von bodenständiger und traditioneller Architektur, Zeugnisse vergangener Zeiten. Am Brunnen schöpfen alte Frauen Wasser. Die Männer trifft man im Kafeneion, unter ihnen auch den Priester, der täglich vorbeischaut – man kann die Uhr danach stellen. Häufig erzählt er allerlei Geschichten, Mythen und Legenden.

Wie es der Name Kritinía bereits anklingen läßt, existiert eine uralte mythische Verbindung zwischen diesem Ort und der Insel Kreta. Einst soll Althaimenes, Sohn des kretischen Königs Katreus und Enkel des sagenhaften Minos aus dem Palast von Knossós, unglücklich seine Heimat Kreta verlassen haben. Denn ein Orakel hatte seinem Vater prophezeit, daß er demnächst von Althaimenes getötet werden würde. Um diesem Schicksal zu entrinnen, zog der Sohn nach Rhodos, weihte Zeus, dem höchsten der Götter, auf dem Atáwiros ein Heiligtum und lebte fortan auf der Insel.

Jahre vergingen. Katreus aber hatte so Sehnsucht nach seinem Sohn, daß er sich aufmachte, ihn zu suchen. Als er mit seinem Schiff an der Küste von Kritinía anlegte und mit seinen Freunden rhodischen Boden betrat, hielt man sie für feindliche Invasoren. Althaimenes und seine Mannen stellten sich ihnen in den Weg. Es folgte ein erbitterter Kampf, und es kam, wie es das Orakel prophezeit hatte: Nichtsahnend tötete Althaimenes seinen Vater. Verzweifelt klagte er den Göttern sein Leid und seine ›Schuld‹, woraufhin sich eine Erdspalte auftat und den Unglücklichen verschlang. Der Mythos wurde durch die Archäologie bestätigt: In der Bronzezeit, zwischen 1550 und 1400 v. Chr., unterhielten die Minoer tatsächlich Handelsniederlassungen auf Rhodos.

In seiner »Ilias« (6. 653–670) berichtet Homer von drei blühenden Städten auf Rhodos, von Líndos, Ialyssós und Kámiros, und von Tlepolemos, der den Kampf der mykenischen Griechen gegen Troja mit neun rhodischen Schiffen unterstützt haben soll. Auch diese Angaben konnten durch archäologische Funde verifiziert werden. Den ersten kulturellen und wirtschaftlichen Höhepunkt erlebten die drei Städte und mit ihnen die gesamte Insel durch die vom Festland eingedrungenen Dorer. Diese hatten die von den Mykenern verlassenen rhodischen Städte noch vor dem Ende des 10. Jahrhunderts neu besiedelt. Schon bald gehörten Líndos, Ialyssós und Kámiros zu den mächtigsten Zentren in der Ägäis. Im Jahr 408 v. Chr. kommt es schließlich in der griechischen Welt zur politischen Überraschung: Die drei dorischen Städte – zuletzt durch Beutezüge der Athener arg gepeinigt – beschließen, an der Nordspitze der Insel gemeinsam eine neue Hauptstadt zu gründen: Rhodos!

Die Bewohner von **Ialyssós** zogen noch im selben Jahr in die neue Metropole und ließen die alte Stadt nur noch als Festung zurück, die zuletzt die Osmanen 1522 bei ihrer Eroberung der mittelalterlichen Stadt Rhodos nutzten. **Kámiros** hingegen wurde erst viele Jahrhunderte nach der Gründung der neuen Inselmetropole, 142 n. Chr., nach einem schweren Erdbeben endgültig aufgegeben. Heute ist die antike Stadt zu einem Drittel ausgegraben. Sie ist das rhodische Pompeji und vermittelt einen anschaulichen Eindruck von einer hellenistischen Stadt aus dem 3./2. Jahrhundert v. Chr.

Wie beeindruckt Lawrence Durrell von Kámiros war, zeigen die folgenden Zeilen: »Man erreicht die Mitte der alten Stadt, fast ehe man es merkt; es geht so schnell wie der Absturz aus einem Ballon. Das Ganze ordnet sich um einen wie ein Bild, das auf eine Kinoleinwand geworfen wird. Es liegt hier im honiggoldenen Licht des Nachmittags und lauscht dem melodischen Plätschern des Wassers in seinen eigenen Zisternen und dem schwachen Rauschen des Windes in den edlen Kiefern, die das Amphitheater bekrönen. Das Licht hat hier eine eigene Dichte, als würde es vom Meere her mit dessen wirbelnden blauen Farbstoffen durchsprüht. [. . .] nicht einmal [Müllberge können] die einzigartige Schönheit dieser alten Stadt stören, die der Spaten des Archäologen enthüllt. Man ertappt sich bei Gedanken wie: wenn so eine Stadt, so eine Landschaft außerhalb aller Zeit nicht imstande ist, durch den Anruf der Milde, der Wahrheit und der geistigen Ordnung im menschlichen Herzen die richtigen Akkorde anzuschlagen, welche Chance haben dann wir in unseren nicht versunkenen Städten?« (Lawrence Durrell, *Leuchtende Orangen. Rhodos – Insel des Helios*, Hamburg 1968, S. 100 f.)

Líndos, die dritte Stadt der Dorer, blieb bis auf den heutigen Tag kontinuierlich besiedelt. Antikes mußte frühchristlich-byzantinischen Bauten weichen, und diese vermischten sich später mit Monumenten des Mittelalters. Ein altes Athena-Lindia-Heiligtum hoch oben auf dem Felsplateau bildete einst das Zentrum der antiken Akropolis. Die Johanniter (s. S. 210) funktionierten sie später zu einem uneinnehmbaren Festungswerk um. Wie eine Krone sitzt die Burg heute über dem Bilderbuchdorf Líndos, das zum Studienobjekt zahlreicher Architekten und Künstler geworden ist. In der Hochsaison kommen täglich Tausende, um das Städtchen ›abzuhaken‹. Das autofreie Líndos ist ein wohlgeformter Berg von übereinandergeschichteten, harmonisch proportionierten Kuben. Kunstvoll mit Kieselmosaiken versehene Gassen und Treppenstraßen schmücken das Städtchen, das einladende Plätze und eine architektonische Vielfalt besitzt, die man besonders häufig an Türen und Fenstern entdecken kann. Líndos ist wie ein Freilichtmuseum traditioneller griechischer Architektur. Kurz: Es ist ein schöner Ort zum Leben, der sich dem Besucher scheinbar makellos und im Folklore-Design präsentiert.

Ein anderes ›Freilichtmuseum‹ ist die mittelalterliche Stadt **Rhodos**, die heutige Metropole der Insel und der gesamten Dodekanes-Inselgruppe. Sie zeigt zwei Gesichter: das der Neustadt als wahre Hochburg des Tourismus und das der romantischen Ritterstadt der Johanniter. Beide Teile ergeben zusammen etwa die Größe des 408 v. Chr. gegründeten antiken Ortes. Damals lebten in diesem Raum nach zuverlässigen Schätzungen an die 60 000 bis 80 000 Einwohner (antike Quellen sprechen sogar von 100 000) – jetzt wohnen in Rhodos-Stadt nur noch 43 558 Menschen (Stand: 1991). Die morphologische Gestalt dieser fast 2 500jährigen Stadt und ihre urbane Kontinuität machen die Faszination von Rhodos aus. Hier Reste der antiken Stadtmauer, dort mittelalterliche Gassen, die den Trassen antiker Straßen folgen. An anderer Stelle rollt der Autoverkehr über eine völlig intakte Brücke aus der Spätantike. Auch Moscheen und ein türkisches Bad gibt es; letzteres wird noch heute genutzt. In der Neustadt, an der Nordspitze der Insel, dort, wo die antiken Hafenmauern gefunden wurden, liegt der alte islamische Friedhof. Die pittoreske Gräberstätte erinnert an eine einst große Epoche der Osmanen im Mittelmeerraum, die auf Rhodos erst 1912 zu Ende ging. Damals eroberten die Italiener mit griechischer Hilfe die Insel, die sie erst 1947 – nach dem für sie verlorenen Zweiten Weltkrieg – an Griechenland übergeben mußten. Doch zuvor bauten sie noch die Neustadt mit pompösen Verwaltungsgebäuden aus: Pseudomaurischer Stil und Architektur des italienischen Faschismus prägen hier das Stadtbild.

Heutzutage ist dieser Bereich der Neustadt ganz besonders ›fein‹ herausgeputzt. Vom skandinavischen Schnellimbiß über chinesische Restaurants, Sauerkraut und »bayerischen Biergarten« bis hin zu McDonald's ist hier alles vertreten, was ›schnelles Geld‹ verspricht. Hieß es in der Antike »Zehn Rhodier, zehn Schiffe«, womit man den Reichtum der Insel verbildlichte, so könnte man heute während der Hochsaison ausrufen »zehn Rhodier, zehn Touristen«, denn im Sommer übernachten täglich rund 100 000 Urlauber auf der Insel, das entspricht etwa der Gesamteinwohnerzahl.

›Tourismus‹ scheint es auf Rhodos schon seit Jahrhunderten zu geben. Besonders im Mittelalter bot die Insel, und speziell ihre Hauptstadt, einen beliebten Zwischenaufenthalt für christliche Pilger aus ganz Europa auf ihrer Reise ins

Heilige Land. Mehr als zehn venezianische Schiffe legten im 14. und 15. Jahrhundert täglich im Hafen von Rhodos-Stadt an; das bedeutete, daß jeden Tag mindestens tausend Pilger die Stadt besuchten und – wahrscheinlich nicht anders als heute – die touristischen Angebote gern in Anspruch nahmen. Vor allem die Kunstfertigkeit der Schneider: Über Nacht wurde manchem Pilger oder Ritter ein neues Gewand aus Samt, Seide oder Barchent angefertigt. Hoch im Kurs standen damals auch Reliquien. Erfinderisch streuten die Rhodier bei den Pilgern die Legende aus, daß die Arche Noah hier auf Rhodos, auf dem Attáwiros, gestrandet sei. Prompt verkauften sie mit reißendem Absatz »Noah-Zweiglein«, aber auch Dornen aus der Krone Christi und Silbermünzen des Judas.

Das mittelalterliche Rhodos stellte schon immer eine ganz besondere Attraktion für Reisende dar. Heute ist die Stadt mit ihrer Festung das besterhaltene urbane Monument der Ritterzeit im gesamten christlichen Abendland. Die Gründung der Ritterstadt geht auf den »Orden des Heiligen Johannes von Jerusalem« zurück, der am 14. August 1309 die Insel in Besitz nahm und sie über einen Zeitraum von mehr als 200 Jahren zu einer neuen Blüte führen konnte. Von den Osmanen 1522 vertrieben, sind die Johanniter bis heute auf Malta ansässig. Während auf Malta mit den »Maltesern« der katholische Zweig der Ritter weiterlebt, hat sich nach der Reformationszeit aus dem Hauptorden der evangelische Zweig, der »Johanniterorden«, entwickelt. Beide sind angesehene, weltumspannende Hilfsorganisationen und bekannt für ihr ausgeprägtes soziales Engagement. Allein 1987 kamen in der alten Bundesrepublik 709 Johanniter-Fahrzeuge mit 170 000 Rettungsfahrten zum Einsatz.

Die Stadt der Kreuzritter ist seit Jahrhunderten ein Synonym für die Insel schlechthin. Nicht edle Tempel, sinnliche Statuen und griechische Götter sind ihr Stolz. Auf Rhodos – so scheint es – kann man jenes vielzitierte »Griechenland ohne Säulen« tatsächlich erleben. Gassen und Plätze, die palastartigen Wohnungen (Herbergen) der Ordensbrüder in der Ritterstraße, die Mauern und Gräben der bombastischen Verteidigungsanlagen, viele versteckte Schönheiten und geheimnisvolle Winkel regen die Phantasie an und lassen Bilder entstehen, die das Mittelalter und eine – oft leider falsch verstandene – Ritterromantik zu neuem Leben erwecken. Wer Rhodos wirklich kennenlernen will, der sollte nicht die überfüllten Strände aufsuchen, sondern in der mittelalterlichen Stadt wohnen und dort reichlich Zeit verbringen. Dann kann man – wenn die Touristen den historischen Ort am Spätnachmittag fluchtartig verlassen – Rhodos als Stadt der Einheimischen wahrnehmen.

Dann entdeckt man ihre Lebendigkeit, kann vielleicht Kunstgalerien besuchen und trifft womöglich auch Mános Anastasiádhes: Der 1948 auf Kárpathos geborene Maler lebt heute in einer »Herberge« der Ritterstraße und zählt zu den herausragenden Künstlerpersönlichkeiten der Insel. Seine Werke zeichnen sich durch Spontaneität und eine ungeheure Schöpferkraft aus. Neben traditionellen Motiven greift er auch auf das byzantinische Erbe zurück. Sein »Christus-Triptychon« erinnert in seiner Ausdruckskraft an einen Christus von Otto Dix. Der Mensch und die geschundene Natur sind die zentralen Themen von Mános. Daneben spielen auch das Licht der Insel Rhodos, die Erdfarben und die verbrannte Erde eine Rolle. Bei aller Zeitkritik ist aber auch stets ein Funken Hoffnung in Mános Werken zu spüren.

Hoffnung – betrachten wir zum Schluß noch einen anderen Aspekt der Hoffnung, der tief im Glauben der religiösen Bevölkerung verwurzelt ist: die Hoffnung auf Wunder durch die Gottesmutter, auf Fruchtbarkeit und die Geburt eines Kindes. Frauen mit Kinderwunsch, der ihnen allzulange verwehrt bleibt, kommen oft aus ganz Griechenland nach Rhodos zur **Panajía Tsambíka**. Auf einem steilen, 326 Meter hohen Felsen an der Ostküste der Insel erhebt sich das kleine Kloster der Muttergottes Tsambíka, zu dem jedes Jahr am 8. September große Pilgerscharen hinaufziehen. Der Name Tsambíka geht auf eine Volkslegende zurück. Danach soll die Ikone der Gottesmutter auf wundersame Weise auf den Berg gelangt sein. Nachts leuchtete sie als helles Licht (*tsambá* = Funke), so daß ein altes Ehepaar, dessen Kinderwunsch bislang unerfüllt geblieben war, hinaufstieg. Sie nahmen die Ikone und bauten eine Kapelle für sie. Dann baten sie Maria inständig um Kindersegen, der ihnen auch gewährt wurde. Seit dieser Zeit erklimmen viele Frauen, auf Knien oder barfuß, mühsam den Gipfel, bringen der Panajía Weihrauch, Öl und Kerzen, Blumen und Lorbeer, manchmal gar ein aus Wachs geformtes Kind dar. Sie geloben, ihren zukünftigen Sohn Tsambíkos, ihre zukünftige Tochter Tsambíka zu taufen. Auf der Dodekanes-Inselgruppe und speziell auf Rhodos gibt es nicht wenige Menschen, die diese Namen tragen …

Geheimnisvoll und reich an alten Bräuchen ist auch die Insel **Kárpathos**, nur eine halbe Flugstunde südwestlich von Rhodos. Ein kurzer Abstecher dorthin mag zu einem späteren, längeren Aufenthalt anregen. Kárpathos ist eine Insel für die »Liebe auf den ersten Blick«: der malerische Hafenort Pighádhia, das heimelige Gebirgsdorf Apéri, nicht zu vergessen das in einer wildromantischen Bergregion gelegene Ólympos – man sollte der Insel viel Zeit widmen. Traditionen gehören hier noch zu den elementaren Werten des Lebens, und so wird auf Kárpathos die Philoxenía, die Gastfreundschaft, nach wie vor großgeschrieben. Begegnet man – gerade in Ólympos – behutsam und mit viel Zeit den Bergbewohnern, dann kann es zu intensiven Bekanntschaften und spannenden Gesprächen kommen. Diese werden – durchaus auch ohne Griechischkenntnisse – möglich, verschwommene Bilder tauchen aus dem Nebel der Vorurteile auf. Plötzlich erahnt man das andere Griechenland. Der Mensch steht nun im Mittelpunkt, das Urlaubsland verwandelt sich in ein Gastland. Die von der Neuzeit noch unberührten Traditionen betrachtet man nicht mehr wie ein Zoo- oder Museumsbesucher, sondern erkennt, daß vieles, was uns exotisch und vielleicht wie eine bessere Welt erscheint, in Wirklichkeit ein hartes Leben unter oft recht primitiven Bedingungen bedeutet. Dabei können die ›malerischen‹ Traditionen – und das ist die Kehrseite der Medaille – sich oftmals als Fesseln der Unterdrükkung erweisen, man denke nur an das Schicksal der Frauen, damals wie heute.

ΙΡΟΣΕΞΕ
κίνδυνος
πυρκαγιάς
στο δάσος
Δασική Υπηρεσία ☎ 191

Rhodos
LINDOS
Rhodos

8. Folge: Rhodos und Kárpathos

S.213: Kloster Thári nahe dem Gebirgsdorf Lärma

S.214/215: Rhodos ist Sonne, sonnendurchflutetes Land des Helios und Feuer. Rhodos ist Stille und vergewaltigte Natur. Rhodos ist ein Blütenmeer und verbrannte Erde...

S.216: Kritinía, malerisches Gebirgsdorf an den südlichen Ausläufern des Attáwiros-Gebirges

S.217: Das von den Johannitern im Mittelalter errichtete Kastell Kámiros

S.218: Das antike Kámiros, im Hintergrund Halbinseln der türkischen Festlandküste

S.219: Rhodos-Stadt: Eingang zum Mandraki-Hafen

S.220: Die mittelalterliche Stadt Rhodos: Wappen des Großmeisters Pierre d'Aubusson (1476 – 1503) an der Stadtmauer – u: Nördlicher Burggraben am Symi-Platz – Ájios-Nikólaos-Seefestung

S.221: Altstadt und Großmeisterpalast in Rhodos-Stadt

S.222: Rhodos-Stadt: Antike Brücke im Süden der Neustadt – u: Elefthérias-Stadttor an der Nordostecke der Ritterstadt

S.223: Blick vom Tsambíka-Berg zur nördlichen Ostküste mit Kolýmbia und Afándu

S.224: Blick vom Kloster Tsambíka auf das Attáwiros-Gebirge

S.225: Votivgaben für Kindersegen in der Klosterkirche Tsambíka

S.226: Osterfest auf Rhodos mit traditionellem Lammbraten und Ostergebäck

S.227: ›Judasverbrennung‹ in Lärma

S.228: Rhodische Teller, auf denen Sehenswürdigkeiten der Insel dargestellt sind

S.229: Kárpathos: traditionelles Fest mit Tanz und Musik in Apéri

S.230: Grabschmuck auf dem Friedhof von Pighádhia auf Kárpathos

9. Folge

Delphi und Festland

Épirus, Thessalien und Mittelgriechenland

Meerumschlungen, das ist das griechische Festland. Tief schneidet sich das Meer allgegenwärtig in die gebirgige Landmasse ein. Im Westen gibt es dem Ámwrakikos-Golf die Form eines Binnensees; im Süden umschließen der Golf von Patras und der Korinthische Golf die Küste, im Osten liegen die Meliakós- und die Paghasitikós-Bucht mit der Hafenstadt Vólos. Weiter südlich folgt die Meerenge von Euböa (Ewia), die bis nach Chálkis hinunterreicht und dort zur attischen Küste überleitet. Zu allen Seiten das offene Meer, die Küsten des Lichts; nur im Norden verläuft die knapp 1 200 Kilometer lange politische Grenze zu den Staaten des Balkans.

Das griechische Festland ist die südlichste Halbinsel Europas, deren Ostküste nur durch etwas mehr als 200 Kilometer von der Westküste getrennt ist – das ist eine geringere Entfernung als die Ost-West-Ausdehnung der Insel Kreta (260 km)! Keine Stadt, kein Dorf ist weiter als 100 Kilometer von einer Küste entfernt. Man versteht, daß die Griechen, wie einst schon ihr mythischer Held Odysseus, ihre Zukunft immer auf dem Meer gesucht haben. Das erklärt auch, daß Griechenland heute die größte Handelsflotte der Welt besitzt!

Die Landschaft des griechischen Festlands gleicht mit ihrer Schönheit und Monumentalität der Bergwelt einer symphonischen Dichtung. Achtzig Prozent des Gebietes bestehen aus Gebirgen. Berge und Täler, Binnenseen und weite Ebenen, von bizarren Küsten umschlossen, gliedern das Festland in wunderschöne und völlig unterschiedliche geographische Kleinräume. Eine Fahrt durch diese Bergwelt ist immer wieder ein neues erregendes Erlebnis. Im Landesinneren wie an der Ost- und Südküste türmen sich wild die Berge auf. Im Osten der Göttersitz auf dem Olymp (2 917 m). Durchfurcht und zerklüftet das Pindus-Gebirge (2 469 m) in Zentralgriechenland, und an der Südküste liegt der Parnaß (2 457 m). Die Täler und Schluchten dieser Landschaft gleichen dem faltenreichen Antlitz liebenswerter alter Menschen, denen man ihr gelebtes Leben ansieht. Östlich des Pindus breiten sich die fruchtbaren Täler von Épirus und die satten Ebenen Thessaliens aus. Anders ist es in den Bergen, ganz besonders im Winter: Eiskalter Wind fegt dann über die tief verschneite Gebirgswelt. Wer hier nicht frühzeitig für Vorräte gesorgt hat, hat kaum Überlebenschancen. Alle Bergdörfer, auch die gut ausgebaute Paßstraße über das Pindus-Gebirge sind im strengen Winter von der Außenwelt abgeschnitten. Eine unzugängliche Welt. Voller Wut, als seien sie der Hölle entsprungen, stürzen sich hier die Hunde auf Fremde. Sehr ungewöhnlich für griechische Hunde, die sonst allein beim Bücken, so als wolle man nach einem Stein greifen, voller Angst die Flucht ergreifen!

Doch dort, wo in den Wintermonaten frostige Kälte regiert, verwandeln die ersten warmen Sonnenstrahlen die Berghänge in Paradiesgärten: Da findet man unberührte Natur im Hochgebirge, atmet den süßen Duft von Frühlingswiesen, erblickt ein Farbenmeer seltener Pflanzen und Blumen und glaubt, hier oben den antiken Göttern tatsächlich nahe zu sein. Unten in der Kalambáka-Ebene wird man vom ganz fremdartigen und aufregenden Felsenwald von Metéora angezogen, wo die Antipoden von magisch-sinnlicher Kraft und christlicher Askese aufeinandertreffen.

Die griechische Landschaft des Festlandes mit den Wurzeln unseres Abendlandes ist aber auch eine zu historischen Schauplätzen verdichtete Geschichte. Beginnen wir an der Südküste: mit dem Orakel und der Kultstätte von Delphi, den byzantinischen Kunstschätzen im Kloster Ósios Lúkas und dem Trauma der nationalen Befreiung, dem »Exodus von Messolóngi« am 22./23. April 1826.

Delphi ist die beeindruckendste archäologische Stätte Griechenlands. Kein anderer antiker Ort strahlt allein aufgrund seiner landschaftlichen Schönheit eine solche Faszination und bühnenbildartige Dramatik aus wie die Kultstätte des Pythischen Apollon. Und genau diese landschaftlich einmalige Szenerie ist vielleicht auch das Geheimnis für den grenzenlosen Ruhm des Orakels von Delphi.

Selbst die Perser wurden im Jahr 480 v. Chr. wie durch ein ›Wunder‹ – durch ein Unwetter und einen herabstürzenden Berg – davon abgehalten, das anerkannte Heiligtum zu plündern! – Eine logisch-wissenschaftliche Erklärung für den unantastbaren Ruhm Delphis gibt es nicht. Es besaß weder eine verehrungswürdige Reliquie, noch war es Geburtsstätte irgendeiner Gottheit. Der Ort erfuhr ab dem 9./8. Jahrhundert v. Chr. wohl ›nur‹ aufgrund seiner Atmosphäre und Ausstrahlung sowie seiner autochthonen Heiligkeit tiefe Verehrung. Dem Mythos zufolge betrachteten die Menschen in der Antike Delphi als das panhellenische Heiligtum Griechenlands schlechthin, ja gar als den Mittelpunkt der Welt.

Der Zauber der eindrucksvollen Landschaft ist auch heute noch ungebrochen. Ich habe noch keinen Besucher von Delphi kennengelernt, der nicht tief bewegt gewesen wäre. Allein die Fahrt durch das Pleistos-Tal, die langsame Annäherung – ganz gleich ob von der Küste oder von Athen kommend – an den Steilfelsen des Parnaß-Gebirges mit seinem imposanten Doppelgipfel und endlich die etwa 600 Meter hoch an der südlichen Felswand liegende heilige Stätte selbst. Wie Rebstöcke in einem Weinberg wirken die antiken Bauten links und rechts der Straße: die Tholos – der kleine Rundtempel gilt als Wahrzeichen von Delphi –, das Gymnasion und das Schatzhaus der Athener sowie die Heilige Straße, die zum Apollon-Tempel hinaufführt, dann das Theater und das Stadion. Und schließlich das Museum mit seinen kostbaren Schätzen, die in ihrer Gesamtheit eine mehr als tausendjährige Epoche des Heiligtums dokumentieren.

Geheimnisvoll bis in die Gegenwart ist das große Epsilon, das »E«, von Delphi, das nach Berichten antiker Autoren am Eingang des Apollon-Tempels – wie das Kreuz an christlichen Kirchen – als ›heiliges Zeichen‹ angebracht war. Plutarch interpretierte es als ein Kürzel des altgriechischen Verbs »eì«, was »du bist« heißt. Damit dürfte gemeint sein, daß Apollon »das einzige und vollkommene Wesen« sei. Später erscheint das »E« auch auf den römischen Münzen von Hadrian (76 – 138) und Faustina (130 – 176).

Verweilen wir beim Orakel von Delphi, das seine große Berühmtheit möglicherweise auch einer guten ›Marketingstrategie‹ verdankte. Denn eine wirtschaftlich gesunde Grundlage war vom Ansehen, besonders aber von der Glaubwürdigkeit des göttlichen Ratschlags abhängig. Für die Priesterschaft war es darüber hinaus wichtig, daß der Rat des Pythischen Apollon niemanden ins Unglück stürzte. Auch mußte eine falsche Interpretation des Orakelspruchs von seiten des Ratsuchenden möglichst ausgeschlossen werden – ein Umstand, der aufgrund von Eitelkeiten und Wunschdenken der Menschen natürlich nie ganz vermieden werden konnte.

Fest steht jedenfalls, daß alle bedeutenden griechischen Autoren und Philosophen wie etwa Aischylos, Herodot, Pindar und Platon – um nur einige zu nennen – mit ihren Schriften den Ruhm Delphis bereits in der Antike gemehrt haben. Böse Zungen behaupten allerdings, sie seien dafür von den Priestern bezahlt worden. Heute wissen wir, daß das Orakel von Delphi vom 8. bis zum Ende des 3. Jahrhunderts v. Chr., also über einen Zeitraum von mehr als 500 Jahren, bei allen wichtigen Entscheidungen Griechenlands befragt wurde: von der Kolonisation nach Ost und West im 8. Jahrhundert v. Chr. über die Gründung von Städten bis hin zum Messenischen und Peloponnesischen Krieg; ebenfalls holten die Griechen hier Rat, als es hieß, den Tyrannen von Athen zu stürzen und im Kampf gegen die Übermacht der Perser zu überleben.

Greifen wir ein besonders einprägsames Beispiel heraus, um den Geist und die Bedeutung des Orakels in der antiken Welt besser zu verstehen: So schildert Herodot ausführlich und mit vielen schmückenden Worten die verhängnisvolle Verbindung zwischen Delphi und Krösus (595–546? v. Chr.), dem König von Lydien, dessen Reichtum bis heute sprichwörtlich ist. Vom Perserkönig Kyros dem Großen (559–529 v. Chr.) bedroht, machte er einen Krieg gegen Persien allein vom Rat der Götter abhängig. Um aber Gewißheit darüber zu erlangen, welches Orakel am zuverlässigsten sei, ließ er zunächst zu jedem Heiligtum einen Boten senden, um es zu testen. Jeder dieser Gesandten mußte am 100. Tag nach seiner Abreise dem Orakel die gleiche Frage stellen: »Was macht Krösus an diesem Tag der Befragung in seinem Palast?« Von den Antworten, die dem König dann als verschlossene Dokumente übergeben wurden, waren alle falsch, bis auf den Orakelspruch von Delphi:

> »Wohl weiß ich, wieviel Sand am Meer, wie die Weite des Wassers,
> Selbst den Stummen vernehm' ich und höre des Schweigenden Worte.
> In die Sinne dringt mir der Geruch der gepanzerten Kröte,
> Wie man sie kocht zusammen mit Lammfleisch in eherner Pfanne.
> Erz umschließt sie von unten, wie Erz auch darübergezogen.«
> (Herodot I, 47. 3 – *Tusculum*, München 1988)

Tatsächlich hatte Krösus an besagtem Tag eine Schildkröte aufbrechen, ein Lamm schlachten und beides zusammen in einem bronzenen Kessel kochen lassen. Eine äußerst amüsante Geschichte Herodots, die sicherlich in übertriebenem Maße den Glanz Delphis und Griechenlands im Ausland mehren sollte. Die Verblüffung und Überraschung des Königs muß jedenfalls gewaltig gewesen sein. Sofort schickte er erneut einen Boten nach Delphi, vollbeladen mit Geschenken aus Gold und Edelsteinen, diesmal mit der Frage:
»Krösus, der König der Lyder und anderer Völker, hat in dem Glauben, daß dies die einzigen wahren Orakel auf der Welt sind [er befragte auch noch das von Amphiareion], Geschenke gesandt, würdig dessen, was ihr fandet. Er fragt euch jetzt, ob er gegen die Perser zu Felde ziehen solle …«
(Herodot I, 53.2 – *Tusculum*, München 1988)

Die Antwort der beiden Orakel lautete:
»Wenn Krösus gegen die Perser ziehe, werde er ein großes Reich zerstören.«

Krösus rief zu den Waffen und zog mit seinen Bundesgenossen gegen die Perser. – Doch hatte er die Zweideutigkeit des Orakels überhört! Er erlebte eine

Niederlage nach der anderen, bis er sich schließlich 547 v. Chr. nach Sardes zurückzog. Aber auch diese Stadt wurde von den Persern erobert, was den Untergang seines eigenen »großen [lydischen] Reiches« bedeutete … Womit sich das Orakel erfüllt hat.

Seit dem Ende des 3. Jahrhunderts v. Chr. verlor Delphi immer mehr an Bedeutung. Während der Römerherrschaft wurde das Orakel nicht mehr vor großen politischen Entscheidungen angerufen, sondern nur noch mit ›banalen‹ Anfragen konfrontiert: Was muß ich tun, um bessere Gewinne zu erzielen? Wen soll ich heiraten? Wieviele Kinder sollen wir uns wünschen? Und so fort. In der 2. Hälfte des 4. Jahrhunderts n. Chr. versuchte Kaiser Julian Apostata (361 – 363) Delphi neue Geltung zu verschaffen – zweifellos eine Maßnahme gegen die von Konstantin dem Großen durchgesetzte Anerkennung des Christentums. Doch der Pythische Apollon antwortete ihm: »Sagt es dem [Kaiser]: zerstört ist die kunstgesegnete Stätte; Phoibos hat keinen [Tempel] mehr und keinen prophetischen Lorbeer; Nicht mehr dient ihm die Quelle, verstummt ist das murmelnde Wasser.« (Georgios Kedrenos/Übertragen von Georg von Reutern, *Delphi*, Athen 1993)

Nur zwanzig Kilometer östlich von Delphi liegt abseits der Hauptstraße nach Athen das sehenswerte byzantinische Kloster **Ósios Lúkas**. Hier wird seit Mitte des 10. Jahrhunderts der lokale Einsiedler Lukas aus dem benachbarten Dorf Stíri verehrt. Lange nach seinem Tode wurde er von Konstantinopel selig gesprochen, daher die Bezeichnung »Ósios« (=Seliger). Wie eine mächtige, uneinnehmbare Festung steht das Kloster inmitten eines weiten Tales, dort, wo die auslaufenden Hänge von Parnaß und Elikónas zusammentreffen. Wunderbar ist von hier aus der Blick zurück ins Gebirge und hinunter zur Küste, bis hin zur Halbinsel Peloponnes. Das Kloster zählt heute zu den kunst- und baugeschichtlich interessantesten Anlagen Griechenlands. Im Klosterhof befinden sich zwei architektonisch miteinander verschmolzene Kuppelkirchen, deren Fassaden auf typisch byzantinische Weise mit Ziegel- und Spolieneinlagen ausgestattet wurden. Aus dem Ende des 10. Jahrhunderts stammt die Kirche der Gottesmutter, der Theotókos. Anfang des 11. Jahrhunderts folgte das dem seligen Lukas geweihte Katholikon, das fast vollständig mit Mosaiken von höchster Qualität aus der Gründungsphase ausgeschmückt ist; wahrscheinlich stammten die Künstler aus Konstantinopel. Neben sehr plastisch und edel gestalteten Gesichtern fallen auch einige dümmlich und häßlich aussehende auf. Hervorzuheben sind der ausdrucksstarke Pantokrator und die lebensgroßen Heiligen: Die lebendige Linienführung, die schlanken Gestalten und die ›wehenden‹ Gewänder lassen an die Malerei der makedonischen Renaissance denken.

Orthodoxe Klosteranlagen wie Láwra auf der Peloponnes (s. S. 127) und Ósios Lúkas waren nicht nur Orte des Gebets und der Einkehr, sondern immer auch Brutstätten des Widerstands – vor allem gegen das jahrhundertelange Joch der Osmanen.

Die Zeit der nationalen Befreiung ruft den Griechen besonders der Ort **Messolóngi** im Westen der südlichen Festlandküste ins Gedächtnis. Er ist ein Mahnmal an die tragischen Ereignisse des Jahres 1826. Damals, kurz nachdem Germanós 1821 im Kloster Láwra zum Widerstand aufgerufen hatte, wurde Messolóngi vorläufiges Zentrum der griechischen Befreiungsbewegung. Die topographische Lage der Stadt war äußerst günstig: Im Süden und Osten die schützenden Lagunen, im Westen das offene Meer und im Norden die Berge. Außerdem konnte man von hier aus die Zufahrt in den Golf von Korinth und die Verbindung zwischen dem Festland und der Peloponnes kontrollieren. Tausende von griechischen Freiheitskämpfern kamen nach Messolóngi, auch Philhellenen aus ganz Europa, um die Sache Griechenlands zu unterstützen. Am 5. Januar 1824 traf unter anderen Lord Byron in der Stadt ein, der sich auf emphatische Weise für die Freiheit der Griechen einsetzte und mit seinen Texten die europäische Öffentlichkeit aufzuwühlen vermochte.

Im Jahr 1826 zogen die Osmanen den Belagerungsring um Messolóngi immer enger. Eine Übermacht von mehr als 20 000 Soldaten wartete ständig auf das Signal zum entscheidenden Sturmangriff. Aber nichts geschah. Nachdem die Freiheitskämpfer ein Jahr lang ausgehungert worden waren, entschlossen sie sich zum nächtlichen Ausbruch. Alles war genau geplant; am Abend des 22. April flohen 9 000 Menschen, darunter viele Frauen und Kinder, in die Berge. Doch Verrat lockte sie in eine Falle. Der Exodus endete tags darauf mit einem Massaker, das nur 1 800 überlebten.

Jahrzehnte später wurde innerhalb der Stadtmauern beim Haupttor ein Heroon mit den sterblichen Überresten der Verteidiger von 1826 angelegt. Vor dem Grabhügel befindet sich eine Statue Byrons, in die 1881 das Herz des Dichters eingemauert wurde. Im Stadtmuseum ist dem Leben und Wirken des Lords eine eigene Sammlung gewidmet. Eine andere Abteilung erzählt mit vielen zeitgenössischen Gemälden und Dokumenten vom nationalen Befreiungskampf gegen die Osmanen.

Für die Griechen ist dieses Drama in den Gedichten von Kostís Palamás (1859 – 1943) lebendig geblieben, in denen dieser – ganz von seinem Gefühl getragen – das »Fenster seiner Seele« öffnet. Der in Messolóngi geborene Dichter hat viele Jahre seines Lebens hier verbracht. Sein lyrisches Werk bleibt allein auf seine Heimat Griechenland beschränkt. Ihm verdanken die Griechen heute eine eigene Volkssprache (»Dhimotiké«), für die er sich kompromißlos eingesetzt hatte.

Internationalen Ruhm erlangte der 1954 in Messolóngi geborene Künstler Apóstolos Kustás. Seine Werke beschäftigen sich mit Themen der griechischen Mythologie. Kustás arbeitet ausschließlich als Lithograph und Graveur, wobei er als Material neben Stein und Holz auch Beton verwendet. Einige seiner Arbeiten erinnern in ihrer geometrischen Auflösung und ihrer meist dunkel gehaltenen Farbgestaltung an Willi Baumeisters »Gilgamesch«, andere lassen Picasso als Vorbild erkennen.

Der kulturelle Mittelpunkt des Festlandes, Magnet für Künstler und Gelehrte und gleichzeitig Handelszentrum, ist heute **Ioánnina** mit seinen rund 90 000 Einwohnern. Es ist unbestritten die Metropole von Épirus (= griech. Festland) mit seinen 339 200 Einwohnern (1991). Die für Griechenland verhältnismäßig junge Stadt – sie wird erstmals 1020 urkundlich erwähnt – ist inzwischen Sitz einer Universität und hat das schönste urbane Zentrum auf dem Festland. Die Lage an einem idyllischen See, zwischen Pindus- und Tómaros-Gebirge, verleiht Ioánnina einen ganz besonderen Reiz. In der Altstadt und im Kastell erinnern viele Bauten an die glanzvolle islamische Epoche, als Ali Pascha Ioánnina inmitten des Osmanischen Reiches zur Hauptstadt und Residenz seines Staates erhob. Mal taktierte er mit Napoleon (1797), mal mit den Briten (1817), bis die Hohe Pforte sich zum Kampf gegen den Abtrünnigen entschloß, die Stadt eroberte und Ali Pascha töten ließ.

Ein sehr beliebtes Ausflugsziel der Griechen ist die kleine Insel im Ioánnina-See. Bei der Überfahrt stellt man jedoch erschrocken fest, daß die ›Idylle‹ biologisch kurz vor dem Umkippen steht. Die von der Regierung geplante Kläranlage und die Weiterleitung der vorgeklärten Abwässer durch den Kalamás-Fluß – in dem es immer noch Forellen gibt – ins Ionische Meer bei Igumenítsa, stößt bei der mittlerweile umweltbewußter gewordenen Bevölkerung auf große Skepsis. Man traut den Politikern nicht so recht und befürchtet noch größere Schäden für Igumenítsa, den wichtigsten Hafen des Festlandes, und die Badestrände an der Westküste.

Gäste, die auf die Insel kommen, legen in der Regel in dem kleinen Hafenort eine kurze Rast ein, ehe sie das Kloster Pandeleïmon aufsuchen. Hier werden ihnen die Einschußlöcher in der Holzdecke gezeigt, die an Ali Paschas gewaltsamen Tod durch die Türken erinnern sollen.

Drei andere Klosteranlagen auf der Insel bergen Fresken des 16. bis 18. Jahrhunderts. Auffallend sind die zahlreichen Märtyrerdarstellungen, Motive, die hier vielleicht deshalb so zahlreich sind, um symbolisch an die leidvolle osmanische Besetzung zu erinnern.

Blickt man von der Insel aus in Richtung Südwesten auf die Hänge des Tómaros-Gebirges, so erkennt man in fast 600 Meter Höhe den Ansatz einer Ebene. Dort oben liegt das Orakel-Heiligtum von **Dodona**, das weitaus älter ist als jenes von Delphi, ja sogar das älteste in ganz Griechenland sein soll. Die Kultstätte von Dodona hat jedoch nie den Ruhm von Delphi erlangt. Den heutigen Besucher fasziniert wohl am meisten ihre Lage in dem unberührten und einsamen Hochtal, das nur sehr selten von Touristen besucht wird. Hinzu kommt die religionsgeschichtlich höchst interessante Entwicklung dieser Kultstätte. Zeigt sie uns doch sehr deutlich, wie die Religion der in diesen Lebensraum eingedrungenen griechischen Stämme mit der der autochthonen Bevölkerung verschmolzen ist!

Seit dem 3. Jahrtausend v. Chr. wurde in dieser Ebene die Erd- und Fruchtbarkeitsgöttin Gaia (auch Ge genannt) verehrt, später auch die Quellgöttin Naia. Ab dem 14./13. Jahrhundert v. Chr. wird eine heilige Eiche das Zentrum des Kultes. Mit dem zweiten Eindringen der griechisch sprechenden Mykener im 12. Jahrhundert v. Chr. (s. S. 93) stieg dann deren »Vatergott« Zeus von den Bergen in die Ebene und vereinigte sich mit Naia, die fortan den Namen Dione Naia trägt, wobei Dione sinnigerweise im Griechischen ganz einfach »die dem Gott gehörige« heißt. War das der erste Sieg des Patriarchats über das uralte Matriarchat? Seit dieser Zeit steht Zeus in Dodona stets im Zentrum der Verehrung. Ab dem 8. Jahrhundert v. Chr. wendet man sich nur noch an die »Zeus-Eiche« um Rat, nicht mehr an die Quelle der Naia. Das Rauschen des Windes im Blätterwald und die Geräusche der vom Wind bewegten Bronzekessel, die den Temenos säumten, waren die Stimmen der Götter. Sie wurden von den Priestern als Orakel gedeutet.

Heute wächst ein junger Nachkomme der uralten Zeus-Eiche genau an der Stelle, wo Archäologen die Wurzeln des heiligen Baumes ausgegraben haben.

Die Kontinuität dieser Kultstätte reicht bis in die frühchristliche Epoche. Unmittelbar neben den Grundmauern des Zeustempels und der jungen Eiche liegen die Reste einer Basilika aus dem 5./6. Jahrhundert. Überwältigend dagegen ist das sehr gut erhaltene antike Theater mit seinen 18 000 Zuschauerplätzen, das von 297 v. Chr. bis zum 4. nachchristlichen Jahrhundert, also mehr als 600 Jahre, dem Kulturbetrieb der Griechen und Römer gedient hat.

Auch das **Pindus-Gebirge** ist reich an landschaftlichen und kulturellen Sehenswürdigkeiten. Darüber hinaus werden hier noch die unterschiedlichsten Traditionen gepflegt. Nur dreißig Kilometer nördlich von Ioánnina breitet sich das Zaghoriá-Gebiet aus, eine imposante Bergregion, die im Norden durch das Aóos-Tal, im Osten durch das Ghiftókambos-Gebirge und im Süden durch das Mitsikéli-Massiv ihre natürlichen Grenzen findet. Die Tannen und Kiefern wirken aus der Ferne wie blau-schwarze Schatten, weshalb im Volksmund der Name Mawrowúni verbreitet ist, was nichts anderes bedeutet als »schwarzer Berg«. Im Norden bei **Monodéndri** wurde ein Naturschutzpark angelegt, dessen Attraktion die imposante Wíkos-Schlucht und Bergdörfer wie Kípi und Tsepélowo darstellen. Ihre Häuser bestehen aus handverlesenen Steinen. Dann die alten – durch den Bau von Asphaltstraßen teilweise zerstörten und nicht mehr passierbaren – Paßstraßen mit elegant geschwungenen Bogenbrücken, die seit Jahrhunderten die Menschen in dieser Gegend miteinander verbunden haben. Und schließlich die artenreiche Botanik, die der Landschaft zu jeder Jahreszeit ein anderes farbenprächtiges Gewand verleiht.

Hoch oben im Pindus-Gebirge, dort, wo der 1705 Meter hohe Katarás-Paß nach Thessalien hinüberführt, liegt **Métsowon**, das größte Dorf der gesamten Region. Seit Jahren bemüht man sich, die gefährliche Paßstraße dorthin zu entlasten. Dabei ›nagt‹ man am Gebirge, bohrt sich hindurch, um irgendwann einmal in der Lage zu sein, durch einen Tunnel im Winter von der Ost- zur Westküste zu gelangen. Hier oben in den Bergen sammelten sich die Griechen während der jahrhundertelangen türkischen Herrschaft, um nachts in den Ebenen von Ioánnina und Thessalien Schafe zu stehlen, damit sie ihre Familien ernähren konnten. Vor dem Beutezug führten die Männer einen ekstatischen (Kriegs-)Tanz auf, um ihre Angst zu überwinden. Von den Türken wurden sie abfällig »Kleften« (=Diebe) genannt. Heimgekehrt von der gefahrvollen Mission, wurde das erbeutete Fleisch in Stücke zerlegt und ein köstliches Gericht daraus bereitet. Der Tanz und das Gericht der ›Diebe‹ sind noch heute bei den Griechen unter dem Namen »Kleftikó« bekannt. Der Begriff

»Klefte« ist mittlerweile gar ein Ehrentitel, der den Mut, die Tapferkeit und die Furchtlosigkeit eines Mannes lobt.

Inzwischen ist Métsowon mit seinen rund 3500 Einwohnern ein angesehener und wohlhabender Ort, in dem Traditionen – Tänze, Trachten und altes Handwerk – besonders gepflegt werden. Hier steht auch eines der modernsten Kongreßzentren Griechenlands, das »Metsovo Conference Center«, das von der berühmten im Ort ansässigen Familie Averoff gegründet wurde. Ferner boomt der Wintertourismus. Métsowon kann sich über mangelnden Schnee nicht beklagen, besitzt Skilifte und noch kaum überlaufene Skihänge. Zugegeben, den Erwartungen verwöhnter Skifahrer entspricht dieses Gebiet nicht unbedingt. Für Tourengänger jedoch ist das unberührte Pindus-Gebirge ein regelrechtes Paradies...

Auch Kunstliebhaber kommen im Pindus-Gebirge auf ihre Kosten. Häufig stößt man weit außerhalb von Ortschaften auf einsam stehende Kirchen, wahre Schätze byzantinischer Sakralarchitektur, so an den südöstlichen Ausläufern des Pindus-Gebirges, bei den Dörfern **Kriniá** und **Dholianá**, auf die Klosterkirche Tímos Stawrós aus dem 13. bis 15.(?) Jahrhundert. Der Weg zu dem festungsartigen Bau auf einer Waldlichtung ist mühsam, aber lohnend. Dreizehn hohe Tambourkuppeln wachsen aus dem strengen Kubus heraus. Die Außenwände sind geschmückt mit Reliefs, in denen auf einfache, ja beinahe naive Weise christliche Motive verarbeitet sind.

Die Kirche Panajía i Pórta bei **Píli**, am Beginn der Paßstraße von Tríkala nach Arta, stammt aus dem Jahre 1283 und ist ein Juwel besonderer Art. Verschwenderisch haben die Baumeister hier jedes Stück Fassade mit immer neuen Ornamenten geschmückt. Der Innenraum birgt im Bereich der aus edlem Marmor geschaffenen Altarschranke kostbare Mosaike.

Höhepunkt einer Reise durch Thessalien ist der Besuch der Felsenstadt **Metéora**. Der Name setzt sich zusammen aus »meta« und »aeiro« und bedeutet »hoch schwebend«. Hoch schwebend, himmelstürmend, so wurde diese grandiose Landschaft auch immer wieder beschrieben. Metéora und Athos, Namen die zum Synonym für abgeschiedenes, klösterliches Leben zwischen Himmel und Erde geworden sind. Asketisches Leben und christlicher Glaube sind die Wurzeln dieser klösterlichen Welt. Hollywood diente sie als spektakuläre – obgleich völlig verfremdete – Kulisse für ein James-Bond-Abenteuer und den Film »Auf der Fährte des Adlers« mit James Coburn.

Meteóra ist ein »steinerner Wald« mit bis zu 400 Meter aufragenden Felspfeilern. Ein geologisches Phänomen von dramatischer Schönheit. Unsicher ist ihre erdgeschichtliche Entstehung. Entweder sind die Konglomeratfelsen Reste eines deltaförmigen Flußlaufes und/oder Schöpfungen von Erosionskräften. Seit dem 13./14. Jahrhundert ließen sich Mönche in Felshöhlen nieder und errichteten dort unzugängliche Einsiedeleien. Schon damals gab es in dem Ort **Kalambáka**, am Fuß der Felsen, eine altehrwürdige byzantinische Bischofskirche, die Kímisis Theotóku, aus dem 12. Jahrhundert. Aus frühchristlicher Zeit haben sich hier noch Teile einer Kanzel und eines Altarbaldachins erhalten, die man wieder zusammengebaut hat. Nach einiger Zeit zogen die Mönche auf die Felsen und bauten dort festungsartige Klosteranlagen. Diese boten der Bevölkerung im 15. Jahrhundert Schutz vor den anstürmenden Osmanen. Dann wurde es wieder still um diese Region. Im 18. Jahrhundert waren alle Klöster verlassen. Reisende und Philhellenen besuchten die Felsen im 19. Jahrhundert als ein vielbestauntes Wunder. Nach dem Zweiten Weltkrieg begann die systematische Neubewirtschaftung und Pflege der historischen Anlagen. Mönche nahmen wieder Besitz von ihnen und erfüllten sie mit kontemplativem Leben. Heute wird in den Sommermonaten die Atmosphäre von Meteóra und der Tagesrhythmus der Mönche von den nie enden wollenden Touristenströmen arg gestört. Leider kommt hinzu, daß nur wenige Besucher den Klosterregeln gebührenden Respekt entgegenbringen.

Wandern zwischen Himmel und Erde, den Sternen entgegen, das gehört zu den eindrucksvollsten Erlebnissen in dieser klösterlichen Welt:

> »Meteóra …
> hier taucht die Seele ein
> in einen tiefen Frieden,
> doch dieser Frieden ist nicht der Tod.«
> (Mitsikosta, *Meteóra.*
> *Der Felsenwald Griechenlands*, Athen 1984[4], S. 16)

IC XC
Η CTAY
ΡΩCIC
ΙΔΟΥ Ο ΥC COY
ΙΔΟΥ Η ΜΗΡ COY

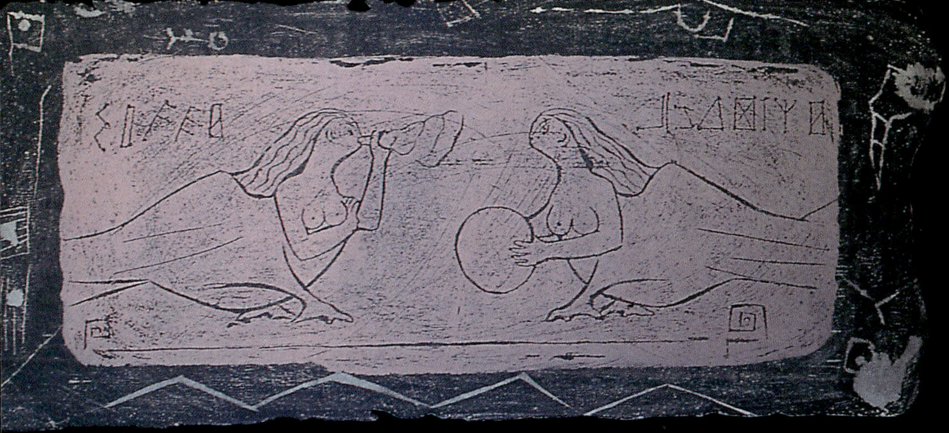

Αυχ. Κατάρα
ανοιχτός
Katara pas
open

9. Folge: Delphi und Festland

S.245: Die Tholos, der Rundtempel von Delphi, ist Wahrzeichen des Heiligtums.

S.246: »Der bronzene Wagenlenker« eines Viergespanns, Weihgeschenk des Polyzalos aus Gela/Sizilien (um 475 v. Chr., Museum Delphi)

S.247: Frühchristliche Mosaike auf dem Vorplatz des Museums von Delphi

S.248: Kloster Ósios Lúkas mit der Kirche der Gottesmutter Theotókos: Kreuzigungsszene – u: Mosaike aus dem Anfang des 11. Jh. in einem Seitengewölbe – Fassadendetail

S.249: Lithographien mit mythologischen Themen des international bekannten Künstlers Apóstolos aus Messolóngi

S.250: Orakel-Heiligtum Dodona: Theater aus dem Jahre 297 v. Chr.

S.251: Johannes-Kloster auf der Ioánnina-Insel, in dem 1822 der osmanische Statthalter Ali Pascha getötet wurde

S.252/253: Ioánnina, Metropole von Épirus, mit See und Insel

S.254: Fresken mit Märtyrerszenen (1542) aus dem Philantropinón-Kloster des hl. Nikólaos auf der Ioánnina-Insel

S.255: Dreibogenbrücke in der Nähe des Zaghoriá-Gebirgsdorfes Kípi

S.256/257: Das Pindus-Gebirge mit dem Dorf Métsowon im Februar

S.258: Winter im Pindus-Gebirge

S.259: Frauentracht aus Métsowon

S.260: Meteóra-Felsen mit dem Russanú-Kloster der hl. Barbara

S.261: Kalambáka am Fuß der Meteóra-Felsen: frühchristliche Kanzel (neu zusammengesetzt) aus der Kímisis-Theotóku-Kirche

S.262: Kirche Panajía i Pórta bei Píli aus dem Jahre 1283 – u: Tímos-Stawrós-Kirche bei Kriniá und Dholianá aus dem 13. – 15. Jh.(?)

S.263: Mosaik aus der Kirche Panajía i Pórta

S.264: Das Aóos-Tal bei Kónitsa

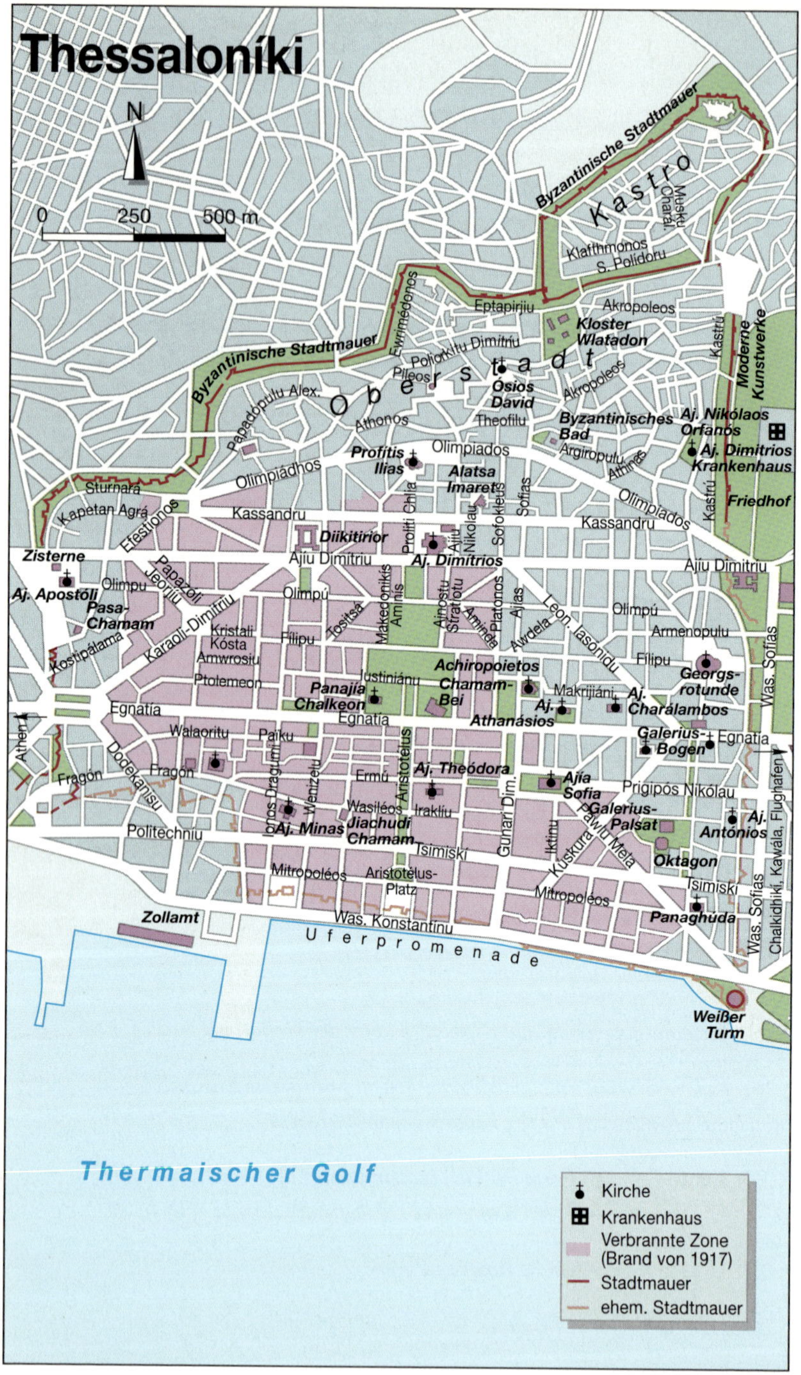
Thessaloníki
N
0
250
500 m
Byzantinische Stadtmauer
Kastro
Muskú Charái
Klafthmonos
S. Polidoru
Eptapirjiu
Akropoleos
Kloster Wlatadon
Ewrimédonos
Byzantinische Stadtmauer
Poliorkitu Dimitriu
Pileos
Oberstadt
Ósios David
Akropoleos
Papadopulu Alex.
Athonos
Theofilu
Byzantinisches Bad
Aj. Nikólaos Orfanós
Moderne Kunstwerke
Kastru
Papadopulu
Profitis Ilias
Olimpiados
Argiropulu
Athinas
Aj. Dimitrios Krankenhaus
Olimpiádhos
Alatsa Imaret
Sturnara
Kapetan Agrá
Efestionos
Kassandru
Sofokleus
Sofias
Olimpiados
Kassandru
Kastru
Friedhof
Diikitirior
Aj. Dimitrios
Ajiu Dimitriu
Ajiu Dimitriu
Zisterne
Aj. Apostóli
Olimpu
Papazoli
Jeorjiu
Pasa-Chamam
Karaoli-Dimitriu
Olimpú
Makedonikis Aminis
Ajnostu Stratiotu
Aminda
Platonos
Ajias
Leon. Iasonidu
Olimpú
Armenopulu
Kostipálama
Kristali
Kósta
Amwrosiu
Filipu
Tositsa
Awdela
Filipu
Georgsrotunde
Was. Sofias
Ptolemeon
Achiropoietos
Justiniánu
Panajía Chalkeon
Chamam-Bei
Makrijiáni
Aj. Charálambos
Egnatia
Egnatia
Aj. Athanásios
Athen
Walaoritu
Paiku
Galerius-Bogen
Egnatia
Dodekanisu
Fragón
Fragón
Ionos Dragumi
Wenizelu
Ermú
Aristotélus
Aj. Theódora
Ajía Sofia
Prigipós Nikólau
Wasiléos
Iraklíu
Galerius-Palast
Aj. Antónios
Chalkidhikí, Kawála, Flughafen
Aj. Minas
Jiachudi Chamam
Politechníu
Tsimiskí
Gunari Dim.
Iktinu
Kuskura
Pawlu Mela
Oktagon
Mitropoléos
Aristotélus-Platz
Tsimiskí
Mitropoléos
Was. Sofias
Panaghúda
Zollamt
Was. Konstantínu
Uferpromenade
Weißer Turm
Thermaischer Golf
Kirche
Krankenhaus
Verbrannte Zone (Brand von 1917)
Stadtmauer
ehem. Stadtmauer

10. Folge

Thessaloníki

Metropole des Nordens

Eine Reise in eine griechische Stadt, die mehr als 2300 Jahre alt ist – so sollte man meinen –, wird eine Reise in die Antike, zumindest in die Spätantike sein. Doch Thessaloníki bietet dem Besucher keine edlen Tempel, keine Stätten mit klangvollen Namen aus der griechischen Geschichte wie Athen, Olympia oder Delphi. Thessaloníki, die Schöne, die Elegante, ist zwar eine alte, dennoch ewig jung gebliebene Stadt – ein Vorzug, den sie nicht ohne schmerzhafte Schicksalsschläge gewann. So hat etwa der Brand von 1917 mehr als die Hälfte der Gebäude zerstört. Thessaloníki, Metropole Makedoniens und mit 977 600 Einwohnern (1991) die zweitgrößte Stadt Griechenlands, gilt heute – noch vor Athen – als modernste Stadt des Landes. Sie ist zudem Sitz einer Universität, Kultur-, Kunst- und Messezentrum und stolz auf die jährlich hier stattfindenden Dímitra-Festspiele. Darüber hinaus ist sie Veranstaltungsort internationaler Filmfestspiele und zeigt auf dem Laufsteg die neuesten Modetrends.

Pulsader von Thessaloníki ist die Via Egnatía, die antike Heer- und Handelsstraße – und das seit mehr als 2000 Jahren. 316/315 v. Chr. gründete Kassandros, König von Makedonien (305 – 297 v. Chr.), die Stadt und benannte sie nach seiner Frau, Thessalonike, einer Tochter Philipps II., der Halbschwester Alexanders des Großen. Thessaloníki war vor allem als Ersatz für die makedonische Hauptstadt Pélla (s. S. 297) gedacht, der Kassandros nur wenig Zukunft gab. Die Bevölkerung von 26 bereits in dieser Küstenregion existierenden Ortschaften wurde nach Thessaloníki umgesiedelt und fand hier neuen Lebensraum. Wirtschaftlichen Aufschwung und Ruhm erlangte es vor allem in der Römischen Epoche. 168 v. Chr. unterlag der letzte König der Makedonen, Perseus (179 – 168 v. Chr.) aus der Antigoniden-Dynastie, dem römischen Heer, wobei 20 000 Griechen getötet wurden und 5 000 in Gefangenschaft gerieten. Die makedonische Monarchie war damit erloschen. Zwanzig Jahre später wurden Épirus, Illyrien und Makedonien von den Römern zu einer neuen Provinz zusammengefaßt, deren Hauptstadt Thessaloníki hieß. Nun entstand die wichtige West-Ost-Verkehrsader, die Via Egnatía, die wahrscheinlich nach ihrem Erbauer Cnaeus Egnatius benannt ist. Sie beginnt in Dyrrhachion (Durres) an der heutigen albanischen Küste und führt über ihre Hauptstation Thessaloníki bis nach Byzantion, das spätere Konstantinopel. Die Straße erwies sich bald als die wichtigste Verbindung im Osten des Reiches. Mit ihrer Bedeutung stieg auch Thessaloníki zu einer der größten und mächtigsten Städte des Römischen Imperiums auf. Kaiser Decius (249 – 251) verlieh ihr volles Bürgerrecht und machte sie zur römischen Kolonie. 297 war es der spätere Kaiser Galerius (305 – 311), der nach seinem Sieg über die Perser von Osten her über die Via Egnatía mit großem Triumph in die Stadt einzog. Er ließ sich nahe dem Osttor ein Siegesmonument errichten, den sogenannten Galeriusbogen, der noch weitgehend erhalten ist. Weiter nördlich plante Galerius sein Mausoleum, eine große Rotunde, die jedoch nicht sein Grab werden sollte, sondern in ein christliches Gotteshaus mit dem Patrozinium des heiligen Georg umgewandelt wurde. Bevor sich das Christentum in Thessaloníki ausbreiten konnte, erlebte die Stadt als Residenz des mächtigen Kaisers Diokletian (284 – 305) einige prunkvolle, aber auch grausame Jahre.

Zu dieser Zeit, in der zweiten Hälfte des 3. Jahrhunderts, war Thessaloníki wie alle anderen römischen Provinzen Opfer furchtbarer Christenverfolgungen, die das ganze Imperium erschütterten. Andererseits kann die Stadt für sich den Ruhm in Anspruch nehmen, daß das Christentum hier seinen Anfang nahm, bevor es im Römischen Reich anerkannt wurde. Das Toleranzedikt von Thessaloníki aus dem Jahre 261 von Kaiser Gallenius (260 – 268) erlaubte es den Christen, Gottesdienste abzuhalten und Friedhöfe anzulegen, ferner wurde die ›Belästigung‹ von Christen unter Strafe gestellt. Diesem Edikt folgt jenes von Galerius in Nikomedia im Jahre 311 und das von Kaiser Konstantin dem Großen (324 – 337) und seinem Mitregenten Licinius (308 – 324) im Jahre 313 in Mailand. Dann erst, nach schwersten innenpolitischen Auseinandersetzungen, die mehr als sechs Jahrzehnte andauerten, war die entscheidende staatliche Anerkennung des Christentums gewährleistet.

Bleiben wir noch kurz beim Kapitel »Christenverfolgungen«: In Thessaloníki lebte der aus vornehmem Hause stammende, um 285 v. Chr. geborene Dimítrios. Er war ein hochdekorierter und tatkräftiger Offizier in den Armeen der beiden Kaiser Diokletian und Galerius. Nachdem Kaiser Diokletian am 23. Februar 303 seinen Befehl erlassen hatte, alle Christen zu verfolgen, nahm wohl zunächst auch Dimítrios an den blutigen Greueltaten teil. Doch nach einiger Zeit regte sich sein Gewissen, und er stellte die bestehenden Machtverhältnisse immer mehr in Frage. Fortan nahm er sich der Sache der Christen an und ließ sich taufen. Zur Strafe wurde der einst so geschätzte Offizier in den Thermenanlagen der Stadt gefangengehalten, wo er dann den Tod durch die Lanzen der Schächer fand. Zunächst errichtete ihm die Bevölkerung nur eine kleine Kapelle am Ort seines Martyriums. Doch bereits im 5. Jahrhundert erhielt der nun heiliggesprochene Dimítrios an gleicher Stelle eine fünfschiffige Basilika, die zu den größten der byzantinischen Welt zählt. Mehrfach zerstört und wiederaufgebaut, wurde die **Ájios-Dimítrios-Kirche** zum religiösen Zentrum der Stadt, was sie bis heute geblieben ist. Alljährlich wird hier am

26. Oktober das Fest des Heiligen mit großen Veranstaltungen und innerer Anteilnahme gefeiert. Am Vorabend bildet eine prunkvolle Prozession, die vom Ort des Martyriums in die heutige Bischofskirche führt, den Höhepunkt der Verehrung.

Von der einst prächtigen Mosaikenausstattung sind nur noch wenige Werke erhalten. An einem der nördlichen Pfeiler, unmittelbar vor dem Altar, ist der Heilige als Schutzpatron der Stadt zusammen mit kirchlichen und weltlichen Würdenträgern sowie als Schutzpatron der Kinder dargestellt. Es sind Werke aus der Mitte des 7. Jahrhunderts, die eine neue Richtung innerhalb der byzantinischen Kunst andeuten: Nicht mehr das erzählende ikonographische Programm, sondern das Einzelbild – gleichsam die Ikone – steht im Mittelpunkt der Verehrung. Die Kompositionen sind abstrakt und geometrisch, Vertikalen bestimmen das Bild. Die großen, schlanken Gestalten besitzen kleine, strenge, fast maskenhafte Gesichter, die im gleichmäßigen Wechsel von Licht und Schatten modelliert sind.

Die letzte große Zerstörung erlebte die Ájios-Dimítrios-Basilika beim Stadtbrand vom 15. August 1917, als sie fast bis auf die Grundmauern vernichtet wurde. Dieser furchtbaren Feuerkatastrophe fiel die gesamte südliche Altstadt, und damit mehr als die Hälfte von Thessaloníki, zum Opfer. Noch im selben Jahr begann man mit dem Wiederaufbau, der sich über einen langen Zeitraum hinzog. Das Areal der abgebrannten Altstadt wurde nun mit einem rechtwinkligen Straßennetz überzogen, das Thessaloníki in eine ›Rasterstadt‹ verwandelte. Auf den ersten Gottesdienst in der wiederaufgebauten Ájios-Dimítrios-Basilika aber mußte die Bevölkerung lange warten: bis zum 26. Oktober 1949. Architekturhistoriker waren bemüht gewesen, das Gebäude nach historischen Vorlagen im alten Glanz wiedererstehen zu lassen. 1978 erhielt man ein wertvolles Geschenk aus Italien: Die Gemeinde der Kirche des Ortes San Lorenzo in Campo überließ den griechischen Glaubensbrüdern die Reliquie des heiligen Dimítrios, die heute in einem silbernen Sarkophag in der Kirche aufbewahrt wird.

Thessaloníki hat zwei Gesichter: zum einen hoch oben im Norden das sogenannte **Kastro** mit seiner dörflichen Altstadt sowie die **Oberstadt** mit ihrer historischen Bebauung, zum anderen im Süden das neue Thessaloníki aus dem ersten Drittel des 20. Jahrhunderts mit seinen eleganten neoklassizistischen Häusern. Dazwischen, dort, wo der Zweite Weltkrieg tiefe Wunden geschlagen hat, konnte postmoderne Architektur die Baulücken inzwischen

schließen. Alle drei Gebiete haben jedoch eines gemeinsam: Byzanz. Nicht einmal Istanbul, das alte Konstantinopel, hat eine solche Fülle an qualitätvollen Denkmälern, welche die Entwicklung der Kunst und Architektur von der frühchristlichen Zeit bis zur nachbyzantinischen Epoche (nach 1453) so eindrucksvoll schildern. Die Bedeutung des byzantinischen Thessaloníki beschreibt Nikos Nikonanos so: »Es wurde behauptet, wenn alle byzantinischen Denkmäler zerstört würden und nur die erhalten blieben, die sich in Thessaloniki befinden, dann – wenn diese hypothetische Katastrophe stattfände – könnte der wohlgesonnene Forscher allein aufgrund der Denkmäler Thessalonikis ein relativ vollständiges Bild der byzantinischen Kunst zeichnen. Es handelt sich natürlich um ein Urteil mit eindeutig lobender Tendenz; doch ist es nicht völlig übertrieben, wenn man bedenkt, daß Thessaloniki vom 4. Jh. n. Chr. bis zur Eroberung im 15. Jh. eine ununterbrochene Reihe von Denkmälern bewahrt hat, die die Stadt zu einem geeigneten Studienort der byzantinischen Kunst und byzantinischen Kultur im allgemeinen machen. Die ältesten, aber unbekannteren Werke sind die Wandmalereien der frühchristlichen Gräber, die die Ausgrabungsarbeiten außerhalb der östlichen und westlichen Stadtmauern der byzantinischen Stadt immer wieder ans Licht bringen. Es handelt sich um spontane und volkstümliche Arbeiten, die in Beziehung zu den gleichzeitigen Wandmalereien in den römischen Katakomben stehen. In ihrer Thematik herrscht die Vorstellung der Rettung nach dem Tode im Paradies vor.«
(Nikonanos, in: Eideneier (Hrsg.), *Thessaloniki. Bilder einer Stadt*, Romiosini-Verlag Köln 1992, S. 100)

Im Kastro und in der Oberstadt lohnt es sich, auf Entdeckungstour zu gehen. An der byzantinischen Stadtmauer findet man Inschriften ehemaliger Herrscher oder antike Spolien, steinerne Fragmente von Skulpturen oder Bauten. Gassen und Plätze bilden Oasen der Ruhe, wo Einheimische unter schattigen Bäumen sitzen und Kaffee und Ouzo im Kafeneion trinken. Ganz unverhofft kann auch der Fremde plötzlich ein herzhaftes »Éla! Kátse!« (Komm her! Setz Dich!) vernehmen. Und schon fangen die Alten an zu plaudern und ihre Geschichten zu erzählen.

Oder man hört ein zartes Glockengeläut. So leise und sanft, daß die Richtung, aus der es kommt, kaum auszumachen ist. Der Blick schweift dann über die vielgliedrige Dächerlandschaft der Oberstadt bis hinunter zur Küstenstraße der Südstadt, der Promenade von Thessaloníki. Dann gehen wir von der Oberstadt über eine enge Treppenstraße zu einem wunderbaren Garten.

Freundliche Menschen laden hier ein, reichen Brot und Kaffee. An der Terrassenmauer, im Schatten eines Glockenstuhls, sitzen ein paar plaudernde Gäste, unter ihnen ein Priester. Allmählich erst wird dem Fremden bewußt, daß der liebevoll angelegte Garten in Wirklichkeit ein Kirchplatz und das ganz bescheidene Haus mit seiner einfachen Balustrade eine kleine Kirche ist. Efmorphía Kustsumbélia, die liebenswürdige Alte, ist die ›Gastgeberin‹ der Gemeinde und Hüterin dieses einzigartigen Kleinods. Für sie ist das Gemäuer die »Wohnung Gottes«, die sie nie verlassen wird: »Hier bin ich geboren«, erzählt sie, »hier wurde ich getauft, hier lebe ich seit Jahrzehnten, hier werde ich auch sterben!«

Wir stehen vor der **Ósios-David-Kirche**! In der Apsis der kleinen Kreuzkuppelkirche, deren Kuppel leider eingestürzt ist, befinden sich die ältesten und bedeutendsten Mosaiken spätantik-frühchristlicher Kunst aus dem Ende des 5. Jahrhunderts, also aus jener Zeit, als man dem heiligen Dimítrios eine erste Kapelle errichtete.

Die Christusdarstellung in der Apsis zeigt frühe, tastende Versuche einer eigenständigen christlichen Kunst. Das klassische Schönheitsideal ist hier bereits überwunden, spätantike Reminiszenzen sind hingegen noch deutlich spürbar. Nicht das würdevolle, vergeistigte Antlitz eines segnenden Christus blickt hier dem Betrachter nach altbekannter abendländischer Tradition entgegen. Vielmehr erscheint der Erlöser in der Ósios-David-Kirche jugendlich und bartlos, wie ein siegreicher römischer Imperator, der seine rechte Hand zum Gruß – nicht zum Segen – ausstreckt. Gleich einer »Maiestas Domini« thront er auf einem dreifarbigen Regenbogen, der die Dreifaltigkeit symbolisiert. Umgeben ist der Gottessohn von einem Lichterkranz, eingeschrieben in eine Gloriole, die von den vier Evangelisten getragen wird. Matthäus, dargestellt als Engel, steht für das menschengesichtige Wesen, Lukas als Stier für das Opfer, Markus als Löwe für die Auferstehung und Johannes als Adler für die Himmelfahrt. Links und rechts erkennt man die Propheten Ezechiel und Habakuk und zu Füßen des Herrn einen Fluß mit Fischen und einer heidnischen Gottheit, die beide den Sieg des Christentums über die heidnische Götterwelt symbolisieren.

Byzantinische Wurzeln wie in diesem frühchristlichen Kirchlein findet man überall in Thessaloníki. Besonders augenfällig aber sind die mächtigen Stadtmauern aus byzantinischer Zeit, die das Kastro und die Oberstadt umschließen. Eine außergewöhnliche Faszination üben die modernen Kunstwerke außerhalb des östlichen Befestigungsringes aus, die als Beleg für eine Kontinuität künstlerischer Formen von der Spätantike bis in unsere Gegenwart gelten können. Dem aus Thessaloníki stammenden unbekannten Bildhauer ist es gelungen, Rom, Byzanz und das 20. Jahrhundert in seinem Œuvre zu vereinen: Da stehen römische Feldzeichen auf hohen Bronzestangen wie Siegesmale vor der byzantinischen Stadtmauer. Sie tragen christliche Symbole und lassen an eine moderne Umdeutung der Ikone denken.

Ein anderer Künstler namens Jeórjios Kazanzís, 1956 in Kalamariá geboren, beschäftigt sich mit byzantinischer Musik. Sein Kinderlied »Heiliger Dimítrios«, nach sakral-byzantinischem Vorbild intoniert, ist heute in aller Munde. Aus einer ganz anderen Welt kommt Apóstolos Kilessópulos, der 1942 in Thessaloníki geboren wurde. Seine Welt ist der Kosmos, den er in zahllosen Farbvariationen abzubilden versucht. Sein monumentales Wandgemälde an der Fassade der Universitätsaula fand internationale Beachtung. Kilessópulos hat sich darüber hinaus als Architekt, Bühnenbildner und Regisseur einen Namen gemacht. 1994 gestaltete er das Bühnenbild für die Aufführung von Mozarts »Figaros Hochzeit« in Thessaloníki, für die er auch die Regie übernahm. Äußerst erstaunlich und erfreulich ist, daß bei solchen Opernveranstaltungen im Nationaltheater mehr als die Hälfte der Zuschauer junge Menschen sind!

Nicht weit vom Nationaltheater entfernt hat die Jugend ihre ›Spielwiese‹ gefunden: die Uferpromenade, die über zahlreiche Diskotheken verfügt, moderne Tanzschuppen, die jeden Tag zwanzig Stunden lang geöffnet sind. Über mangelnden Zulauf brauchen sie sich nicht zu beklagen. Doch die jungen Leute suchen in Thessaloníki nicht nur Kontakt und Zerstreuung, sie stellen auch Beachtliches auf die Beine, wie beispielsweise die Gruppe »Mylos«, eine Initiative von Jugendlichen, der die Stadt 1986 im Hafengebiet ein 5000 Quadratmeter großes Industriegelände überließ.

Mylos (= Mühle) wurde 1924 von der Familie Chadzyiannákis als Industriemühle gebaut und genutzt. Die jungen Leute verwandelten die Stätte in ein Freilichtmuseum für Industriearchitektur und in ein multikulturelles Zentrum für Theater- und Musikaufführungen, Galerien, Tavernen und Restaurants. Es gibt – so scheint es – in ganz Griechenland derzeit keinen attraktiveren Freizeitort als Mylos. Auch hier verkehren überwiegend junge Menschen. Man sieht sie heiter und ausgelassen, hört sie manchmal aber auch ernsthaft diskutieren, wobei immer wieder das Thema »Makedonien«, verbunden mit dem sagenhaften Goldschatz König Philipps II. (s. S. 296), des Vaters von Alexander dem Großen, leidenschaftlich erörtert wird.

In der Tat, in Thessaloníki gewesen zu sein, ohne im Archäologischen Museum den Goldschatz besucht zu haben, das heißt, nicht in Makedoniens Hauptstadt gewesen zu sein. Die Jugend von Thessaloníki wächst wie selbstverständlich mit diesem großen Erbe auf. Wie immer sie damit umgehen mag, sie ist es, die das Leben heute hier gestaltet. Von ihrem Beitrag hängt die politische Zukunft der alten jungen Stadt ab.

ΟΛΥΜΠΙΟΝ
ΟΛΥΜΠΙΟΝ
ASSOS ODEON
P

Heineken
Heineken
Heineken
Heineken

ΔΗΜΗΤΡΙΑ

MOZART
LE NOZZE DI FIGARO
ΟΙ ΓΑΜΟΙ ΤΟΥ ΦΙΓΚΑΡΟ

ΕΒΓΑ
για καλό
παγωτό!

10. Folge: Thessaloníki

S.275: Aristoteles(Aristotélus)-Platz, das Zentrum von Thessaloníki

S.276: Moderne Votivkunstwerke vor der byzantinischen Stadtmauer im Osten

S.277: Georgsrotunde

S.278: Reliefdetails vom Galeriusbogen

S.279: Altstadtszenen

S.280: Frühchristliches Apsismosaik (spätes 5. Jh.) in der Ósios-David-Kirche – u: Gläubige nach dem Gottesdienst im Garten der Kirche

S.281: Die nach dem Stadtbrand vom 15. August 1917 rekonstruierte Ájios-Dimítrios-Bischofsbasilika

S.282: Thessaloníki ist eine junge, lebendige Stadt: Einkaufszentrum am Aristoteles-Platz

S.283: Diskotheken und Kaffeehäuser an der Uferpromenade

S.284: An der Uferpromenade: Architektur des Wiederaufbaus nach dem Brand von 1917

S.285: Einladung zu den Dímitra-Festspielen, die alljährlich in Thessaloníki veranstaltet werden

S.286: Bühnenbild zur Aufführung von Mozarts »Die Hochzeit des Figaro« im Jahr 1994 von Aléxandros Kilessópulos

S.287: Goldlarnax (350 – 336 v. Chr.), in dem die Knochen des verbrannten makedonischen Königs Philipp II. (359 – 336 v. Chr.) aufbewahrt wurden – u: Goldmedaille (um 250 n. Chr.) mit dem Porträt Olympias, der Gemahlin Philipps II., und Europa(?) auf dem Stier, geprägt zu Ehren Alexanders d. Gr. anläßlich »olympischer Spiele« in Makedonien (Archäologisches Museum Thessaloníki)

S.288: Der Weiße Turm, das Wahrzeichen der Stadt Thessaloníki

11. Folge

Makedonien

Chalkidhikí und Athos

Alexander der Große (356 – 323 v. Chr.) und 333 – die Schlacht bei Issos, Philipp II. (359 – 336 v. Chr.) und Aristoteles (384 – 322 v. Chr.) – das sind Namen und Ereignisse, die an die große Geschichte der Makedonen, der »Griechen des Nordens«, wie man sie auch nennt, erinnern. Unter Alexander dem Großen, einem der begnadetsten Politiker und Strategen der Weltgeschichte, der den Stern als Symbol seiner makedonischen Dynastie in die Welt getragen hat, erlebte Griechenland seine größte Machtentfaltung. Auf seinen Feldzügen nach Arabien, Persien und Indien gründete er mehr als siebzig Städte, von denen einige noch heute seinen Namen tragen. Oft ließ er griechische Kolonisten dort ansiedeln, die dann griechische Kultur und Lebensart in den fremden Ländern verbreiteten. Bei all seinen Taten folgte er einer göttlichen Mission – ohne sich dabei jedoch als Gott zu fühlen. Andere haben ihn zu seinen Lebzeiten als Gott verehrt. Alexander suchte eine Politik der Versöhnung und des Ausgleichs, wofür auch die berühmten Masseneheschließungen zwischen tausend griechischen Offizieren und tausend Perserinnen um 330 v. Chr. in Susa sprechen. Er hatte die Vision einer kosmopoliten Welt, einer Welt, in der Gleiche unter Gleichen leben, Toleranz und Brüderlichkeit vorherrschen. Ein wichtiger Faktor seiner Politik war das Akzeptieren frem-

der Götter. So lag es ihm fern, eroberten Völkern das griechische Pantheon aufzuzwingen. Durch seinen plötzlichen Tod im Alter von nur 33 Jahren konnten die großen Hoffnungen der Völker nicht mehr erfüllt werden. Der geschichtliche Alexander wurde von heute auf morgen in Mythen gekleidet. »Das Volksbuch über Alexander«, im ausgehenden 17. Jahrhundert verfaßt von dem Griechen Nikólaos Glykys, liegt in Vers- und Prosaform in insgesamt 57 Auflagen vor und zeigt, daß die Person Alexander die Wünsche und Träume der Griechen verkörperte.

Vor diesem Hintergrund kann man gut nachvollziehen, daß die griechische Bevölkerung 1977 die sensationelle Entdeckung des Goldschatzes von Philipp II., dem Vater Alexanders des Großen, mit Begeisterung und Enthusiasmus verfolgte. Seit Schliemanns Ausgrabung in Mykene (s. S. 93) vor mehr als hundert Jahren war dies der größte und historisch bedeutendste Goldfund, der je gemacht worden ist. Sein Entdecker, der 1992 verstorbene Archäologe Manóli Andrónikos, zugleich Nestor der internationalen Makedonienforschung, hat seit 1940 grundlegende Forschungsarbeit zu diesem Thema geleistet. Die Öffnung des Tumulus-Grabes von Philipp II. gehört zu den Sternstunden der Archäologie! Seither konnte der Goldschatz in vielen Ländern der Welt bewundert werden, unter anderem vom 11. März bis 19. Juni 1994 in der Ausstellung »Makedonen, die Griechen des Nordens« in Hannover.

Plötzlich war die Geschichte der Makedonen aufgrund der Funde auch faßbar. Nach Hesiod (um 700 v. Chr.) und Herodot (um 484 – etwa 425 v. Chr.) waren die Makedonen ein griechischer Stamm der Dorer und sprachen einen eigenen griechischen Dialekt. Im Zentrum Makedoniens, auf dem höchsten Berg des Landes, dem Olymp, hatten der Mythologie zufolge die zwölf unsterblichen Götter des Pantheon ihre Residenz – so glaubten es zumindest die Menschen der Antike. Das Herrschaftssymbol der makedonischen Dynastie war der Sonnenstern mit bis zu sechzehn Strahlen, ein Motiv, mit dem viele der prachtvollen Goldfunde im Grab Philipps II. geschmückt waren. Heute ist er das Wappen des modernen Makedonien.

Doch auch andere nehmen dieses altgriechische Nationalsymbol unberechtigt für sich in Anspruch, so die von der Europäischen Union noch nicht anerkannte »Republik Skopje«, die frühere jugoslawische Teilrepublik Makedonien. Griechenland und die Europäische Union haben heftig gegen dieses Plagiat von seiten der Republik Skopje reagiert, die den Sonnenstern der griechischen Dynastie der Makedonen nicht nur gleichsam als Staatswappen in ihrer Fahne führt, sondern damit auch seit 1993 die Auto-Kennzeichen der Stadt Skopje schmückt.

Der geographische Raum Makedonien verteilt sich auf vier Staaten, wobei Griechenland mit ungefähr 51 Prozent den größten Anteil hat, gefolgt vom ehemaligen Jugoslawien mit etwa 38 Prozent, Bulgarien mit 9 und Albanien mit 1 Prozent. Das Vorgehen der Republik Skopje zielt auf territoriale Expansion ab, eine Intention, die eindeutig aus der Präambel ihrer Verfassung hervorgeht. Darin bezieht sich Skopje auf die Beschlüsse der »Antifaschistischen Volksbefreiungsversammlung« von 1944, die klar und deutlich eine Ausdehnung ihres Gebiets auf Griechenland, Bulgarien und Albanien postuliert. In den Artikeln 3.68 und 74 der Verfassung heißt es sogar, daß das Parlament in Skopje »über die Veränderung der Grenzen« entscheiden darf. Eindeutiger können Expansionsgelüste nicht formuliert werden. Nicht ohne Grund bildet die Republik Skopje auf ihrem Ein-Denar-Schein (der jedoch nie in Umlauf gebracht wurde) das Wahrzeichen der Stadt Thessaloníki ab, was berechtigte Ängste vor einem zweiten gefährlichen Krisenherd auf dem Balkan erzeugt. Den Gipfel der Dreistigkeit dokumentiert eine in Skopje herausgegebene Karte von »Groß-Makedonien«, von deren Inhalt sich die politisch Verantwortlichen bis heute nicht distanziert haben. Die Karte vereint alle vier geographischen Teilräume zu einem »Groß-Makedonien« mit der Hauptstadt Thessaloníki ...!

Griechenland und die Europäische Union wollen der Republik Skopje nicht ihr Existenzrecht absprechen, sondern es geht darum, daß der geographische Begriff Makedonien nicht mit politischen Grenzen gleichgesetzt, sondern das Hauptaugenmerk auf die ethnische Struktur gerichtet wird: Denn in der Republik Skopje leben Slawen und keine Griechen. Slawische Stämme sind erst seit dem Ende des 6./7. Jahrhunderts n. Chr. in Makedonien vereinzelt nachweisbar, wo sie Siedlungen gründeten und im Laufe der Jahrhunderte gräzisiert wurden. Erst unter der Osmanischen Herrschaft in Griechenland wurde der Anteil der slawischen Bevölkerung besonders ab dem 17. Jahrhundert immer größer. Mit der »Statistik des Völkerbundes« aus dem Jahre 1926 läßt sich der Bevölkerungsanteil im gesamten makedonischen Raum eindeutig belegen: 1341 000 Griechen (= 88 Prozent), 91 000 Juden und andere Minderheiten (= 6 Prozent), 77 000 Slawen (Serben und Bulgaren = 5,1 Prozent) und 2 000 Türken (= 0,1 Prozent). Zu dieser Zeit hieß die Region um Skopje noch »Vardar Banovina«. Erst mit der Gründung Jugoslawiens durch Tito im Jahre 1945 entstand die Teilrepublik »Makedonien« mit ihrer Hauptstadt Skopje. Einen Staat Makedonien im modernen Sinn gab es noch nie! Doch Skopje will mit Mitteln der Geschichtsfälschung, im Rückgriff auf Aristoteles und Alexander den Großen sowie die byzantinischen Slawenapostel Kyrillos (gest. 869) und Methodios (gest. 885), die ja alle Griechen waren, aus ihnen Ahnen einer »Slawo-Makedonischen Nation« machen.

Die Republik Skopje ist gegenwärtig völkerrechtlich nicht anerkannt. Die Außenminister der Europäischen Gemeinschaft beschlossen auf ihrer Sitzung vom 2. Mai 1991 in Guimaraes/Portugal, daß Skopje »innerhalb der bestehenden Grenzen [und mit] einem für alle interessierten Seiten annehmbaren Namen« als Republik anerkannt werden könne. Die Regierungschefs verschärften diese Forderung auf ihrem Lissaboner Gipfeltreffen am 27. Mai 1992 noch und stellten klar, daß im Namen der Republik nicht der Terminus »Makedonien« enthalten sein dürfe. Eine politische Lösung wurde bis heute nicht gefunden. Beim Abfassen der 1991 von der Europäischen Gemeinschaft an Skopje erteilten »Unbedenklichkeitsbescheinigung« für die völkerrechtliche Anerkennung hätte man wissen müssen, daß Griechenland den Staatsnamen »Makedonien« nie akzeptieren kann!

Makedonien ist für Griechenland eben mehr als nur ein geographischer Begriff, es bedeutet ein Stück kultureller Identität und in Verbindung mit der makedonischen Dynastie lebendige Geschichte. Denn mit der Entdeckung des Grabes von Philipp II. bei **Vergina** konnte nachgewiesen werden, daß der nahe der Nekropole gelegene Königspalast und die dazugehörige antike Stadt mit der uralten makedonischen Hauptstadt **Aigai** identisch sind. Hypothesen und Spekulationen darüber gab es viele. Den archäologischen Beweis lieferte aber erst das 1977 von Andrónikos entdeckte Grab. Denn aus antiken Quellen wußte man, daß der makedonische König traditionell immer in der Hauptstadt Aigai bestattet wurde. Also war klar, daß dort, wo sich die Königsgräber befinden, auch die alte Hauptstadt zu suchen ist und umgekehrt. Stadt und Palast bei Vergina wurden seit 1938 systematisch ausgegraben, ohne jedoch ihre Identität zu kennen. Dabei legte man auch eine Nekropole frei, von der man aber erst seit den Grabungsergebnissen von 1977 weiß, daß es sich um die Philipps II. handelt. Der König wurde in Aigai bestattet, obwohl bereits seit etwa 400 v. Chr. Pélla (s. S. 297) die neue Hauptstadt Makedoniens war, von der aus der König seine Staatsgeschäfte lenkte. Auf dem Höhepunkt seiner Macht, als fast alle Griechen auf dem ersten Panhellenischen Kongreß in Korinth (337 v. Chr.) Makedonien die politische Führungsrolle in Griechenland zugesprochen hatten, und Philipp II. den panhellenischen Feldzug gegen die Perser leiten sollte, ausgerechnet in diesem Augenblick, 336 v. Chr., wurde der ruhmreiche König im Theater von Aigai ermordet.

Seine letzte Ruhe fand er in einem Kammergrab unter einem großen Tumulus (»Megáli Túmba«) von etwa 110 Meter Durchmesser und 12 Meter Höhe. Insgesamt entdeckte man unter dem kegelförmigen Berg zwei unberührte Kammergräber und je ein geplündertes Kammer- und Kistengrab. Während der Blütezeit der makedonischen Dynastie ab Mitte des 4. Jahrhunderts bis in die 1. Hälfte des 2. Jahrhunderts v. Chr. bestatteten die griechischen Makedonen ihre Verstorbenen vorwiegend in Kammergräbern. Bisher wurden etwa achtzig davon in Makedonien freigelegt. Kammergräber sind unterirdische Grabbauten mit einem oder zwei Räumen, die meist von Tonnengewölben überspannt sind. Tempelartige dorische Fassaden mit farbigem Stuck und Malereien am Architrav und in den Metopenfeldern schmücken die Eingangsseite, zu der ein korridorähnlicher Zugang (Dromos) führt. Die Grabstätte Philipps II., das Kammergrab II, besteht aus zwei Räumen. In beiden entdeckte man einen kleinen Sarkophag (Osarium) aus Marmor, in dem sich jeweils ein reich geschmücktes Behältnis aus purem Gold befand: Das in der Grabkammer barg die gewaschenen Knochenreste des verbrannten Königs und das im Vorraum die einer jungen Frau. Alle Gebeine waren in kostbares Goldpurpur-Gewebe gehüllt. Gold-, Silber- und Bronzegefäße, Waffen sowie Schmuck von erlesener Schönheit und hoher künstlerischer Qualität bilden den sensationellen Schatz von Vergina/Aigai. Ebenso außergewöhnlich und phänomenal sind die Wandgemälde, auf die man hier stieß: Es handelt sich bei ihnen um die einzigen erhaltenen Monumentalmalereien der griechischen Antike. Besonders jene Malereien in dem kleinen geplünderten Kammergrab der Tumulusanlage riefen unter den Entdeckern wahre Begeisterungsstürme hervor. Sie zeigen das mythologische Thema »Pluto raubt Persephone«. Überraschend bei dieser szenischen Komposition ist die Tatsache, daß der Künstler die Regeln der Perspektive beherrschte, nur mit den Farben Violett, Rot, Kastanienbraun und Gelb arbeitete und dabei eine verblüffende Lebendigkeit und Dramatik erzielte. Das Werk gehört dem 4. Jahrhundert v. Chr. an und ist nach Meinung von Andrónikos möglicherweise eine Arbeit des berühmten Malers Nikomachos, der bei den antiken Autoren als der bedeutendste seines Jahrhunderts galt.

Wie wir hörten, ist Philipp II. nach alter Tradition in Aigai begraben worden; seine Residenz befand sich hingegen in der neuen makedonischen Hauptstadt, in **Pélla**, einer Gründung von König Archelaos (413 – 399 v. Chr.). Wegen ihrer Lage in der Ebene südlich des Païko-Gebirges und nahe der Küste, die damals noch einen anderen Verlauf nahm und bis Pélla eine tiefe Bucht mit zum Teil sumpfigem Gelände bildete, gab der König Pélla den Vorzug gegenüber Aigai, das weit im Hinterland lag. Pélla war von der Mitte des 4. Jahrhunderts bis 168 v. Chr. – dem Sieg der Römer über den letzten makedonischen König Perseus (179 – 168 v. Chr.) in der Schlacht bei Pydna (nahe Kateríni) – politisches, wirtschaftliches und kulturelles Zentrum ganz Griechenlands. Philipp II. und Alexander der Große wurden hier geboren, regierten nacheinander in einem prunkvollen Palast. Dieser sah große Persönlichkeiten wie Aristoteles, der von 343 – 335 v. Chr. Privatlehrer Alexanders des Großen war. Heute ist von der Pracht und dem Reichtum des Palastes und der Stadt nichts mehr zu sehen. Nur der Goldschatz Philipps II. läßt erahnen, welch ein Glanz Pélla einst erfüllt haben muß. Kaum vorstellbar, man würde hier, in dem ehemaligen Sumpfgebiet, eines Tages auch das Grab Alexanders des Großen finden – nicht auszudenken, welch kostbare Grabbeigaben aus Persien und Indien sich darin verbergen könnten...! Die Ebene von Pélla ist unattraktiv und trostlos. Das archäologische Gelände zeigt nichts Spektakuläres, nur spärliche Spuren der einst rechtwinklig angelegten Wohnstadt und einige Grundmauern des Palastes. Mitten durch das Grabungsgelände rasen heute

LKW-Schwertransporter über die West-Ost-Hauptverbindung von Thessaloníki nach Édessa, die antike Trasse der Via Egnatía.

Ein kleines Juwel hingegen ist das Museum von Pélla. Die Sammlungen sind vorbildlich präsentiert. Zu den wertvollsten Funden zählen die Fußbodenmosaike aus der Zeit um 300 v. Chr. Sie wurden teilweise im Freien, in situ, belassen und bestehen ausnahmslos aus Naturkieselsteinen. Die Umrisse von Körper und Augen der dargestellten Personen sind mit dünnen Blei- oder Tonscherben gezogen. Die rekonstruierte, zweigeschossige und fünf Meter hohe Fassade eines Wohnhauses im Museum zeigt bereits zweihundert Jahre vor dem sogenannten »pompeianischen Stil« eine Architekturmalerei, die eine verblüffende Ähnlichkeit mit jener von Pompei hat.

Bereits 315 v. Chr. gründete der makedonische König Kassandros (s. S. 268) Thessaloníki als neue Metropole seines Reiches und zwar besonders wegen des Naturhafens. Pélla verlor deshalb aber nicht an Bedeutung, sondern wurde erst Anfang des 1. Jahrhunderts v. Chr. nach einem Erdbeben verlassen. Thessaloníki hingegen entwickelte sich zur bedeutendsten byzantinischen Metropole und hatte nach Konstantinopel den Rang der zweitwichtigsten Stadt im Byzantinischen Reich inne.

Neben Thessaloníki gab es auch andere byzantinische Zentren in Makedonien. Sie waren zwar alle weitaus kleiner, aber für die Entwicklung in der jeweiligen Region entscheidend. Das besterhaltene und schönste Beispiel dafür in ganz Griechenland ist **Kastoriá** am gleichnamigen See, im Westen von Makedonien, nahe der albanischen Grenze gelegen. Die Stadt breitet sich malerisch gleich einem Amphitheater auf einer Halbinsel im See aus und ist nur über eine schmale Landbrücke mit dem Festland verbunden. Die Ursprünge des Ortes reichen sehr weit zurück. So konnten für das Neolithikum, für die Zeit um 2000 v. Chr., Pfahlbauten nachgewiesen werden. Seine Blütezeit erlebte Kastoriá erst nach seiner Neugründung durch Kaiser Justinian (527–565). Auch die fast 500jährige Herrschaft der Osmanen, die erst 1912 endete, konnte das byzantinische Erbe hier nicht auslöschen. Mehr als siebzig Kirchen – bei rund 30 000 Einwohnern! – aus der Zeit vom 9. bis zum 19. Jahrhundert haben sich in der Stadt erhalten. Viele zeigen ganz überraschende, eigenwillige Bauformen: extrem hohe Tambourkuppeln gehen eine Verbindung mit Tonnengewölben ein, hochgezogene Längstonnen mit niedrigeren Narthexgewölben. Weitere Verschmelzungen und Übersteigerungen traditioneller Baukörper gehörten zum Repertoire der Baumeister. Und dann die

Gestaltung des Inneren: Nahezu jeder Sakralraum gleicht einem Museum für byzantinische Fresken, von denen einige von hohem künstlerischen Wert sind und in der byzantinischen Kunst Maßstäbe gesetzt haben.

Die landschaftlich reizvolle Lage und die historische Bausubstanz von Kastoriá sind einzigartig in Griechenland. Die Stadt lädt förmlich zu einem längeren Aufenthalt ein, zumal man von hier aus auch wunderschöne Ausflüge in die noch unberührte Landschaft, in ein noch unbekanntes Griechenland unternehmen kann. Die Wirtschaft der Stadt steht heute jedoch vor einem großen Dilemma. Kastoriá, das in Frankfurt/Main seine Zentrale und Drehscheibe für den Pelzhandel hat, gilt als europäisches Zentrum der Pelzverarbeitung. Neunzig Prozent der Bevölkerung leben von diesem Gewerbe. Doch die in der ganzen Welt scharf kontrollierte Einhaltung des Artenschutzes hat den Nachschub an Rohpelzen aus Kanada, Australien und Skandinavien erschwert, und auch die Käufer von Pelzmänteln und anderen Pelzprodukten werden immer weniger. An eine Umstellung der Wirtschaft will man in Kastoría jedoch nicht denken, sucht nicht nach Alternativen. – Ein anderes Problem betrifft den See. Nach wie vor werden in ihn bedenkenlos ungeklärte Abwasser geleitet, so daß man befürchten muß, er werde bald biologisch umkippen und das Umland von Kastoriá in eine ökologische Katastrophe führen.

Fern jeder Hektik liegt etwa sechzig Kilometer nördlich von Kastoría mitten im Dreiländereck Griechenland-Albanien-Skopje die **Prespá-Seenplatte**: im Norden der Megáli-Prespá-See, an dem alle drei Länder Anteil haben, südlich davon der Mikrí-Prespá-See, von dem nur der kleine südwestliche Zipfel nach Albanien hineinreicht. Beide sind auf über 1100 Meter Höhe zwischen gewaltigen Bergmassiven mit teilweise über 2000 Meter hohen Gipfeln eingebettet. Östlich des Großen Prespá-Sees verläuft die Trasse der römischen Via Egnatía (s. S. 268), die durch die Republik Skopje und weiter bis zur albanischen Küste zum antiken Dyrrachion führt. Den griechischen Landschaftsraum der Prespá-Seen hat die Regierung in Athen zum Naturschutzgebiet erklärt. Hier steht der Mensch noch einer intakten Natur gegenüber, die ein Gefühl von Einsamkeit und Stille vermittelt, wie es dies anderswo in Griechenland kaum mehr gibt: Eine Bergwelt mit fischreichen Seen und fruchtbaren Tälern, artenreicher Flora und vereinzelt kleinen Weilern. Die Bevölkerung der Region ist wortkarg, teilweise verschlossen, aber doch gastfreundlich. **Psarádhes**, der einzige griechische Ort am Ufer des Megáli-Prespá-Sees, putzt sich mehr und mehr heraus, pflegt seine historische Bausubstanz und hofft auf ein paar Gäste, die hier ihren Urlaub verbringen. Für Reisende, die das »andere, unbekannte Griechenland« kennenlernen wollen, wäre diese Gegend eine gute Wahl. Denn neben der Möglichkeit zu wandern, gibt es in Ájios Jermanós, Platý und auf der Insel Ájios Achílios auch reizvolle Kirchen mit Fresken aus der spät- und nachbyzantinischen Epoche.

Einen starken Kontrast zur stillen Bergwelt von Prespá bildet die Ostküste des Festlandes und mit ihr die Provinzhauptstadt **Kateríni** mit 40 000 Einwohnern. Nordgriechenland, vor allem Makedonien, war seit 1960 die Region Griechenlands, aus der die meisten Arbeitssuchenden nach Deutschland kamen. Der Grund: Nordgriechenland zählte damals zu den wirtschaftlich unterentwickelten Regionen und wies eine sehr hohe Arbeitslosenquote auf. Tausende von Gastarbeitern kehrten seit den siebziger Jahren nach Kateríni zurück, brachten ihr erspartes Kapital und ihr erlerntes Wissen mit und halfen, die Stadt Kateríni allmählich zu erneuern. Doch bedauerlicherweise unterließ die griechische Regierung jegliche Reintegrationsmaßnahmen: etwa Beratungen für Heimkehrer, wie sie ihr Erspartes in produktiven Bereichen anlegen oder durch gezielte Investitionsanreize die Infrastruktur der Stadt verbessern könnten. Leider wurde allzuoft das sauer verdiente Geld in Caféhäuser, Bars, Tankstellen oder ähnliche Betriebe investiert, die nur wenig Zukunftschancen hatten. In Kateríni wurden beispielsweise binnen weniger Jahre allein 118 KFZ-Werkstätten eröffnet, von denen die meisten nicht überlebten. Wer heute – ohne diese Hintergründe zu kennen – durch die Fußgängerzone von Kateríni schlendert, stellt überraschend fest, daß die Auslagen der Geschäfte für Griechenland völlig untypisch sind. Hier erkennt man ein Stück Fremde – Deutschland –, das in die Heimat mitgebracht wurde.

Amfípolis, weit im Osten von Makedonien an der östlichen Verlängerung der Via Egnatía gelegen, ist ein treffendes Beispiel für die Kontinuität von griechischem Leben und griechischer Kultur. Beginnen wir bei seinen Ursprüngen, bei der antiken Stadt, die etwa fünf Kilometer landeinwärts auf einem Hügel liegt. Traurige Berühmtheit erlangte sie im Jahre 310 v. Chr., als Roxane, die persische Gemahlin Alexanders des Großen, und ihr Sohn Alexander IV. hier ermordet wurden.

Heute stößt man überall auf Reste von gepflasterten Straßen mit Kanalisationsleitungen, auf Stadtmauern aus klassischer und hellenistischer Zeit, auf Grundmauern von Tempeln und Wohnhäusern der antiken Stadt sowie auf vier frühchristliche Basiliken mit schönen Mosaiken.

Im nördlichen Bereich der Stadtmauer liegt das moderne Amfípolis. Heute leben dort unter anderem jene Griechen, die 1922 beim Bevölkerungsaustausch mit der Türkei vom Schwarzen Meer nach Ost-Makedonien und Thrakien gekommen waren – die sogenannten Pontos-Griechen. Sie sind Nachfahren der ionischen Griechen, die sich im 8. Jahrhundert v. Chr. an der Expedition gen Osten beteiligt hatten, dort mehr als neunzig Städte gründeten und knapp 3 000 Jahre dort aufhielten. Nach wie vor pflegen die Ponten ihre ursprüngliche Sprache, die altgriechische Wurzeln aufweist, doch ganz besonders ihre Pontos-Musik und -Tänze. Mehr als eine halbe Million Pontos-Griechen, Nachfahren der Argonauten oder Flüchtlinge aus der Türkei, leben an der russischen Schwarzmeerküste. Auch ihnen hat die griechische Regierung ihr »Heimatrecht« zugesprochen.

Die letzte Station unserer Reise soll uns zur Halbinsel **Chalkidhikí** südöstlich von Thessaloníki führen. Sie besitzt eine leicht gebirgige Landschaft mit fruchtbaren Ebenen und Tälern sowie bewaldeten Höhenzügen von bis zu 700 Metern und Gipfeln von mehr als 1200 Metern. Die Gewinnung von Baumwolle und die Kultivierung von Obstbäumen gehören hier wie im übrigen Makedonien zu den Haupterwerbszweigen. Seit etwa zwei Jahrzehnten gewinnt der Tourismus in dieser nordgriechischen Region immer mehr an Bedeutung. Auf der westlichen Halbinsel Kassándra und der mittleren Halbinsel Sithonía sind attraktive Ferienzentren entstanden, die sich besonders für Familien mit Kindern sowie für Aktivurlauber eignen. Reiten und Fahrradfahren, Golf und Tennis, Wandern sowie alle möglichen Wassersportarten gehören zu den Freizeitangeboten vieler Hotels. Bislang wird die Chalkidhikí hauptsächlich von Griechen als Urlaubsparadies geschätzt, Touristen aus dem deutschsprachigen Raum nehmen das Angebot ›Nordgriechenland‹ nur zögernd an – vielleicht, weil sie letztlich doch auf der Suche nach dem klassischen Griechenland sind und sich ›Griechenland ohne Säulen‹ nur schlecht vorstellen können. Möglicherweise aber auch nur, weil sie eine zu vage Vorstellung von diesen Landschaftsräumen haben. Auch hier tauchen die Küsten des Lichts in das strahlend blaue Meer ein, auch hier wird die Landschaft von griechischer Sonne überschwemmt.

Wie in Thessaloníki und in Kastoriá ist auf der Chalkidhikí, besonders auf dem Mönchsberg Athos, die 1 000jährige Kulturtradition des byzantinischen Reiches lebendig geblieben. Ihr im Norden Griechenlands zu folgen, ist ein lohnendes und stets mit Überraschungen verbundenes Unternehmen. Auf dem Wege zum Athos gelangt man im Ostteil der Chalkidhikí nach **Stájira**.

Dieser Ort ist nicht das antike Stájira, in dem Aristoteles 384 v. Chr. geboren wurde – das liegt weiter nordöstlich, unmittelbar an der Küste nahe Olymbiás. Jedoch hat man im heutigen Stájira dem hoch verehrten Philosophen auf den Resten einer byzantinischen Festung eine überlebensgroße Monumentalstatue errichtet, von wo aus der Blick weit in die Ebene bis hin zur Südküste reicht. Am Horizont steigt geheimnisvoll der 2 033 Meter hohe Kegelberg Athos aus dem Meer. In Uranópolis, der »Stadt im Himmel«, nahe der Nordgrenze, gilt es die letzten bürokratischen Hürden zu überwinden, hier erhält man endlich das Visum und erahnt am Hafen bereits etwas von der Welt der Mönche. Viele von ihnen eilen vollbepackt mit ihren wöchentlichen Einkäufen herum. Überall herrscht verhaltene Hektik, bevor die Fähre zum Athos ablegt.

Athos (**Ájion Óros**) bedeutet Geheimnis und Mysterium, christliche Askese und Zauber einer paradiesischen Landschaft. Doch in das Geheimnis kann nicht jeder Griechenlandbesucher eindringen – schon gar nicht Frauen. Ihnen ist der Zugang strikt untersagt. Die inzwischen 1 000jährige Mönchsrepublik hat strenge Bestimmungen für den Besuch des heiligen Berges erlassen. Ájion Óros ist sein griechischer Name, der erstmals 1046 in einer Urkunde von Kaiser Konstantin IX. Monomachos (1042 – 1055) auftaucht. Die Bezeichnung ist bis heute lebendig geblieben, ja, sie gilt in der orthodoxen Welt als Synonym für Askese und klösterliches Leben schlechthin.

Athos, die östliche Halbinsel der Chalkidhikí, streckt sich mit ihrem etwa 600 Meter hohen Bergrücken annähernd 50 Kilometer in das Ägäische Meer. Das Vorgebirge ist 6 bis 8 Kilometer breit und wird an der Südspitze vom kegelförmigen Gipfel des Athos überragt, dem die Halbinsel ihren Namen verdankt. In der Antike gab es an der Ostküste drei, an der Westküste zwei Städte, die jedoch schon am Ende des 4. Jahrhunderts v. Chr. keine Bedeutung mehr hatten. Der genaue Zeitpunkt der ersten Mönchssiedlungen auf dem Athos ist unbekannt. Sicher ist jedoch, daß bereits während des Ikonoklasmus (726 – 843), der jäh die Verehrung der frühchristlichen Bilderwelt unterbrach, Mönche aus dem gesamten Byzantinischen Reich auf dem Athos Schutz suchten. Auch weiß man, daß eine Delegation der Athos-Mönche 843 von der byzantinischen Kaiserin Theodora (842 – 852) zum Konzil nach Konstantinopel eingeladen wurde, auf dem über die Wiedereinführung der Ikonen und ihre Verehrung beschlossen wurde. Bis ins 10. Jahrhundert hinein lebten die Mönche in einer Ansammlung von Zellen *(kellia)* und in abgelegenen Einsiedeleien *(kalyben)*. Erst 963 gründete Athanasios von Trapezunt mit

Hilfe seines Freundes, des späteren Kaisers Nikephoros II. Phokas (963–969), das erste Kloster, Moní Megístis Láwras, das bis in die Gegenwart das größte und bedeutendste geblieben ist. Bis zum Ende des 11. Jahrhunderts entstanden etwa vierzig Klosteranlagen, darunter eine Niederlassung des Benediktinerordens aus Amalfi, die jedoch bereits zur Wende des 12. Jahrhunderts wieder aufgegeben wurde. Allerdings gibt es auf dem heiligen Berg noch zwanzig festungsartige Klosteranlagen: siebzehn werden von griechisch-orthodoxen, die anderen drei von russischen, serbischen und bulgarischen Mönchen bewohnt. Zusätzlich existieren hier noch zahlreiche Mönchssiedlungen und Einsiedeleien. Insgesamt sollen auf dem Athos etwas mehr als 1200 Mönche leben – eine kleine Gemeinschaft, wenn man bedenkt, daß es im Jahre 1900 noch 7432 waren! Der Athos ist aber auch ein Ort der Bildung und der Wissenschaft. Jedes Kloster hütet kostbare Schätze: Wertvolle Ikonen und Fresken, dazu Liturgie-Gerät aus Gold und Silber. Von größter Bedeutung sind jedoch die Bibliotheken mit singulären Handschriften und Codices, Studienobjekte für Wissenschaftler aus der ganzen Welt.

Der Weg zum Berg Athos ist nicht nur steil, sondern auch schwierig: Er führt erst über viele Formalitäten zum Ziel. Täglich wird nur zehn nichtgriechisch-orthodoxen Christen für maximal vier Tage der Besuch des heiligen Berges gestattet. Voraussetzung dafür ist die Begründung des Gesuches mit wissenschaftlichem/religiösem Interesse und eine Empfehlung der jeweiligen Botschaft in Athen beim Kultusministerium, »Abteilung Athos«, oder in Thessaloníki beim Ministerium für Makedonien und Thrakien. Dann erst ist der Weg frei, diese völlig andere, unbekannte Welt kennenzulernen, eine sakrale und asketische Welt, der man sich vollends öffnen sollte, will man etwas vom Geist und der Aura dieses heiligen Ortes erspüren.

Eine Fähre bringt die Mönche und die Pilger von Uranópolis zum Athos. Viele, vor allem Frauen und Mütter, bleiben zurück. Tränen und Trauer begleiten das Boot. Doch sie wissen, es ist kein Abschied für immer. Der Name des Schiffes »Axión Estín« (es ist würdig und recht...) schenkt ihnen Hoffnung. Er ist gleichzeitig der Name der wundertätigen Marien-Ikone vom Berg Athos. Denn sie, die Muttergottes, eine Frau, erfährt in dieser Männerwelt höchste Verehrung. Einer Legende zufolge hat sie dieses Paradies für die Mönche auserwählt: Auf dem Weg nach Zypern zum heiligen Lazarus habe sie Athos gesehen und den Wunsch geäußert, es behalten zu dürfen. Die Stimme Gottes antwortete ihr: »Maria, dieser Ort sei Dein Eigentum, Dein Garten und Dein Paradies, und überdies rettender Hafen für jene, die gerettet werden wollen…« Auf der Ikone hält Christus eine griechische Schriftrolle mit den Worten aus Jesaja (61. 1.): »Der Geist Gottes des Herrn ruht auf mir, dieweil mich der Herr gesalbt hat; er hat mich gesandt, den Elenden frohe Botschaft zu bringen, zu heilen, die gebrochenen Herzens sind, den Gefangenen Befreiung zu verkünden und den Gebundenen Lösung der Bande…« Die Ikone ist ›nur‹ eine Holztafel mit kunstvoller Bemalung und kostbarem Silberbeschlag, aber ihre Botschaft ist Verheißung für die, die sich angesprochen fühlen und glauben. Was dies betrifft, so hat der Berg Athos auch im ausgehenden 20. Jahrhundert nichts von seiner Bedeutung verloren.

ΚΥΚΛΟΦΟΡΙΑΣ
ΠΡΟΣ ΘΕΣ/ΝΙΚΗΝ
ΩΡΑΙ
ΑΦΙΞ
ΑΝΑΧ.
ΑΡΙΘ.
ΠΡΟΟΡΙΣΜΟΣ

ΑΞΙΟΝ ΕϹΤΙΝ

11. Folge: Makedonien

S.305: »Pluto raubt Persephone« (4. Jh. v. Chr.), Wandmalerei aus dem kleinen geplünderten Kammergrab der Königsnekropole von Vergina

S.306: Modell des Königsgrabs von Philipp II. aus Vergina – u: Köcher für Pfeile und Bogen aus Silber mit Goldbelag (350 – 340 v. Chr.) aus dem Grab Philipps II. (Archäologisches Museum Thessaloníki)

S.307: Pélla, Hauptstadt der makedonischen Dynastie Philipps II. und Alexanders des Großen

S.308: Pélla, antike Hauptstadt Makedoniens: Silberschatz aus makedonischen Münzen (Museum Pélla) – u: Fußbodenmosaike aus Kieselsteinen

S.309: Kastoriá, Stadt und See im Westen Makedoniens

S.310: Byzantinische Architektur in Kastoriá: Ájios-Stéfanos-Kirche (9. – 13. Jh.) – u: Ajíi-Anárjiri-Kirche (11./12. Jh.) und Panajía-Kubelídhiki-Kirche (13. – 15. Jh.)

S.311: Byzantinische Freskomalerei in Kastoriá: »Marientod« und Stifterdarstellung (Ende 11./Anfang 12. Jh.) in der Panajía-Mawriótissa-Kirche – u.r.: Die hl. Jeórjios und Dimítrios und Beweinung Christi (Anfang 12. Jh. – 1170/1180) in der Ájios-Stéfanos-Kirche

S.312: Préspa-Seenplatte: Megáli-Prespá-See und Haus in Psarádhes

S.313: Schiffswerft an der Ostküste der Chalkidhikí bei Ierissós

S.314: Baumwollpflanze; in Makedonien gibt es große Baumwollplantagen.

S.315: Bahnhof von Kateríni: Der Fahrplan zeigt drei Zielrichtungen: Nach Athen, Thessaloníki und Europa…

S.316: Moderne Aristoteles-Statue in Stájira, einem Ort im Osten der Chalkidhikí

S.317: Pontos-Griechen in Amfípolis

S.318: Der heilige Berg Athos: Grenz- und Paßformalitäten sowie Ankunft in Dáfni, dem ›Zollhafen‹ des Athos

S.319: Winter in Kariés auf dem Athos

S.320: Der Hafen von Uranópolis an der Grenze zur Mönchsrepublik Athos

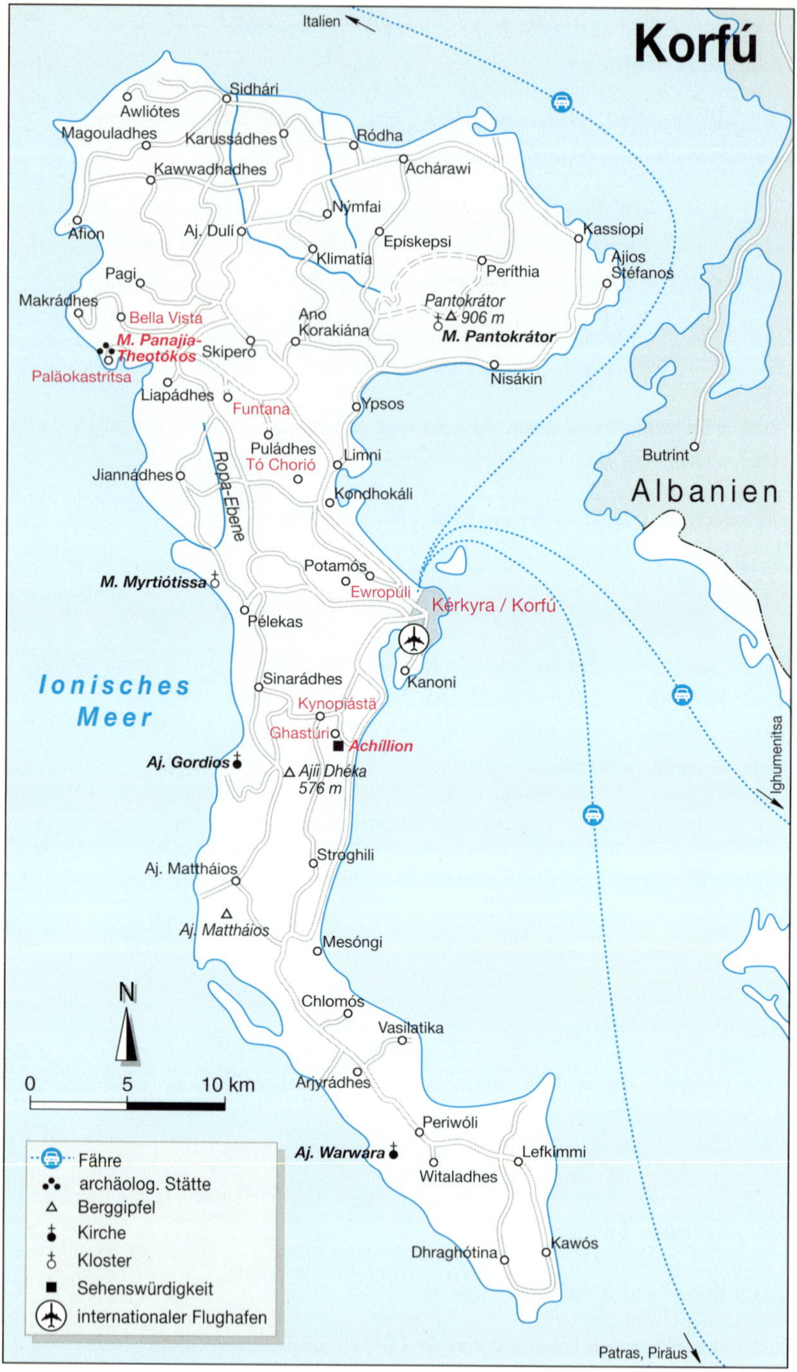

Korfú
Italien
Sidhári
Awliótes
Magouladhes
Karussádhes
Ródha
Kawwadhadhes
Achárawi
Nýmfai
Afion
Aj. Dulí
Epískepsi
Kassíopi
Klimatía
Ajios Stéfanos
Períthia
Pagi
Pantokrátor
906 m
Makrádhes
Bella Vista
Ano Korakiána
M. Pantokrátor
M. Panajía-Theotókos
Skipero
Paläokastrítsa
Nisákin
Liapádhes
Funtana
Ypsos
Puládhes
Limni
Tó Chorió
Butrint
Jiannádhes
Ropa-Ebene
Kondhokáli
Albanien
Potamós
M. Myrtiótissa
Ewropúli
Kérkyra / Korfú
Pélekas
Kanoni
Ionisches Meer
Sinarádhes
Kynopiástä
Ghastúri
Achíllion
Aj. Gordios
Ajíi Dhéka
576 m
Ighumenitsa
Aj. Mattháios
Stroghili
Aj. Mattháios
Mesóngi
N
Chlomós
Vasilatika
0
5
10 km
Arjyrádhes
Periwóli
Aj. Warwara
Lefkimmi
Witaladhes
Kawós
Dhraghótina
Fähre
archäolog. Stätte
Berggipfel
Kirche
Kloster
Sehenswürdigkeit
internationaler Flughafen
Patras, Piräus

12. Folge

Korfú

Eine Ionische Insel

Korfú, das antike Kérkyra, bildet mit den anderen Ionischen Inseln in bezug auf Landschaft und Geschichte eine Einheit. In ihrer historischen Entwicklung unterscheiden sich die Inseln von allen übrigen griechischen Regionen und nehmen eine Sonderrolle ein. Doch bleiben wir vorerst bei dem Namen »Ionische Inseln«, um Mißverständnissen vorzubeugen: Gemeint ist die Inselgruppe vor der Westküste Griechenlands, nicht etwa jene vor der Küste des antiken Ionien im Süden der türkischen Westküste. Korfú nimmt auch insofern eine Sonderposition ein, als es die meisten Niederschläge pro Jahr verzeichnet und deshalb als die grünste aller griechischen Inseln gilt. Ein weiteres Charakteristikum: Korfú und seine Nachbarinseln sind das einzige Gebiet Griechenlands, das nie unter osmanischer Herrschaft gestanden hat – ein Schicksal, welches das Bild der Inselgruppe nachhaltig prägte.

Korfú ist ein blühender Garten im Meer und von der Flora mit mehr als fünfzig Orchideenarten reich beschenkt. Überall auf der Insel, teilweise sogar über große Flächen, verleihen sie der Landschaft neun Monate im Jahr einen zarten Zauber. Die von sanften Hügeln durchzogenen Ebenen werden nur an wenigen Stellen von bis zu 600 Meter hohen Erhebungen unterbrochen. Das Bild der Landschaft wird zum Großteil durch uralte, bis zu 25 Meter hohe Olivenbäume bestimmt. Die knorrigen, jahrhundertealten Stämme mit ihren dichten Blätterkronen sind in ganz Griechenland einmalig und gehen auf die venezianische Epoche zurück. Die Venezianer, die Korfú 1387 in Besitz genommen hatten, versuchten im 16. Jahrhundert, die aufgrund der andauernden osmanischen Belagerung völlig verarmte Insel wirtschaftlich zu stärken. Um die Ödflächen zu rekultivieren, zahlten die Dogen der griechischen Bevölkerung für die Anpflanzung von je hundert Olivenbäumen zwölf Zechinen Prämie. Die Rechnung ging auf: 1879 zählte man auf Korfú knapp vier Millionen Olivenbäume; heute dürften es nur geringfügig weniger sein. Somit kommen – statistisch gesehen – auf jeden Korfioten etwa vierzig Olivenbäume. Die Pflege und Kultivierung dieses großen Baumbestandes aber nahmen überhand und konnten nicht mehr bewältigt werden, so daß man die Bäume lieber wild wachsen ließ und sich mit einem geringeren Ertrag zufriedengab. Inzwischen sind die einstigen Setzlinge zu mächtigen Bäumen herangewachsen, deren Kronen sich berühren und heute wahre Olivenwälder bilden. Meistens stehen sie so dicht nebeneinander, daß darunter weder Getreide noch Ackerfrüchte gedeihen können. Zahlreiche Blumenarten, wie etwa prächtige Orchideen, finden hier jedoch noch ausreichend Licht und breiten sich in üppigen, bunten Wiesen aus – ein berauschender Anblick und ein Paradies für Ziegen und Schafe, die hier weiden.

Im Norden von Korfú, dort, wo die Insel mit knapp 26 Kilometern Breite ihre maximale Ausdehnung hat, erhebt sich der 906 Meter hohe Pantokrátor, ihr höchster Gipfel. Von allen Bergzügen Korfús kann man die West- und Ostküste erblicken, denn die durchschnittliche Breite der Insel beträgt nicht mehr als fünf Kilometer. Bei klarer Sicht reicht der Blick weit in die Ferne gen Osten bis zum Pindus-Gebirge auf dem Festland. Von der nördlichen Ostküste aus, wo die Meerenge weniger als zwei Kilometer breit ist, erkennt man Ansiedlungen in den fruchtbaren Deltatälern Albaniens.

Korfú gilt als die mythische Insel von Nausikaa und Odysseus. Einst soll Odysseus bei orkanartigen Stürmen durch die Meerenge von Kérkyra gefahren sein. Von Wind und Wellen bedrängt, strandete der homerische Held an den Gestaden Scherias, wie Korfú bei Homer genannt wird. Es war die Insel des sagenhaften Volkes der Phäaken, deren König Alkinoos Odysseus Gastrecht gewährte. Es vergingen Tage und Wochen. In dieser Zeit verliebte sich Nausikaa, die Tochter des Königs, in den Gast aus der Fremde. Doch Odysseus verweigerte sich ihrer Liebe, er begehrte nur die Hilfe der Phäaken, um zu seiner Gemahlin Penelope nach Ithaka – einer anderen Ionischen Insel – zurückkehren zu können. Denn Alkinoos allein verfügte über die schnellen Wunderschiffe des Poseidon, die allen Stürmen des Meeres widerstanden und nie untergingen. So gelang Odysseus die glückliche Heimkehr. Der Meeresgott Poseidon jedoch zürnte dem König Alkinoos, hatte doch dieser den Beschluß der Götter vereitelt, nach dem Odysseus seine Heimat niemals wiedersehen sollte. Da Poseidon seine eigenen Zauberschiffe aber nicht vom Meer verschlingen lassen konnte, griff er zu einer anderen List: Nahe der Küste ließ er die zurückkehrenden Boote zu Felsen erstarren.

Noch heute zeigt man den Besuchern der Insel sowohl vor der Ost- als auch vor der Westküste bizarre Felsbrocken im Meer, von denen man sagt, sie seien die versteinerten Schiffe der Phäaken. Für die Mythenforscher gehört diese Geschichte in die Welt der Märchen und Sagen. Archäologen bemühten sich bisher vergeblich, den sagenhaften Palast des Alkinoos zu finden, doch die Erde Korfús birgt wahrscheinlich noch viele spannende Geheimnisse aus der mythischen Zeit Griechenlands. Denn warum sollte sich nicht auch auf Korfú der Mythos als Wirklichkeit erweisen, wie einst durch Heinrich Schliemann in Troja und Mykene?

Geschichtliche Realität ist hingegen die Tatsache, daß die antike Stadt Korinth in der zweiten Hälfte des 8. Jahrhunderts v. Chr. ihre Schiffe gen Westen nach Sizilien und Unteritalien schickte, um neue Kolonien für das Mutterland zu gründen. Auf dem Wege dorthin wählten die Korinther die längere Strekke entlang der sicheren Küsten (ca. 800 Kilometer), anstatt sich auf die offene See zu wagen (hier hätte die Entfernung nur etwa 550 Kilometer betragen). Dabei kamen die Kolonisten auch durch die Meerenge von Korfú, wo sie zunächst parallel zur Nordküste der Insel segelten, um schließlich über die offene Adria zur apulischen Halbinsel zu gelangen. Dort konnten sie dann wieder den Küsten südwärts nach Sizilien folgen. 734 v. Chr. gründeten die Korinther auf Korfú, an der geschützten Ostküste, die Stadt Kérkyra und anschließend auf Sizilien Syrakus. Beide Ansiedlungen entstanden auf Vorgebirgen, die Halbinseln ausbilden, und beide waren aufgrund ihrer Lage gut zu verteidigen. Die Stadt Korfú kann also auf eine fast 2800jährige urbane Kontinuität zurückblicken!

Kérkyra, das den Korinthern auf ihrem Seeweg nach Sizilien als Zwischenstation diente, wuchs in der Antike bald zu einer mächtigen Stadt heran und nahm auf dem Gebiet der Kunst, besonders der griechischen Tempelarchitektur, eine führende Rolle ein. Um 590 v. Chr. entstand hier einer der ersten monumentalen Steintempel Griechenlands, der Artemis-Tempel, dessen Giebel mit einer einzigartigen Gorgo-Medusa-Darstellung geschmückt war, einem reifen Beispiel archaischer Bauplastik. Die Hinterlassenschaften der Antike sind in Korfú aber nur noch spärlich vorhanden; meist wurden sie zufällig gefunden. So entdeckte im Dezember 1910 ein Bauer beim Pflügen nahe der antiken Stadtmauer große Marmorblöcke im Ackerboden, die rätselhafte Zeichen und Reliefs aufwiesen. Der sofort verständigte griechische Archäologe F. Versákis erkannte, daß es sich um etwas ganz Besonderes handelte. Die geheimnisvolle ›Fratze‹ des Reliefs erwies sich als die Gorgo, die zwar zu keinem einheitlichen mythologischen Thema innerhalb der tastenden Anfänge archaischer Giebelkompositionen gehörte, wohl aber eine der gelungensten Schöpfungen der Archaik ist. In der Mitte des Giebels, so konnte man aus den Fragmenten rekonstruieren, stand Gorgo Medusa, umgeben von ihren beiden Kindern Chrysaor und Pegasos, die böse und bedrohliche Dämonen vom Gotteshaus der Artemis sowie von den Gläubigen abwehren sollten. Die Rekonstruktion der Fundstücke wird heute im Archäologischen Museum von Kérkyra aufbewahrt.

Doch verweilen wir noch kurz im Frühjahr 1911. Damals führte der Grieche Versákis eine kleine Grabung durch, zu der auch der archäologiebegeisterte Kaiser Wilhelm II., der sich zu diesem Zeitpunkt in seiner Sommerresidenz auf Korfú aufhielt, eilte: »Eines Tages«, so schrieb er später, »in der Osterwoche 1911, erhielt ich aus der Stadt die Meldung, es sei [. . .] in der Nähe des Eingangs von ›Mon Repos‹ ein steinerner alter Tierkopf gefunden worden; man fragte an, ob ich nicht zu den Arbeiten kommen wolle; vielleicht sei noch etwas zu erwarten; die Arbeiten würden von der griechischen Regierung vorgenommen. Nach Ablauf der Feiertage begab ich mich morgens früh mit dem Auto nach der Fundstelle. Es war ein Gartenfeld in der Nähe der alten Stadtmauer, unmittelbar neben einem Nonnenkloster gelegen. Ich besichtigte das merkwürdige archaische Löwenhaupt, welches auf mich den Eindruck sehr hohen Alters machte (. . .) Der griechische Archäologe, der die Grabung leitete, überließ mir bald die Leitung der Arbeit (. . .) Endlich war die Grube so tief, daß ein Vorarbeiter (. . .) mit der Hand weit unter die Platte greifen und sie befühlen konnte (. . .) Er rief den Leuten etwas zu (. . .): ›Es muß der alte König des Landes sein, denn er hat gut erhaltene, lange Locken‹ (der Arbeiter hatte soeben den Kopf der Gorgo befühlt) (. . .) Die Arbeiter machten Pause (. . .) Allein ich blieb, das Archäologenfieber hatte mich gepackt.« (Kaiser Wilhelm II., *Erinnerungen an Korfu,* Berlin 1924, S. 78 u. 81)

Die Begeisterung Wilhelms II. war so groß, daß er noch am selben Tag den Archäologen Wilhelm Dörpfeld, der in Troja mit Schliemann zusammengearbeitet hatte und nun die Grabungen in Olympia leitete, nach Korfú zitierte und ihm – nach vorheriger Absprache mit der griechischen Regierung – die Erforschung des Artemis-Tempels übertrug. Dörpfeld erreichte bereits am 18. April 1911 Korfú und beendete seine Arbeiten 1914.

Der Kaiser bewohnte im Dorf Ghastúri das Prunkschloß **Achíllion**, das er 1907 von Kaiser Franz Joseph erworben hatte. Die Erbauerin des Schlosses aber war Elisabeth II., Kaiserin von Österreich und Königin von Ungarn, die in der ganzen Welt unter ihrem Kosenamen Sissi bekannt wurde. Sie litt bereits seit 1861 an galoppierender Schwindsucht und hatte von ihrem Arzt den Rat erhalten, ihre Krankheit auf Korfú zu therapieren. 1888 erwarb sie deshalb in Ghastúri das Grundstück mit der alten venezianischen Villa Braila. Planung und Bauarbeiten gingen zügig voran, und 1892 erstrahlte das Anwesen in bis dahin nicht gekannter neoklassizistischer Schönheit. Doch kaum war ein Jahr vergangen, da suchte die Kaiserin bereits einen Käufer für ihr Märchenschloß, das sie nach ihrem Lieblingshelden aus der griechischen Mythologie, Achill, »Achíllion« benannt hatte: »Weil er die griechische Seele personifiziert, und die Schönheit der Landschaft und Menschen. Ich [Sissi] liebe ihn auch, weil er so schnellfüßig war. Er war stark und trotzig und hatte alle

Könige und Traditionen verachtet und die Menschenmassen für nichtig gehalten, gut genug, um wie Halme vom Tod abgemäht zu werden. Er hat nur seinen eigenen Willen heilig gehalten und nur seine Träume gelebt, und seine Trauer war ihm wertvoller als das ganze Leben.« (Konstantin, »Aufzeichnungen über die Kaiserin«, in: *Die Waage* v. 17.9.1898).

Der neue Eigentümer des Schlosses, Kaiser Wilhelm II., ließ das Gebäude 1907 grundlegend renovieren. Für die Einrichtung der kaiserlichen Sommerresidenz wurden eigens in Berlin Möbel angefertigt. Bis vor wenigen Jahren noch konnte man das Mobiliar der beiden gekrönten Häupter gut voneinander unterscheiden: Jenes von Sissi war braun, das von Kaiser Wilhelm II. hingegen weiß mit zarter Goldauflage. Bei der kompletten Restaurierung des Gebäudes und der Innenausstattung, die für die Sitzungsperiode der griechischen Präsidentschaft der Europäischen Union im Sommer 1994 erforderlich war, wurden alle Möbel einheitlich weiß lackiert.

Für die Erneuerung der Wand- und Deckengemälde im Schloß war der 1948 in Kérkyra geborene Künstler Spýros Surtzínos verantwortlich. Seinen Lebensunterhalt verdient er sich mit Restaurierungen aller Art, unter anderem auch von Ikonen. Derzeit ist er mit den byzantinischen Fresken im Johannes-Kloster von Patmos beschäftigt.

Das Ergebnis von Surtzínos' Auftrag im Achíllion zeigt, daß er alle alten und neuen Techniken der Malerei meisterhaft beherrscht. Das beweisen die Arbeiten am Deckengemälde der »Vier Jahreszeiten« von V. Galloppi und am Wandgemälde »Sieg des Achill über Hektor vor Troja« von Franz Matsch, Werke, die ihre einstige Ausdruckskraft wiedererlangten. Surtzínos' abstrakte Bilder weisen weiche Formen auf, eingetaucht in ein immer neues Farbenmeer, das voller Phantasie sprüht, in dem die leisen Töne vorherrschen. Sie sind – das mag ihr besonderes Merkmal sein – still und aufwühlend zugleich. Wenn sich hingegen sein Farbenreichtum zu gegenständlicher Porträtmalerei verdichtet, dann bekommen seine Werke eine völlig eigene Ausdruckskraft.

Heute dient das Achíllion als Museum und ist jedermann zugänglich. Der neoklassizistische Stil und die märchenhafte Prachtentfaltung sind zwar reizvoll, wirken in der Landschaft Korfús jedoch sehr fremdartig. Denn die Häuser, Dörfer und Städte der Insel sind in ihrer architektonischen Gestaltung überwiegend venezianisch geprägt, was mit der mehr als 500jährigen Herrschaft der Venezianer (1386 – 1797) auf der Insel zusammenhängt.

Vom Schloßgarten des Achíllion aus blickt man nicht – wie in Griechenland sonst häufig – auf eine zersiedelte Landschaft, sondern auf mehrere gewachsene Ortschaften, die sich ihre historische Bausubstanz erhalten konnten. Eine Ausnahme bilden die Küstenregionen, besonders die Nordküste und die Ájios-Jeórjios-Bucht an der nördlichen Westküste, die durch den expandierenden Tourismus völlig verbaut wurden. Blickt man von der Schloßterrasse hinunter zur Ostküste und zur Meerenge von Kérkyra, dann erahnt man bereits, welche Überraschung die völlig einzigartige Hauptstadt der Ionischen Insel für den Besucher bereithält: Korfú ist eine durch und durch italienische Stadt, mit mediterranem Charme und südlicher Wärme, voller Nostalgie – eine entfernte Verwandte Venedigs. Hier sind weder die griechische Antike noch Byzanz gegenwärtig. Auch der Name Korfú, den Stadt und Insel noch heute in allen westlichen Sprachen tragen, ist venezianischen Ursprungs. Daran erinnert das Vorgebirge mit seinen beiden Gipfeln, dort, wo einst die byzantinische Stadt angelegt war und heute die alte Festung der Venezianer steht: In einem Dokument aus dem Jahre 968 ist der Name »eis tous Korfous« (= zu den Bergspitzen) überliefert, den die Venezianer zu »Korfu« verballhornt haben.

Für die Seerepublik Venedig war Korfú jahrhundertelang das natürliche Bollwerk an der südlichen Grenze des Adriatischen Meeres und zugleich ein wichtiger Stützpunkt für die venezianische Handelsflotte und Kriegsmarine. Dank dieser strategisch günstigen Lage erhielten die Korfioten, auch wenn sie der Verwaltung der Dogen unterstellt waren, von Venedig großzügige Privilegien. Andererseits war Korfú aufgrund dieser Lage den Angriffen der Osmanen stark ausgesetzt, die zwar erfolgreich – aber meist mit einem hohen (Blut-)preis der Bevölkerung – abgewehrt werden konnten.

Im Jahr 1571 beispielsweise kam es zu einer Entscheidungsschlacht zwischen Christentum und Islam. Im sizilianischen Messina hatte sich die Armada der Heiligen Liga – bestehend aus Venedig, Spanien und dem Kirchenstaat – gesammelt, ehe sie nach Korfú zu einem Zwischenstop aufbrach, um schließlich am 7. Oktober 1571 die osmanische Flotte in der Seeschlacht von Lepanto, am Nordufer des Golfs von Korinth, besiegen zu können. (Eine Besonderheit am Rande: zu den siegreichen Truppen gehörte übrigens auch der Spanier Miguel de Cervantes, Autor des weltberühmten Romans »Don Quijote de la Mancha«, der in dieser Schlacht seinen linken Arm verlor.) Die Freude im christlichen Abendland über diesen Sieg war jedoch verfrüht, die türkischen Angriffe auf europäische Ziele keineswegs gebannt.

Am 8. Juli 1716 wurde Reichsgraf Johann Matthias von der Schulenburg (1661 – 1747) aus Emden bei Magdeburg als Oberkommandierender der Truppen der Retter Venedigs und Korfús, wofür er noch zu Lebzeiten von den Signori höchste Ehrerweisung erfuhr. Auf einer Silbermünze mit seinem Porträt stehen die Worte: »Auspiciis Venetum virtus germana tuetur« (= Im Auftrag Venedigs bewährte sich deutsche Tapferkeit). Auf der Esplanade in Korfú-Stadt haben ihm die Korfioten ein Denkmal errichtet und erzählen noch heute von dem heldenhaften Sieg Schulenburgs und seinen deutschen Mitstreitern über die Osmanen.

Schon im darauffolgenden Monat wurde die Stadt Korfú wieder einmal von zahlreichen osmanischen Kriegsschiffen bedroht. Bei ihrem Sturmangriff ereignete sich jedoch eines der fünf Wunder, die die Korfioten ihrem Stadtheiligen Spyrídon verdankten: In einer für die Inselbewohner aussichtslos erscheinenden Situation, als sie schon alles verloren glaubten, setzten – einer Legende zufolge – plötzlich so heftige Gewitter und Regenschauer ein, daß die Angreifer vertrieben wurden. Der um 270 auf Zypern geborene heilige Spyrídon ist ein verhältnismäßig ›junger‹ Schutzpatron der Insel und Stadt Korfú. Ihm zu Ehren und im Gedenken an die fünf Wunder finden alljährlich große farbenprächtige Umzüge statt.

Doch verweilen wir noch kurz bei den Venezianern. Das Ende ihrer Herrschaft auf Korfú ist zugleich das Ende der genau 1100jährigen Herrschaft der Dogen in Venedig (697 – 1797). 1796 marschieren Napoleons Truppen auf Venedig zu. Die einst so mächtige Markusrepublik ergab sich 1797 kampflos dem Korsen. Zwar blieb die Stadt von Zerstörungen verschont, doch wurden unzählige Kunstschätze des christlichen Abendlandes, die im Laufe vieler Jahrhunderte aus zahlreichen Ländern entführt worden waren, erneut als Kriegsbeute betrachtet und gingen für immer verloren. Noch im selben Jahr wurde die Insel Korfú im Friedensvertrag von Campo Formio Frankreich zugesprochen. Doch schon zwei Jahre später, am 2. März 1799, konnte auf den Ionischen Inseln der erste griechische Staat der Neuzeit gegründet werden: der »Sieben-Insel-Staat«, Eptanissós Politeia, auch »Heptanés« genannt, der die sieben Ionischen Inseln umfaßte, von Kýthera im Süden bis Korfú im Norden. Stand er zunächst unter dem Schutz des russischen Zaren, so fiel er 1807 wieder in Napoleons Machtbereich. Schließlich wurden die Ionischen Inseln 1814 für ein halbes Jahrhundert zum englischen Protektorat (1814 – 1864) erklärt, mit der Folge, daß im ionischen Parlament ein britischer Lordhochkommissar die Macht ausübte.

Alle drei Nationen haben ihre Spuren auf Korfú hinterlassen. Sichtbares Zeichen der Franzosenherrschaft ist die »Liston«, die prachtvolle Arkadenstraße in Korfú-Stadt, die entlang der Esplanade verläuft. Der große Rasenplatz vor dem Arkadengebäude wurde eigens für die Engländer als Feld für Cricket angelegt, ein Spiel, mit dem sich Korfioten noch heute gerne beschäftigen. Die Arkaden, die das architektonische Glanzstück der Stadt bilden, haben eine amüsante Baugeschichte: Mathieu de Lesseps, Vater des Suezkanal-Erbauers Ferdinand, griff bei diesem Projekt auf den Bauplan Napoleons für die Rue de Rivoli in Paris zurück und konnte den Arkadenbau in Korfú bereits 1807 verwirklichen, während das ›Original‹ in Paris erst 1833 realisiert wurde. An die Zeit der russischen Zaren erinnert die politische Karriere von Ióannis Kopodístrias (1776–1831), der lange Zeit Außenminister Zar Alexanders I. (reg. 1801–1825) war und später erster Ministerpräsident des jungen griechischen Nationalstaates wurde (s. S. 130). Noch andere Korfioten müssen aus dieser Epoche genannt werden, so beispielsweise der aus Zákynthos stammende Dichter Dionýsios Solomós (1798–1857), der bis zu seinem Tode auf Korfú lebte. Seine »Hymne an die Freiheit« wurde die Nationalhymne Griechenlands, zu der 1864 Nikólaos Mántzaros (1795–1872), der ebenfalls aus einem kleinen Dorf auf Korfú stammte, die Musik schrieb. Ein anderer Musiker der Insel, Spýros Samarás (1863–1917), vertonte zu den Texten von Kóstis Palamás (s. S. 240) die Olympische Hymne, die anläßlich der ersten neuzeitlichen Olympischen Spiele 1896 in Athen erklang und die noch heute bei jeder Eröffnungsfeier gespielt wird.

Korfú ist stolz auf seine Vergangenheit und seine berühmten Söhne und pflegt mit Begeisterung alte Traditionen. Die Erinnerung an Mántzaros und Samarás ist noch heute auf der Insel lebendig. Zu allen wichtigen Festen spielt das Blasorchester »Filarmonikí Etaireía Kérkyras« auf, das bereits 1840 gegründet und lange Zeit von Mántzaros geleitet wurde. Doch nicht nur musikalische und geistige Traditionen werden bewahrt. In dem kleinen Dorf **Kynopiástä**, südlich von Korfú, serviert der Wirt Spýros in seiner rustikalen Taverne Trýpa venezianische Leckereien wie Makkaroniauflauf und verschiedene Salamiarten. Wenn er dazu einen alten weißen Landwein des Hauses einschenkt, vergehen die Stunden wie im Flug; selten, daß man diese romantische Taverne vor Mitternacht verläßt. Im Norden von Korfú wurde bereits vor Jahrzehnten das Museumsdorf **Tó Chorió** aufgebaut, eine sinnvolle denkmalpflegerische Aktion, die in erster Linie zwar dem Tourismus dient, doch auf anschauliche Weise die venezianische Atmosphäre korfiotischer Dörfer widerspiegelt.

Ein Besuch der bezaubernden Küstenlandschaft von **Paläokastrítsa** gehört für jeden Korfú-Reisenden zum obligatorischen Pflichtprogramm. Wer sie nicht gesehen hat, kennt Korfú nicht! Schon Kaiser Wilhelm II. suchte den Aussichtspunkt oberhalb von Lákones und Kriní, der heute »Bella Vista« genannt wird, gerne auf. Oberhalb des Dorfes Paläokastrítsa liegt auf einem mächtigen Berg das gleichermaßen gern von Griechen und Touristen frequentierte **Panajía-Theotókos-Kloster**, ein ›heiliger‹ Ort, an dem geschäftstüchtige Mönche Souvenirs verkaufen.

Steil fallen hier die Felsen ins Meer. Unten im Wasser, knapp hundert Meter vor der Küste, liegen geheimnisvolle ›Gestalten‹ in der Brandung. Ihre Form, ihr Aussehen und ihre Farbe scheinen sich im Wechselspiel des Lichts zwischen Sonne und Wolken ständig zu verändern. Man sagt, es seien die versteinerten Phäakenschiffe des Alkinoos…

CLASSIS
DISPOSUIT

12. Folge: Korfú

S.333: Korfú-Stadt: Esplanade mit der Ájios-Spyrídon-Kirche

S.334: Fassadendetail der »Liston«-Arkaden

S.335: Korfú-Stadt zeigt viele venezianische Einflüsse; Impressionen korfiotischer Architektur

S.336: Reliquiensarkophag des hl. Spyrídon

S.337: Reichsgraf Johann Matthias von der Schulenburg (1661 – 1747), der 1716 Korfú vor den Osmanen gerettet hat

S.338: Der venezianische Löwe an der Neuen Festung

S.339: Korfú-Stadt: Klassizistische Architektur von Ioánnis Chrónis aus dem Jahre 1835

S.340: Der Markt bei der Neuen Festung

S.341: Frauenkloster Panajía Wlachérna an der Südspitze der Análipsis-Halbinsel

S.342: Gorgo vom Westgiebel des Artemis-Tempels aus der Zeit um 590 v. Chr. (Archäologisches Museum Korfú)

S.343: Das 1888 – 1892 von Kaiserin Elisabeth II. von Österreich (Sissi) errichtete ›Märchenschloß‹ Achíllion, das 1907 Kaiser Wilhelm II. von Kaiser Franz Joseph erwarb

S.344: Das 1994 restaurierte Achíllion erstrahlt wieder in neuem Glanz: Wandgemälde »Sieg des Achill über Hektor vor Troja« von Franz Matsch – u: Skulptur des sterbenden Achill von Ernst Herter – Detail aus dem Deckengemälde »Vier Jahreszeiten« von V. Galloppi

S.345: Spýros Surtzínos, Restaurator der Wand- und Deckengemälde im Achíllion, beschäftigt sich in eigenen Arbeiten mit abstrakten und weichen Formen, die eingetaucht sind in ein ruhiges Farbenmeer

S.346: Paläokastrítsa an der Westküste Korfús und die ›versteinerten Schiffe‹ der Phäaken

Lesbos und Chíos
Skála Sikamiás
Míthimna
Sikaminéa
Pétra
Kapi
Mandamádos
Ayvalik
Skalochorión
Ajía Paraskewí
Ajios Charálambos
Kalloní
Sígri
Paläontologischer Park
Ándissa
Mystegna
Megalonissi
36
Pyrji Thermis
Parakila
Agrá
Kolpos Kallonis
Mória
Eressós
Mitilíni
Skala
Ajíassos
Wariá
M
Polichnitos
Olymbos 968 m
Lutra
Theóphilos-Museum
Lesbos
Skópelos
Waterá
Plajiá
Plomári
Thessaloníki, Piräus
Ägäis
Haseki
Karaburun
Kücükbahce
Ajiásmata
Kambia
Ájion Gálas
Marmaron
Pelineíon
Türkei
Profítis Ilias 1297 m
Kardhámila
Wolissós
Pityus
Langádha
75
Sidirunda
Anáwatos
Wrondádhos
Ildir
Chíos
Chíos
Néa Moní
Barbaros
Cesme
Sifne
Chalkiós
Karfás
Kámbos-Ebene
Wéssa
Ciftlikköy
Tholopotámi
Mestá
Armólia
Pyrjí
Nénita
N
Fanà 329 m
Komí
Emborió
0 10 20 km
Kairo, Alexandria
Fähre
Berggipfel
Kloster
Museum
Sehenswürdigkeit
internationaler Flughafen

13. Folge

Lesbos und Chíos

Nördliche Ostägäis

Lesbos ist ein kleines Paradies, nach Kreta und Santorin die schönste Insel Griechenlands. Sie vereint alle charakteristischen Landschaften von Hellas – mit Ausnahme von Santorin. Da gibt es Berge, die, zugegeben, nicht so monumental wie auf Kreta und dem Festland, aber nicht weniger ergreifend sind. Da gibt es tief eingeschnittene Buchten an den Küsten, die sich gleich Binnenseen in die Landschaft schmiegen. Da gibt es fruchtbare Täler, wie sie in Thessalien, auf der Chalkidhikí oder in der Messará auf Kreta nicht üppiger und berauschender sein können. Und dann die Küsten des Lichts, die denen der Kykladen, des Dodekanes oder der Ionischen Inselwelt in nichts nachstehen. Sie werden umspült von den Fluten der Gärten Poseidons, erwärmt von der Fülle des Lichts aus Helios' Sonnengarten.

Geologen glauben, daß die Insel vor mehr als zwei Millionen Jahren vom Vulkanismus gestaltet wurde. Dafür sprechen paläontologische Spuren, die man vor allem im Westen, auf der kleinen vorgelagerten Megaloníssi-Insel, findet. Im Meer und auf den Kieselstränden stößt man auf Reste von versteinerten Bäumen, die teilweise sogar noch in ihrem Urboden ›verwurzelt‹ sind. Zeichen dafür, daß Megaloníssi und Lesbos einst zusammengehörten und gemeinsam noch viel größer gewesen sein müssen als heute und außerdem in Urzeiten mit dem kleinasiatischen Festland verbunden waren. Dies beweisen auch Knochenfunde von Tieren, die nur in Kleinasien heimisch sind. Auf Lesbos selbst wurde in der Region zwischen den Dörfern Síghri, Ándissa und Eressós ein großer, überaus sehenswerter **Paläontologischer Park** angelegt. Die sehr karstige, baumlose Landschaft übt eine besondere Faszination aus, denn sie besitzt über ihre artenreiche Flora hinaus Überbleibsel vorgeschichtlicher Urwälder in Form riesiger versteinerter Bäume. Man nimmt an, daß es sich bei ihnen um Zedern handelt, die kalifornischen Mammutbäumen ähnlich gewesen sein sollen. Die Bäume wurden nach einem Vulkanausbruch mit einer Schicht aus Lavaasche und kochendem Meerwasser zugedeckt und auf diese Weise konserviert. Während der langen Phase der Versteinerung verwandelte sich das organische Material in Silizium und Opal. Spätere Erosionen legten die versteinerten Baumstämme langsam wieder frei. 1844 wurden sie erstmals in den Aufzeichnungen des australischen Griechenlandreisenden Francesco Unger erwähnt.

Im Dorf Eressós soll um 630 v. Chr. Sappho geboren worden sein, die einzige Dichterin, die in der griechischen Antike Weltruhm erlangen konnte. Schon Platon sah ihn ihr die »zehnte Muse«, und der Autor Strabon (64/63 v. Chr. – 23/26 n. Chr.) nennt sie gar »ein Wunder«. Sappho stammte aus aristokratischem Hause, war sehr gebildet und leitete oder gründete eine Art Erziehungsinstitut für Mädchen, das sie selbst als »Haus der Musendienerinnen« bezeichnete. Das lyrische Werk Sapphos umfaßte Gedichte, Mädchenchorgesänge, Hochzeitslieder und Götterhymnen. Leider sind mit Ausnahme des »Gebetes an Aphrodite« von Sapphos Werken nur Fragmente erhalten. Aber selbst sie sprechen eindeutig für das große Können dieser Frau. Sappho liebte Tanz, Musik und Gesang im Kreis von Frauen und Mädchen – eine für die Antike ganz normale Art musischer Beschäftigung. Aufgrund ihrer herzlichen, lebensfrohen Einstellung und ihres leidenschaftlichen Wesens dichteten ihr die Herren der Schöpfung schon in der Antike allerlei an, unter anderem »lesbische« Neigungen. Hartnäckig ist der Name Sappho deshalb bis heute mit der gleichgeschlechtlichen Liebe unter Frauen verbunden. Die Dichterin war verheiratet und hatte eine Tochter. Attackiert wurden letztlich wohl die hohen und edlen Ideale ihrer ›Mädchenschule‹, die ein Gegengewicht zur kriegerischen Ausbildung junger Männer darstellen sollte. So ist denn auch der Bericht über ihren Freitod wohl nur ein Produkt der Verleumdung. Angeblich hat sie sich nach einer unglücklichen Liebe zu Phaon von den Steilfelsen der ionischen Insel Lefkádha aus ins Meer gestürzt.

In **Skála Sikaminiás**, einem bezaubernden Fischerort an der östlichen Nordküste, beschäftigte sich im Sommer 1994 der aus München stammende Künstler Detlef Renner von Seherr, dessen Gemälde schon immer die Auseinandersetzung mit religiösen, mystischen und mythologischen Themen widerspiegelten, mit dem Werk Sapphos. In Renners Bildzyklus werden Sapphos Textfragmente bildlich umgesetzt. Die Dichterin erscheint als gesichtsloses Wesen, das dadurch zwar an physischen Konturen verliert, nicht aber an psychischer Kraft. Farben und Strukturen vereinen sich mit der unendlichen Weite der dargestellten Landschaften.

Auch **Pétra** südlich von Míthimna, an der Nordküste gelegen, verdankt seine Berühmtheit Frauen. Der an historischer Bausubstanz reiche und einladende Ort ist Sitz der »Frauenkooperative von Pétra«, einer 1981 von Eléni Chiotí gegründeten Vereinigung von Frauen, deren Ziel es ist, neue Lebenskonzepte für Frauen in der griechischen Gesellschaft zu entwickeln. Vor allem ging es darum, auf Lesbos weitere Arbeitsplätze für Frauen zu schaffen, um die Abwanderung von der Insel zu stoppen. Das Projekt stand unter dem Motto »die Gleichberechtigung der Frauen beginnt mit der eigenständigen Existenzsicherung«. Anfangs mußten die Frauen auch gegen den Widerstand der Männer in Pétra kämpfen, sicher war ihnen hingegen die Zustimmung ihrer

Ehemänner. Später erhielten sie finanzielle Unterstützung von der Europäischen Gemeinschaft. Schwerpunkt der Frauenkooperative ist es heute, Feriengästen alternative Unterkunftsmöglichkeiten mit Familienanschluß anzubieten. Die Urlauber können fern der Hotelghettos traditionelle Tätigkeiten erlernen, also bei der Herstellung von Käse, Honig und Öl aktiv mithelfen, oder mit Landeskennerinnen die Insel wandernd erfahren.

Bleiben wir noch kurz bei den berühmten Töchtern und Söhnen der Insel: Theóphrastos (372/370 – 287/285 v. Chr.), Schüler von Aristoteles, stammt ebenfalls aus Eressós. Er ist der Verfasser der neunbändigen »Historia plantarum«, die in der Antike als grundlegendes Werk zur Botanik galt. In Erinnerung an seine Verdienste gründete die »Ägäische Universität« in Mitilíni 1991 eine Abteilung »Umweltschutz für die Rettung von Seehunden«, deren Zuständigkeitsbereich die gesamte Nordägäis umfaßt. Sie will die vom Aussterben bedrohten Tiere vor ihrem größten Feind, dem Menschen, schützen. Oft sind es Fischer, die die Seehunde töten, da diese ›ihre‹ Fischgründe plündern. Groß angelegte Aufklärungskampagnen zeigen Erfolg: 1993 wurden die bereits im Vorjahr registrierten 29 Seehunde erneut gesichtet. Besonders erfreulich war ferner, daß man zusätzlich acht Jungtiere entdeckte.

In dem kleinen Dorf **Ajía Paraskewí** feiert die Bevölkerung jedes Jahr an einem variablen Tag im Juli oder August ein Fest, bei dem sie – begleitet von einem christlichen Gottesdienst und antiken Opferriten – ein Stieropfer darbringt. Die Ehre, das Tier auswählen beziehungsweise das Fest finanzieren zu dürfen, gebührt dabei nur ehemaligen Dorfbewohnern, die ausgewandert sind. Das Fest beginnt an einem Freitag und erstreckt sich über vier Tage. Zu Beginn wird das Opfertier aufwendig geschmückt, anschließend folgt ein Umzug mit dem Priester und den geweihten Ikonen zur Ájios-Charálambos-Kapelle auf dem weit außerhalb des Dorfes gelegenen Távros-(»Stier«)Berg. Am Samstagvormittag werden die Kapelle und der Festplatz mit frischen Sommerblumen dekoriert. Dann endlich, am Spätnachmittag, darf der Stifter das mit Ikonen gesegnete Tier vor der Kapelle schächten. Im Glauben an magische Kräfte malen sich die Festgäste mit dem ›Opferblut‹ Kreuze auf die Stirn. Nun beginnt man mit dem Zerlegen des Tieres und dem Kochen des Fleisches. Das Gericht gart die ganze Nacht hindurch, bis es sich in der würzigen Fleischbrühe in eine dickflüssige, fast kaugummiartige Fleischpaste (»Keskéssi«) verwandelt. Nach dem Sonntagsgottesdienst in der Ájios-Charálambos-Kapelle wird die Festgemeinde – wie bei Kultfeiern der Antike – bewirtet. Anschließend findet außerhalb des Dorfes ein Pferderennen statt, bei dem der Gewinner – wie im alten Olympia – ›nur‹ einen Blumenkranz erhält. Die Siegerehrung bildet den Auftakt zum fröhlichen Teil des Festes. Nun wird bei Musik und Tanz bis zum Morgen des folgenden Dienstag gefeiert.

Dieser ganz eigentümliche Volksbrauch ist zweifellos uralt. Eine Legende erzählt von seinen Wurzeln: Einst stahl ein Türke einem Bauern von Lesbos einen Stier (oder ein Pferd). Doch jedes Mal, wenn der Dieb das Tier töten wollte, stellte sich der heilige Charálambos dazwischen und lenkte den Gewehrschuß in eine andere Richtung. Schließlich zeigte der Heilige dem Bauern auch das Versteck des Tieres nahe der Charálambos-Kapelle. Glücklich und dankbar über die Hilfe opferte der Mann das Tier dem Heiligen. Das Stierfest von Ajía Paraskewí erinnert auch symbolisch an die fast 500jährige Herrschaft der Osmanen über Griechenland und an die immerwährende Hoffnung, dieses Joch einmal abschütteln zu können. Zur Zeit der Entstehung der Legende, Anfang des 19. Jahrhunderts, sammelte die Bevölkerung von Lesbos Geld und Naturalien, um damit auf der Peloponnes den Kampf gegen die Osmanen zu unterstützen.

Wurzeln und Tradition von griechischem Brauchtum sind auch das Thema des in Wariá auf Lesbos geborenen Malers Theóphilos Chatzimichaíl (1868–1934). 86 seiner Gemälde können in seinem Geburtshaus, das heute als Museum dient, betrachtet werden. Theóphilos hat es wie kein anderer naiver Maler verstanden, griechische Identität und das berühmte, fast legendäre Licht von Hellas in seinen Bildern miteinander zu verbinden. Seine Werke, die mit einer verblüffenden Unbekümmertheit und intensiven Ausdruckskraft das Landleben der Bauern, den Widerstandskampf gegen die Osmanen, aber auch romantische und mythologische Szenen darstellen, gehören zu den ausgereiften Arbeiten naiver Kunst aus der Jahrhundertwende. Das Leben des Mannes war geprägt von Armut und Irrfahrten. Erst 1912, nachdem Lesbos von den Türken befreit war, kehrte er in seine Heimat zurück. Wer seinen Spuren folgt, dem werden in der Hauptstadt Mitilíni fragmentarisch erhaltene Wandmalereien an Fassaden gezeigt, die Theóphilos für einen Teller Suppe gemalt habe… Dieser große Künstler von Lesbos wurde erst 1930 von dem in Paris lebenden griechischen Kunstkritiker E. Eleutheriádes entdeckt. Es folgte eine Ausstellung im Louvre, woraufhin Frankreich fünfzig Gemälde bestellte. Theóphilos war jetzt kein Unbekannter mehr. Die französische Presse nannte ihn den »griechischen Rousseau«, und Odysseas Elytis, der griechische Nobelpreisträger für Literatur (1979), sah in ihm sogar das »verbindende Glied zwischen Vergangenheit und Gegenwart«.

In **Míthimna**, der schönsten Stadt der Insel, begegnen wir einer anderen Kunst: Dóra Parísi gestaltet hier Puppen, kleidet sie in traditionelle Gewänder und arrangiert sie in bühnenbildartig komponierte Alltagsszenen. Die Künstlerin lebt in der romantischen Altstadt von Móliwos, wie Míthimna auch genannt wird, die zusammen mit dem romantischen Hafen und dem weiten Strand zu den beliebtesten Touristenzielen Griechenlands zählt. Behutsame Denkmalpflege hat die Stadt vor häßlichen Hotelbauten bewahrt. Schöne Plätze mit schattenspendenden Baumgruppen sind das Ziel von Einheimischen wie von Touristen.

Ein anderer Ort zum Träumen ist das Fischerdorf **Plomári** an der Südküste. Hier fehlt zwar noch die schützende Hand der Denkmalpflege, jedoch haben die alten Häuser, Gassen und Plätze so viel Flair, daß man sich auch hier gerne länger aufhält. Weltberühmt wurde Plomári durch seinen Ouzo. Der feine Anisschnaps, das Nationalgetränk des Landes, der hier hergestellt und weltweit vertrieben wird, soll die beste Qualität ganz Griechenlands haben.

Die Hauptattraktion des Dorfes aber ist die aus der Jahrhundertwende stammende Fabrik zur Gewinnung von Olivenöl, die – vorbildlich restauriert – heute eine kulturgeschichtliche Besonderheit bietet: Der Industriebau beherbergt ein Museum, das die Kulturgeschichte der Olive anschaulich dokumentiert.

Mitilíni ist eine angenehme Hafenstadt an der malerischen Ostküste, der man ihren ehemaligen Reichtum noch immer ansieht. Auf dem Vorgebirge liegen die eindrucksvollen Reste jener Burganlage, die im Mittelalter zu den größten Griechenlands zählte. Hier hat sich eine römische Zisterne erhalten, die ursprünglich ein Fassungsvermögen von etwa 4000 Kubikmetern besaß und wahrscheinlich mit dem Wasser des Aquädukts von Mória gespeist wurde. Die Festungsmauern lassen deutlich die unterschiedlichen Einflüsse aus byzantinischer, genuesischer und türkischer Zeit erkennen. Vom Burgberg aus hat man einen schönen Blick auf den elegantesten Teil von Mitilíni: Die prachtvollen Bauten der Uferpromenade, die teilweise im Stil des Historismus errichtet wurden, werden von der weißen Kuppel der Ájios-Athanásios-Bischofskirche aus der Wende vom 16. zum 17. Jahrhundert überragt.

Im Hafen von Mitilíni heißt es Abschied nehmen von einer der schönsten Inseln Griechenlands. An der Spitze der Mole, die die Südseite des Naturhafens abschließt, befindet sich eine winzige kleine Taverne. Eigentlich ist es eine

»Ouzerie«, in der man bei köstlichem Plomári-Ouzo vor allem kleine Fisch-, aber auch Fleisch- und Gemüseleckereien verzehren kann. Ein lukullisches Arrangement, das Griechen zu jeder Tageszeit genießen! Von hier aus hat man einen guten Blick auf Mitilíni. Allseits von Meer umgeben und vom Wind umbraust, ist die Ouzerie zugleich der richtige Ort, um sich auf das nächste Ziel in der Ägäis einzustimmen: auf Chíos.

Chíos liegt etwa 55 Kilometer südlich von Lesbos und ist nur knapp 6 Kilometer von der türkischen Westküste entfernt. Seine Landschaft gleicht einem dramatischen Bühnenbild, das Kulisse für welthistorische Ereignisse war. Umsegelt man die Insel mit ihren zahlreichen Buchten und Naturhäfen, spürt man, daß eine merkwürdig abweisende und zugleich anziehende Kraft von Chíos ausgeht. Da entdeckt man – mit Ausnahme der Hauptstadt Chíos und Wrondádhos an der Ostküste – keine gewachsene Ortschaft; keine Ansiedlung an den Berghängen verrät menschliches Leben. Die unbewohnt wirkende Insel diente den Menschen früherer Zeiten als natürliche Festung. Erst im 19./20. Jahrhundert begann die Bevölkerung, in wenigen Küstenregionen zu siedeln. Zuvor hatte man stets Schutz im Hinterland des zerklüfteten Mittelgebirges gesucht, das die ganze Insel vom Norden mit dem 1 297 Meter hohen Profítis Ilías über etwa 45 Kilometer bis zum Süden mit dem 329 Meter niedrigen Faná-Bergrücken wie eine schiefe Ebene durchzieht. Ganz im Norden das bewaldete Pelineón-Massiv. Oberhalb der karstigen Hänge, im Nordwesten bei den Dörfern Ájion Gálas und Melaniós, stehen heute dort, wo einst die Genuesen und Venezianer ihre steinernen Windmühlen bauten, modernste Windräder, mit denen Elektroenergie gewonnen wird. Es handelt sich um eine der größten technischen Anlagen im ägäischen Raum. Überall hier im Norden gibt es festungsartige Dörfer mit traditioneller bäuerlicher Architektur, kleinen Steinhäusern einfachster Bauart, die wie Adlerhorste auf unwegsamen Anhöhen liegen. Etwa ab der Mitte der Insel in Richtung Süden wird das von fruchtbaren Ebenen durchzogene Gebirge immer flacher. Auch hier scheinen die Siedlungen aus den Gipfeln herauszuwachsen, wie es besonders eindrucksvoll **Anáwatos** dokumentiert. Je weiter man nach Süden kommt, desto stärker ändert sich das Gesicht der Insel. Die Region zwischen den Ortschaften Chalkiós und Tholopotámi ist im Frühjahr mit feuerroten Feldern geschmückt. Aber es handelt sich nicht um Mohn, wie es Griechenland erwarten ließe, sondern überraschenderweise um wilde Tulpen. Es heißt sogar, die Holländer hätten ihre berühmten Tulpen von Chíos geholt. Hier in der **Kámbos-Ebene** gibt es seit Jahrhunderten fruchtbare Zitrushaine, denen die Bevölkerung ihren Wohlstand verdankt. Ganz im Süden, bei Armolia, sind die flachen Berghänge mit Mastix-Bäumen kultiviert. Das aromatische Harz dieser Bäume wird zur Geschmacksverfeinerung von Likör, Ouzo, Joghurt, Parfüm, aber auch für die Herstellung von Kaugummi verwendet. Chios ist seit der Antike der einzige griechische Produzent von Mastix, einem stets bedeutenden Exportartikel. In Syrien und anderen arabischen Ländern ist Chíos deshalb auch nur unter dem Namen »Mastix« bekannt. Hier, im Süden der Insel, wirken die Dörfer mit ihren zwei- bis dreigeschossigen Häusern wie kleine Städte. Mestá, Olýmbi und Pyrjí blicken sogar auf genuesische Gründungen zurück. Am eindrucksvollsten ist **Pyrjí** mit seiner sehr eleganten grau-weißen Fassaden-Ornamentik, auf die der Begriff »Pyrjí-Stil« zurückgeht.

Trotz guter Geschäfte mit Mastix und Zitrusfrüchten bildete immer das Meer die Existenzgrundlage der Chioten. Chíos besaß unter der venezianischen (1124 – 1261), der byzantinischen (1261 – 1346), der genuesischen (1346 – 1566) und osmanischen Herrschaft (1566 – 1912) eine sehr erfolgreiche Handelsflotte. Heute geht der Reichtum der Insel vor allem auf ihre bedeutenden Reedereien zurück.

In diesen Kontext paßt auch die Geschichte, daß der berühmte Seefahrer Christoph Columbus im Jahr 1470 mehrmals Chíos besucht habe; andere behaupten, er habe hier etwa achtzehn Monate gelebt, um sich Navigationsspezialisten auszuwählen und die genuesischen Seekarten, die hier aufbewahrt wurden, zu studieren. Einige Forscher glauben sogar, daß Columbus 1451 auf Chíos geboren sei und die Insel 1453 mit seinen Eltern, nach der osmanischen Eroberung von Konstantinopel, verlassen habe. Eine verblüffende Behauptung – doch immerhin ist die Herkunft beziehungsweise Abstammung des Entdeckers der »Neuen Welt« bis heute nicht zweifelsfrei geklärt. Bemerkenswert ist jedenfalls, daß Columbus Kleidung trug, die nur auf Chíos verbreitet war – ferner weiß man, daß seine Unterschrift aus griechischen Buchstaben bestand und nach byzantinischer Art kunstvoll kalligraphiert war: Stets kürzte er seinen Vornamen Christophoros Griechisch mit »Xpo« … ab!

Doch verlassen wir den Weg der hochinteressanten Spekulationen, die sich möglicherweise irgendwann bewahrheiten, und bleiben wir auf der Insel Chíos. Zu den bedeutendsten Sehenswürdigkeiten auf der Insel gehört **Néa Moní**, neben Dafní (s. S. 185) und Ósios Lúkas (s. S. 238) das dritte Meisterwerk byzantinischer Sakralarchitektur in Griechenland. Das festungsartige Kloster liegt im Hinterland im Schutze eines Berges und stammt aus der ersten Hälfte des 11. Jahrhunderts. Es ist eine Gründung von Kaiser Konstantin IX. Monomachos (reg. 1042–1055), der auch das klösterliche Leben auf dem heiligen Berg Athos gefördert hat (s. S. 302). Leider ist der Mosaikenzyklus der Klosterkirche, der zu den größten Kostbarkeiten byzantinischer Kunst gehörte, nicht mehr vollständig. Besonders ausdrucksstark sind die Porträts der Heiligen mit ihren vornehmen aristokratischen Zügen. Die Gesichter strahlen Ruhe und Würde aus.

Bedauerlicherweise fehlt heute das Leben im Kloster, da es hier keine Mönche mehr gibt. Dennoch wirkt die Anlage nicht museal. Immer noch finden im Katholikon sonntägliche Messen, Taufen, Hochzeiten und Sterbegottesdienste statt. Der schön gepflegte, blühende Garten im Klosterhof läßt erahnen, welche Lebendigkeit hier trotz christlicher Askese einst geherrscht hat.

Chíos-Stadt, die einstige Metropole der nördlichen Ostägäis, zeigt nicht mehr das Flair vergangener Tage. Zuviele Katastrophen haben die Stadt heimgesucht. Zwar besaß die Insel unter den Osmanen relativ große Freiheiten, so daß die Chioten wie seit Generationen ungehindert ihrem erfolgreichen Seehandel nachgehen konnten. Doch als die Bevölkerung 1821 von Istanbul ›abtrünnig‹ wurde und mit ihrer Flotte sehr erfolgreich den nationalen Freiheitskampf der Griechen auf der Peloponnes unterstützte, starteten die Osmanen ein Jahr später eine Strafexpedition: Mehr als 20 000 Inselbewohner wurden getötet und weitere 45 000 versklavt…! Das entsetzliche »Massaker von Chíos« stieß in Europa und den Vereinigten Staaten auf größte Proteste und Empörung. Eugène Delacroix' berühmtes Gemälde zu diesem furchtbaren historischen Ereignis löste eine ähnliche Welle der Solidarität aus wie das Picasso-Gemälde »Guernica«.

Die Hafenpromenade von Chíos verlor erst in den letzten beiden Jahrzehnten ihr Gesicht und hat es mit ihrem Sammelsurium gesichtsloser Neubauten und den zahlreichen Neonlichtreklametafeln schwer, der Stadt eine neue Identität zu geben. Da gibt es zwar viele ›moderne‹ Geschäfte, die jedoch in stillosen Gebäuden untergebracht sind. Nur ganz im Norden der Stadt trifft man auf historisch gewachsene Viertel. Beim alten versandeten genuesischen Hafen erheben sich inmitten der Bebauung die Reste der alten Festungsanlage, in der christliche und islamische Baudenkmäler nebeneinander stehen. In dieser Gegend ist man ernsthaft um eine sachgerechte Altstadtsanierung bemüht. Besonders pittoresk sind die türkischen Wohnhäuser, die Moschee, der islamische Friedhof und die nördliche Befestigung.

Im südlichen Stadtkern, unmittelbar neben dem Gymnasium, liegt die Koraïs-Bibliothek, die zu den größten Privatsammlungen des Landes gehört. Ihr Grundstock besteht aus der Bibliothek von Adamántios Koraïs (1748 – 1833), die durch die Gemälde- und Volkskunstsammlung von Philip Argenti, dem Sohn einer der angesehensten Familien von Chíos, ergänzt wurde. Heute besitzt die Bibliothek knapp 150 000 Bücher, Manuskripte und andere bibliophile Kostbarkeiten. Darunter schlummern auch ›ungehobene Schätze‹ aus der arabischen und iranischen Welt, die fast ohne Ausnahme bisher von Fachleuten weder gesichtet noch katalogisiert wurden.

Koraïs hatte für Griechenland aber noch eine andere große Bedeutung. Seit 1788 lebte er in Paris als Arzt und war dort von der französischen Aufklärung und der Revolution von 1789 so tief beeindruckt, daß er seine Tätigkeit als Mediziner aufgab und nach Chíos zurückging, um Aufklärungsarbeit in seiner immer noch von Osmanen beherrschten Heimat zu leisten. Sein Ziel war es, daß sich auch das griechische Volk gegen Unterdrückung und Unfreiheit erheben sollte. Seine wichtigste Aufgabe sah er darin, sein Studium antiker Autoren zu vollenden, um mit der Weitergabe des Wissens der »Alten Welt« in seiner siebzehnbändigen »Griechischen Bibliothek« (1805 – 1826) die Griechen auf ihren Freiheitskampf vorzubereiten.

Koraïs führt uns aber auch noch zu einem anderen Dichter von Chíos, der Griechenland mit grundlegendem Wissen beschenkte. Ja, dieser Poet steht sogar ganz am Anfang der griechischen und damit europäischen Literatur. Gemeint ist Homer! Viele Orte an der kleinasiatischen Küste nehmen den Ruhm für sich in Anspruch, daß der berühmte Mann aus ihrer Stadt stamme; tatsächlich deutet vieles auf Chíos hin. Eine Legende der Insel weiß sogar zu berichten, daß Homer in Pityús geboren sei, in Wolissós gelebt, in Wrondádhos eine Schule geleitet und in Anáwatos gesungen habe, und daß er schließlich in Kardhámila begraben worden sei. Homer war um 800 v. Chr. der erste, der die bis dahin nur mündlich überlieferten Kenntnisse über die minoische und mykenische Welt – teilweise in Mythen verkleidet – schriftlich festhielt. Damit verdichtet sich auf Chíos die viertausendjährige Kulturgeschichte Griechenlands und Europas. Während Homer der vorgeschichtlichen Vergangenheit Unsterblichkeit gab, zeigte Koraïs den Weg der Hoffnung.

INTERAMERICAN

ΚΟΙΝΟΤΙΚΗ ΑΙΘΟΥΣΑ
ΠΥΡΓΙΟΥ

ΧΙΟΥ
42% Vol
DISTILLED BLENDED AND
CHIOS-GREECE
Μαστίχα Χίου
ΗΔΥΠΟΤΟ
ΕΛΛΗΝΙΚΗΣ ΠΑΡΑΓΩΓΗΣ
τσίχλες
smile
ΧΑΜΟΓΕΛΟ ΔΡΟΣΙΑΣ
ΧΙΟΣ
ΜΟΥΡΟΥΝΑΣ
Έξαιρετικά
ΛΟΥΚΟΥΜΙΑ

FIANDRE
ARS-UNA
ΤΟΜΟΣ II

13. Folge: Lesbos und Chíos

S.359: Versteinerter Baum am Kieselstrand der Megalonissi-Insel vor Lesbos

S.360: Zwei Gemälde des Sappho-Zyklus von Detlef Renner von Seherr:
»Wenn gestorben du liegst: nimmermehr wird jemand gedenken dein
Nach sich sehnen dereinst; keinerlei Teil hattest an Rosen du
Aus Pierien. Nein, unsichtbar auch wirst du in Hades Haus
Irren unter dem Traum, unter dem Tod – eine Entflogene.«
»Welche bäuerische Magd blendet den Sinn…
Hat ein bäurisches Kleid umgetan…
Nicht versteht sie sich drauf, daß sie den Saum bis auf die Knöchel zieht.«

S.361: Pétra, historisches Dorf mit Sitz der »Frauenkooperative« von Lesbos

S.362: Skála Sikaminiás an der Nordküste, das schönste Fischerdorf von Lesbos

S.363: Traditioneller Tanz in Míthimna/Móliwos auf Lesbos und Puppen mit traditionellen Trachten von Dóra Parísi

S.364: Ouzerie in Mitilíni mit dem »besten« Ouzo Griechenlands aus Plomári

S.365: Mitilíni, die Hauptstadt von Lesbos, mit ihrer historischen Architektur

S.366: Das Kloster Néa Moní auf Chíos vom Anfang des 11. Jh.

S.367: Mosaike aus Néa Moní: ›Erzengel Michael‹ in der Apsis der linken Seitenkapelle –
u: Fußwaschung von Petrus – Petrus schneidet einem Soldaten ein Ohr ab

S.368: Wilde Tulpen auf Chíos zwischen den Dörfern Chalkiós und Tholopotámi

S.369: Traditionelle Fassadenmalerei im »Pyrjí-Stil« in Pyrjí auf Chíos

S.370: Chíos ist die einzige Insel Griechenlands, auf der der Mastix-Baum seit der Antike kultiviert wird. Seine aromatische Harzmasse wird heute zur Geschmacksverfeinerung sowie für die Herstellung von Kaugummi verwendet.

S.371: Chíos soll die Heimatinsel Homers gewesen sein, in Wolissós (o.l) soll er gelebt haben, in Pityús (o.r) geboren und in Kardhámila (u.r) begraben sein –
u: Adamántios Koraïs (1748 – 1833) legte den Grundstock für die weit über die Grenzen Griechenlands bekannte Koraïs-Bibliothek von Chíos

S.372: Sonnenaufgang in Chíos-Stadt mit Blick zur Westküste Kleinasiens

Sprachkurs Neugriechisch

Schrift und Aussprache

A Schrift

Schrift und Aussprache des Griechischen sind zunächst einmal die Punkte, auf die wir uns konzentrieren wollen. Viele meinen, das griechische Alphabet sei etwas Fremdes, etwas ganz anderes als unser lateinisches. Dazu ist von Anfang an zu sagen, daß die Römer immer der Meinung waren, das griechische Alphabet zu benützen; etwa so, wie wir von »arabischen« Zahlzeichen sprechen. Die Römer übernahmen also zur antiken Zeit das griechische Alphabet, das ein paar Kilometer südlich von Rom vor ihrer Haustüre geschrieben wurde, paßten es in einigen Buchstaben ihrem Sprachsystem an, und seit dieser Zeit schreibt Europa griechisch, pardon: lateinisch.

Was ich damit sagen will, ist, daß es – zumindest bei den großen Buchstaben – zwischen den beiden Alphabeten sehr viel mehr Gemeinsames als Trennendes gibt.

Auch ein zweiter Punkt ist gut zu wissen: die (alt)griechische Kultur wird als Wiege der europäischen Kultur verstanden. Es ist geradezu unvorstellbar, wie viele Fremdwörter wir in den europäischen Sprachen verwenden, die aus dem Griechischen kommen: von »Alphabet« und »Auto« über »Kirche«, »Musik«, »Polizei«, »Schule« bis »Zylinder« und »Zypresse«.

Diese Wörter sind zwar – meist über das Lateinische – aus dem Altgriechischen und mit der damaligen Aussprache übernommen worden, aber an ihren Grundbestandteilen hat sich bis heute so gut wie nichts verändert.

Das Neugriechische geht geradlinig auf das Altgriechische zurück und hat sich auch nicht, wie etwa im Lateinischen, in verschiedene »Dialekte« aufgespalten (wie etwa die »Romanischen Sprachen«). Die Aussprache hat sich allerdings – vor allem nach Meinung der Altphilologen – doch erheblich verändert. Das könnte uns im Grunde egal sein, wenn wir nicht im Deutschen auf diese aus dem Griechischen stammenden Fremdwörter angewiesen wären, das heißt für unsere Zwecke einsetzbar machen wollten.

Daß das Griechische darüber hinaus zu den sogenannten »Indogermanischen Sprachen« gehört, mag als weiterer Hinweis dafür gelten, wie viele Anhaltspunkte und Verwandtschaften wir im Griechischen schon haben, bevor wir uns daran machen, diese Sprache etwas besser kennenzulernen.

Das Griechische ist die älteste Schriftsprache Europas und hat in seiner langen Geschichte vielerlei Veränderungen erfahren, die sich allerdings mehr in der Aussprache und weniger in der Schrift niederschlagen. Die Schere zwischen Schrift und Aussprache klafft im Griechischen besonders weit auseinander: je länger die Geschichte einer Schriftsprache ist, desto mehr Laute entsprechen im Schriftbild nicht mehr der tatsächlichen Aussprache. Viele Laute fallen z. B. zu einem Laut zusammen, werden aber in der Schrift noch verschieden geschrieben.

Das alles interessiert uns hier nur am Rande, da wir nicht vorhaben, Sie zum richtigen Schreiben zu führen. Wichtig zu wissen ist das aber, da Sie die Laute ja aus der Schrift erkennen müssen, bevor Sie sie sprechen.

1. Die Großbuchstaben

Zunächst also einmal die großen Buchstaben. Sie haben die meisten Bezugspunkte zum lateinischen Alphabet, die kleinen Buchstaben sind ja ohnehin erst eine Erfindung des Mittelalters.

Griech.	lat. Buchstaben	Aussprache
Α	A	a
Β	B	w
Γ	J/G	vor a-o-u-Lauten und Konsonanten: »ganz weiches g«, vor e-i-Lauten: j
Δ	D	th stimmhaft: engl. that
Ε	E	ä
Ζ	S	s stimmhaft, wie in »Rose«
Η	I	i
Θ	TH	th stimmlos: engl. thanks
Ι	I	i
Κ	K	wie »hartes g«, kein zusätzlicher h-Laut
Λ	L	l
Μ	M	m
Ν	N	n
Ξ	X	x
Ο	O	»offenes« o wie in »offen«
Π	P	wie »hartes b«, kein zusätzlicher h-Laut
Ρ	R	rollendes r
Σ	S	s nicht stimmhaft
Τ	T	wie »hartes d«, kein zusätzlicher h-Laut
Υ	Y	i
Φ	F	f
Χ	CH	ch
Ψ	PS	ps
Ω	O	»offenes« o

Von den 24 Buchstaben des großen Alphabets sind 14 auch im Deutschen vorhanden; allerdings bezeichnen sie nicht immer denselben Laut: B wird wie »w« ausgesprochen, Z wie ein stimmhaftes »s«. H wird sogar für einen der i-Laute verwendet, mit P ist ein rollendes »r« gemeint, und X entspricht unserem ch-Laut.

Sodann gibt es ein paar Buchstaben, deren griechische Herkunft auch im Lateinischen noch zu erkennen ist: der dritte Buchstabe des Abc ist ein Γ, das für den (weichen) g-Laut steht, der vierte Buchstabe ein Δ, dessen Pendant in D gut erkennbar ist. Das Λ für L steht nur auf dem Kopf, das Σ ist ein Vorläufer von S, und das dicke Ω als letzter Buchstabe des griechischen Alphabets (»von A bis O«) ist unschwer als Omega auszumachen.

Es bleiben übrig: Θ (stimmloses englisches th), Ξ (x), Π (p), Φ (f) und Ψ (ps), auf die also besonders geachtet werden muß.

Und damit Sie gleich ein bißchen üben können, hier ein paar Wörter, die Ihnen bekannt vorkommen dürften und sich darauf beziehen, was wir eingangs erwähnten. Dazu noch eine Hilfe, ohne die Sie sich hin und wieder ins Abseits manövrieren:

AI	=	e-Laut, neben E
EI	=	i-Laut, neben I, H, Y, OI
OI	=	i-Laut, neben I, H, Y, EI
OY	=	u-Laut

Und noch etwas: die Betonung des griechischen Fremdworts im Deutschen muß im Griechischen nicht mit der deutschen, die aus dem Lateinischen kommt, übereinstimmen: ein ΠΑΝΟΡΑΜΑ entspricht zwar einem Panorama und wird trotzdem im Griechischen auf dem -ó- Laut betont: Panórama. Um Sie vor dem Schlimmsten zu bewahren, habe ich also die Stelle im Wort hervorgehoben, deren Laut stärker betont wird. Die angegebene deutsche Bedeutung soll nur auf das entsprechende deutsche Wort aufmerksam machen und entspricht nicht immer auch der heutigen griechischen Bedeutung (ΚΟΜΜΑ = Partei, ΖΩΟ = Lebewesen, ΑΠΟΘΗΚΗ = Vorrats-, Abstellkammer, ΠΟΛΙΤΕΙΑ = Staat). Jene Wörter, die im Deutschen etwas anderes bezeichnen als im Griechischen, stehen deshalb im folgenden in »Anführungszeichen«.

Sie interessiert im Augenblick nur die erste, die dritte und vierte Spalte der folgenden Wortliste. Die zweite Spalte wurde jetzt schon dazugesetzt, damit Sie später auch die kleinen Buchstaben mitüben können. In der vierten und letzten Spalte sind einige Charakteristika griechischer Wörter im Deutschen genannt, die Sie darauf hinweisen sollen, daß z. B. praktisch alle Wörter, die im Deutschen ein -y- oder ein -th- haben, aus dem Griechischen kommen.

ΚΛΙΜΑ	κλίμα	Klima	-ma
ΚΟΜΜΑ	κόμμα	Komma	-ma
ΘΕΜΑ	θέμα	Thema	th- -ma
ΠΑΝΟΡΑΜΑ	πανόραμα	Panorama	-ma
ΡΥΘΜΟΣ	ρυθμός	Rhythmus	rh, -y-, -th-
ΜΟΥΣΙΚΗ	μουσική	Musik	-ik
ΤΕΧΝΙΚΗ	τεχνική	Technik	-ik
ΦΙΛΟΛΟΓΙΑ	φιλολογία	Philologie	ph- -logie
ΡΕΤΣΙΝΑ	ρετσίνα	Retsina	
ΟΥΖΟ	ούζο	Uso	
ΓΥΡΟΣ	γύρος	Gyros	-os
ΠΟΛΙΤΙΚΗ	πολιτική	Politik	-ik
ΚΛΙΝΙΚΗ	κλινική	Klinik	-ik
ΓΕΩΛΟΓΙΑ	γεωλογία	Geologie	-logie
ΜΑΘΗΜΑΤΙΚΗ	μαθηματική	Mathematik	-ik
ΦΥΣΙΚΗ	φυσική	Physik	ph-, -y-, -ik
ΨΥΧΟΛΟΓΙΑ	ψυχολογία	Psychologie	-y- -logie
ΖΩΟ	ζώο	Zoo	
ΦΙΛΟΣΟΦΙΑ	φιλοσοφία	Philosophie	ph- -sophie
ΣΟΦΙΑ	σοφία	Sophia	»Weisheit«
ΔΗΜΟΚΡΑΤΙΑ	δημοκρατία	Demokratie	-kratie
ΦΩΤΟΓΡΑΦΙΑ	φωτογραφία	Photographie	ph- -graphie
ΓΕΩΓΡΑΦΙΑ	γεωγραφία	Geographie	-graphie
ΤΥΠΟΣ	τύπος	Typ	-y-
ΑΠΟΘΗΚΗ	αποθήκη	»Apotheke«	apo- -theke
ΔΙΣΚΟΘΗΚΗ	δισκοθήκη	»Diskothek«	-th- -thek
ΒΙΒΛΙΟΘΗΚΗ	βιβλιοθήκη	Bibliothek	-thek
ΛΕΞΙΚΟ	λεξικό	Lexikon	
ΠΡΟΒΛΗΜΑ	πρόβλημα	Problem	-m(a)
ΠΡΟΓΡΑΜΜΑ	πρόγραμμα	Programm	-m(a)
ΘΕΑΤΡΟ	θέατρυ	Theater	-th-
ΜΕΘΟΔΟΣ	μέθοδος	Methode	-th-
ΚΡΙΣΗ	κρίση	Krise	
ΑΥΤΟΚΙΝΗΤΟ	αυτοκίνητο	Auto(mobil)	
ΠΟΛΙΤΕΙΑ	πολιτεία	»Polizei«	
ΑΘΗΝΑ	Αθήνα	Athen	
ΟΙΚΟΝΟΜΙΑ	οικονομία	Ökonomie	-nomie
ΟΙΚΟΛΟΓΙΑ	οικυλογία	Ökologie	[-ö-] -logie
ΠΑΙΔΑΓΩΓΟΣ	παιδαγωγός	Pädagoge	[-ä]

ΣΥΜΦΩΝΙΑ	συμφωνία	Symphonie	-y- -phonie
ΥΠΟΘΕΣΗ	υπόθεση	Hypothese	-y-
ΤΑΒΕΡΝΑ	ταβέρνα	Taverne	
ΚΑΦΕΝΕΙΟ	καφενείο	Kafenio	
ΕΛΕΝΗ	Ελένη	»Helena«	
ΚΩΝΣΤΑΝΤΙΝΟΣ	Κωνσταντίνος	Konstantin	
ΚΩΣΤΑΣ	Κώστας	Kostas	
ΘΕΟΔΩΡΑΚΗΣ	Θεοδωράκης	Theodorakis	
ΟΜΗΡΟΣ	ʹΟμηρος	»Homer«.	

Und noch eine kurze Anmerkung zum Untertitel unserer Sendereihe

ΚΑΛΗΜΕΡΑ ΡΩΜΙΟΣΥΝΗ – Kalimera Romiosini:

Die Römer fühlten sich als Fortsetzer und Hüter der griechischen Kultur vor allem ab damals, als sie, aus Rom vertrieben, 330 n. Chr. das »zweite Rom« als Konstantins Stadt, Konstantinopel, an der Stelle des älteren »Byzanz« gründeten. Dieser Konstantin war nicht nur der Kaiser der Römer, sondern er begründete damit jenes »byzantinische« mittelalterliche Großreich, das bis 1453 Bestand hatte. Da diese Hauptstadt Konstantinopel – heute Istanbul – in den griechischsprachigen Kulturteil des römischen Reiches fiel, wurde Griechisch sehr bald zur Amtssprache.

Da diese Griechen aber im »römischen Kaiserreich« lebten, waren auch sie »Römer«, ihre Sprache »römisch«, und der Oberbegriff für jenes mittelalterliche und bis heute fortdauernde »Griechentum« war ganz selbstverständlich »ROMIOSYNI« – ΡΩΜΙΟΣΥΝΗ. Die Türken benennen die Griechen bis heute »Rum« – Römer, und ein Teil des heutigen griechischen Festlands heißt bis heute »Rumeli« – Land der Römer.

Natürlich bezeichnen sich die heutigen Griechen wieder als ΕΛΛΗΝΕΣ – HELLENEN und ihr Land ΕΛΛΑΔΑ – HELLAS. Dies geschah aber erst mit Hilfe der ΦΙΛΕΛΛΗΝΕΣ – Philhellenen im Rahmen der Befreiungskriege von den Türken zu Beginn des vorigen Jahrhunderts.

ΡΩΜΙΟΣΥΝΗ ist also der Oberbegriff für das Griechentum nach der antiken klassischen Zeit.

2. Die Kleinbuchstaben

Von den kleinen Buchstaben sind uns einige aus der Schulgeometrie und Physik bekannt: α, β, γ, π und σ.

Der Rest ist schnell präsentiert:

Α	α	ΕΛΛΑΔΑ	Ελλάδα
Β	β	ΤΑΒΕΡΝΑ	ταβέρνα
Γ	γ	ΑΓΙΟΝ ΟΡΟΣ	Ἅγιον Ὅρος
Δ	δ	ΔΩΔΕΚΑΝΗΣΟΣ	Δωδεκάνησος
Ε	ε	ΜΑΚΕΔΟΝΙΑ	Μακεδονία
Ζ	ζ	ΟΥΖΟ	ούζο
Η	η	ΚΡΗΤΗ	Κρήτη
Θ	θ	ΑΘΗΝΑ	Αθήνα
Ι	ι	ΧΙΟΣ	Χίος
Κ	κ	ΚΕΡΚΥΡΑ	Κέρκυρα
Λ	λ	ΕΛΛΑΔΑ	Ελλάδα
Μ	μ	ΠΑΤΜΟΣ	Πάτμος
Ν	ν	ΑΘΗΝΑ	Αθήνα
Ξ	ξ	ΞΕΝΟΔΟΧΕΙΟ	ξενοδοχείο
Ο	ο	ΡΟΔΟΣ	Ρόδος
Π	π	ΠΕΛΟΠΟΝΝΗΣΟΣ	Πελοπόννησος
Ρ	ρ	ΡΩΜΙΟΣΥΝΗ	ρωμιοσύνη
Σ	σ, ς	ΘΕΣΣΑΛΟΝΙΚΗ	Θεσσαλονίκη
Τ	τ	ΑΤΤΙΚΗ	Αττική
Υ	υ	ΚΥΠΡΟΣ	Κύπρος
Φ	φ	ΣΕΡΙΦΟΣ	Σέριφος
Χ	χ	ΟΧΙ	όχι
Ψ	ψ	ΨΑΡΙΑ	ψάρια
Ω	ω	ΡΩΜΙΟΣΥΝΗ	ρωμιοσύνη

σ wird, wenn es am Wortende steht, ς geschrieben.

Wer ein bißchen üben will, kann jene Wörter in Großbuchstaben jetzt auch kleingeschrieben wiedererkennen:

κλίμα, κόμμα, θέμα, πανόραμα, ρυθμός, μουσική, τεχνική, φιλολογία, ρετσίνα, ούζο, γύρος, πολιτική, κλινική, γεωλογία, μαθηματική, φυσική, ψυχολογία, ζώο, φιλοσοφία, σοφία, δημοκρατία, φωτογραφία, γεωγραφία, τύπος, αποθήκη, δισκοθήκη, βιβλιοθήκη, λεξικό, πρόβλημα, πρόγραμμα, θέατρο, μέθοδος, κρίση, αυτοκίνητο, πολιτεία, οικονομία, οικολογία, παιδαγωγός, συμφωνία, υπόθεση, ταβέρνα, καφενείο.

Die Wortakzente gehören im übrigen jetzt zum festen Bestandteil der Schrift: Wörter mit kleinen Buchstaben, die mehr als eine Silbe haben, tragen im Griechischen einen Akzent. Das ist für Sie eine große Hilfe und sollte auch als solche verstanden werden.

B Aussprache

Schriftdarstellung ohne Aussprache gibt es nicht. Das meiste wurde also schon vorgebracht. Hier folgen nur noch eine Zusammenfassung und einige spezielle Hinweise.

1. Die Lautschrift: Übersicht

Laut	griech. Buchstabe	Anmerkungen
a	α	kurzes a
b	μπ	
d	ντ	
e, ä	ε, αι	offen und kurz: ä!
f	φ	
g	γ	*ganz weiches g*, siehe Gebrauchsanleitung
i	ι, η, υ, ει, οι	kurz
j	γι	
k	κ	ohne anschließenden Luftschwall, fast wie ein (kurzes, »trockenes«) »g«
l	λ	kurz
m	μ	kurz

n	ν	kurz
o	ο, ω	immer offen!
p	π	ohne anschließenden Luftschwall, fast wie ein (kurzes, »trockenes«) »b«
r	ρ	zungenspitzengerollt
s	σ, ς	taucht in der Lautschrift nur da auf, wo die deutsche Aussprache keine Mißverständnisse zuläßt: kann also stimmhaft (summend) und stimmlos sein.
ss, ß	σ, ς	immer ein scharfes »ß«
t	τ	ohne anschließenden Luftschwall, fast wie ein (kurzes, »trockenes«) »d«
u	ου	
v, w	β, υ	immer ein stimmhaftes »w« wie in »wie«
w	β, υ	wie ein englisches »double-u«
x	χ	ähnlich wie im Deutschen
z	τσ, τζ	ähnlich wie im Deutschen
ng	γγ	immer wie in »Angelika«, mit deutlich hörbarem »g« (nicht wie in »Engel«)
ch	χ	wie in »ach«
ch	χ	wie in »ich«
δ	δ	»t-h« wie in engl. »the«
θ	θ	»t-h« wie in engl. »thick«

2. Gebrauchsanleitung für die Lautschrift

Die verwendete Lautschrift ist in keiner Weise amtlich. Sie orientiert sich an der deutschen Rechtschreibung und versucht so, mit vertrauten Mitteln, der neugriechischen Aussprache so nahe wie möglich zu kommen. Ein paar Besonderheiten sind freilich unbedingt zu beachten:

Jeder e-Laut, egal ob in der Umschrift als »ä« oder als »e« geschrieben, ist immer als »ä« auszusprächän, und zwar kurz!

Jedes auftauchende »o« ist ohne Ausnahme offen und kurz, wie in »doch«. Nie wie in »Ofenrohr« (immer wie in »offenrorr«!).

Das »r« wird gerollt.

Es gibt zwei verschiedene »c-h's«. Das eine wird ausgesprochen wie in »ich«, das andere wie in »ach«. Nur kommt es im Neugriechischen nicht auf den Vokal davor, sondern auf den dahinter an: vor »u«, »o« und »a« (also den dunkleren Vokalen) und vor Konsonanten ist es ein gutturales (weiter hinten in der Kehle gesprochenes) ch wie in »ach«. Vor hellen Vokalen wie »ä« und »i« ist es ein *ch wie in »ich«, das wir in der Umschrift durch Kursivdruck »ch« gekennzeichnet haben.* Das dunkle »ach-c-h« steht dagegen aufrecht: ch.

Das, was im neugriechischen Alphabet unserem »g« entspricht, das »Gamma« (Γ, γ), hat ebenfalls zwei Aussprachevarianten. Vor ä und i wird es »j« gesprochen und in der Lautschrift auch so wiedergegeben. Vor dunklen Vokalen allerdings ist es ein ganz besonderer Laut: ein »weiches *g*«, das man nicht beschreiben, sondern nur hören und nachsprechen oder nach folgender Anleitung erzeugen kann:
Bewegen Sie die Zunge in die Startposition für ein »k«. Aber sprechen Sie das »k« nicht. Sie merken: Die Zunge verschließt den Luftstrom, der nach außen möchte. Ein »k« bekämen Sie, wenn Sie die Zunge mit einem Schlag nach unten fallen und der Luft freie Bahn ließen. Das tun Sie aber nicht. Erhöhen Sie lediglich den Luftdruck und werden Sie ein klein wenig nachlässiger mit der Zungenspannung, so daß ein bißchen Luft gerade so hindurchgelangt.
Dann bekommen Sie so etwas wie ein »kchchchchch«.
Jetzt haben Sie Stimme dazu, und schon haben Sie das gámma, wobei zu beachten ist, daß auch der Anfang dieses Lautes genauso weich sein sollte wie der Laut selbst. Knacken darf da nichts.
Dieses »weiche Gamma« ist in der Lautschrift durch ein *kursives g* dargestellt: *g*.

»p«, »t« und »k« spricht man im Deutschen explosionsartig aus; »kaputt« etwa k-Hap-Hutt-H, der K-Haffee ist t-Holl etc. Dieser Luftschwall unterbleibt im Griechischen völlig, so daß ein »p« fast wie ein »b« klingt, ein »t« fast wie ein »d« und ein »k« fast wie ein »g«. Immer, wenn in der Lautschrift also ein p, t oder k auftaucht: ganz leicht, und ohne Luft!

δ bedeutet »stimmhaftes th wie im englischen *the*«.

θ bedeutet »stimmloses th wie im englischen *thick*«.

3. Zusammenfassung nach dem griechischen Alphabet

Buchstabe	Lautwert	Beispiel
α	a	Ελλάδα (Griechenland)
αι	ä	ναι (ja)
αυ	af av	αυτό (das da) αύριο (morgen)
β	w	ταβέρνα (Taverne)
γ	j »gh«	Γερμανία (Deutschland) πρόγραμμα (Programm)
γγ	ng + g	Αγγελική (Angelika)
γκ	ng + g g	άγκυρα (Anker) Γκρέτα Γκάρμπο (Greta Garbo)
γχ	ng + ch	συγχαρητήρια (herzlichen Glückwunsch)
δ	δ (»th«)	Δωδεκάνησος (Dodekanes)
ε	ä	έλα (komm!)
ει	i	καφενείο (»Kaffeehaus«)

ευ	ef	ευχαριστώ ([ich] danke)
	ev	ευαγγέλιο (Evangelium)
ζ	s (stimmhaft)	ούζο (Uso)
η	i	Κρήτη (Kreta)
θ	»th«	θέλω (ich will)
ι	i	μαζί (zusammen)
κ	k (ohne »Behauchung«)	κυρίες και κύριοι ([meine] Damen und Herren)
λ	l	λεξικό (Lexikon)
μ	m	καλημέρα (Guten Morgen/Tag)
μπ	mb	Ολυμπία (Olympia)
	b	μπουζούκι (Busuki)
ν	n	Θεσσαλονίκη (Thessaloniki)
ντ	nd	Μεγαλέξαντρος (Alexander der Große)
	d	Ντόρις (Doris)
ξ	x	έξω (draußen)
ο	o (offen!)	ωραίο (schön!)

οι	i	οικονομία (Sparsamkeit)
ου	u	μουσική (Musik)
π	p (ohne »Behauchung«)	παιδί μου (»mein Kind«)
ρ	r (rollen)	ρωμιοσύνη (Griechentum)
σ (ς)	s (stimmlos)	γειά σας (ich grüße Sie)
	s (stimmhaft)	κόσμος (Welt, Leute)
τ	t (ohne »Behauchung«)	πολιτική (Politik)
τζ	tz (mit stimmhaftem s)	τζατζίκι (Tzatziki)
τσ	ts (mit stimmlosem s)	έτσι (so)
υ	i	γύρος (Gyros)
φ	f	εφτά (sieben)
χ	*ch* (hell wie in »ich«)	όχι (nein)
	ch (dunkel wie in »ach«)	έχω, οχτώ ([ich] habe, acht)
ψ	ps	απόψε (heute abend)
ω	o (offen!)	φωτογραφία (Photographie)

Sprachübungen und Vokabeln

In unserer Umschrift des griechischen Textes drucken wir den stärker betonten Vokal – das entspricht im griechischen Text in der Regel einem Akzent – etwas fetter.

1. Folge: Griechenland

Begrüßung

Sprecherin (in Zukunft »S«)

S: Καλημέρα. Χαίρομαι.
kalim**ä**ra *ch***ä**romä
Guten Tag. Ich freue mich.

Χαίρομαι που είμαι εδώ.
*ch***ä**romä pu **i**mä äd**o**
Ich freue mich, hier zu sein (daß ich hier bin).

Χαίρομαι που θα σας παρουσιάσω τη ρωμιοσύνη,
*ch***ä**romä pu θa ßas parußi**a**sso ti romioss**i**ni
Ich freue mich, daß ich Ihnen »Romiosini« vorstelle,

χαίρομαι που θα σας παρουσιάσω αυτή τη σειρά
*ch***ä**romä pu θa ßas parußi**a**sso aft**i** ti ßir**a**
ich freue mich, daß ich Ihnen diese Reihe

εκπομπών.
äkpomb**o**n
von Sendungen vorstelle.

Χαίρομαι που θα σας βλέπουμε από δω και πέρα
*ch***ä**romä pu θa ßas wl**ä**pumä ap**o** δo kä p**ä**ra
Ich freue mich, daß wir Sie von jetzt an

στην εκπομπή μας ΚΑΛΗΜΕΡΑ ΡΩΜΙΟΣΥΝΗ.
stin äkpomb**i**mas kalim**ä**ra romioss**i**ni
bei unserer Sendung »Guten Tag Romiosini« sehen.

Χαίρετε!
*ch***ä**rätä
Tschüs!

Vokabeln

χαίρομαι *ch***ä**romä	ich freue mich
χαίρετε *ch***ä**rätä	seien Sie gegrüßt seid gegrüßt »auf Wiedersehen«
καλημέρα kalim**ä**ra	guten Tag, guten Morgen
είμαι εδώ **i**mä äδ**o**	ich bin hier
ρωμιοσύνη romioss**i**ni	(modernes) Griechentum

2. Folge: Kreta

Obstmarkt

Händler: H

H: Ωραία, νόστιμα σταφύλια, πάρτε, κυρίες μου,
or**ä**a n**o**stima staf**i**lia p**a**rtä kir**i**äsmu
Schöne leckere Trauben, nehmen/kaufen Sie, meine Damen,

σταφύλια, τζάμπα σήμερα τα σταφύλια,
staf**i**lia ts**a**ba ß**i**mera ta staf**i**lia
Trauben, gratis heute, die Trauben,

ροδάκινα, ωραία, νόστιμα, τραγανά
roδ**a**kina or**ä**a n**o**stima tragan**a**
Pfirsiche, schöne, leckere, »zum Reinbeißen«

ροδάκινα, αχλάδια ζουμερά, νόστιμα
roδ**a**kina achl**a**δia sumär**a** n**o**stima
Pfirsiche, Birnen, saftige, leckere

αχλάδια, ορίστε τα καλύτερα σταφύλια!
achl**a**δia or**i**stä ta kal**i**tära staf**i**lia
Birnen, bitte sehr die besten Trauben!

S: Ωραία σταφύλια!
or**ä**a staf**i**lia
Schöne Trauben!

H: Έχω τα καλύτερα της αγοράς. Θέλετε
ächo ta kal**i**tära tis agor**a**s θ**ä**lätä
Ich habe die besten des Markts. Wollen Sie

από τα μικρά ή από τα μεγάλα;
ap**o** ta mikr**a** **i** ap**o** ta mäg**a**la
von den kleinen oder von den großen?

S: Τι διαφορά έχουν;
ti δiafor**a** **ä**chun
Was ist der Unterschied?

H: Τα μεγάλα σταφύλια έχουν κουκούτσια. Τα μικρά
ta mäg**a**la staf**i**lia **ä**chun kuk**u**tsia ta mikr**a**
Die großen Trauben haben Kerne, die kleinen

είναι πιο γλυκά.
inä pj**o** glik**a**
sind süßer.

S: Θέλω δύο κιλά απ' αυτά τα γλυκά.
θ**ä**lo δ**i**o kil**a** ap aft**a** ta glik**a**
Ich will zwei Kilo von diesen süßen.

H: Μάλιστα, αμέσως. Είναι δυόμισι κιλά. Πειράζει;
m**a**lista am**ä**ßos **i**nä δi**o**mißi kil**a** pir**a**si
Jawohl, sofort. (Das) sind zweieinhalb Kilo. Macht's (was)?

S: Όχι, δεν πειράζει. Πόσο κάνουν;
ochi δän pir**a**si p**o**ßo k**a**nun
Nein, macht nichts. Wieviel macht's (»machen sie«)?

H: Τριακόσιες εβδομήντα δραχμές!
triak**o**ßjäs äwδom**i**nda δrachm**ä**s
Dreihundertsiebzig Drachmen!

S: Ορίστε ένα πεντακοσάρικο!
or**i**stä **ä**na pändakoß**a**riko
Bitte sehr ein Fünfhunderter!

H: Και τα ρέστα σας. Ευχαριστώ.
kä ta r**ä**sta ßas äfcharist**o**
Und Ihr Restgeld. (Ich) danke.

S: Κι εγώ ευχαριστώ, αντίο.
kiäg**o** äfcharist**o** ad**i**o
Auch ich danke, tschüs.

H: Καρπούζια, πεπόνι, μέλι το πεπόνι,
karp**u**sia päp**o**ni m**ä**li to päp**o**ni
Wassermelonen, Zuckermelone, Honig die Zuckermelone,

σύκα γλυκά και ώριμα,
ß**i**ka glik**a** kä **o**rima
Feigen, süße und reife,

ωραία μήλα, τραγανά μήλα!
or**ä**a m**i**la tragan**a** m**i**la
schöne Äpfel, »zum Reinbeißen«, Äpfel!

Vokabeln Obstmarkt

ωραία! or**ä**a	schön!
τα σταφύλια ta staf**i**lia	die Trauben
έχω **ä**cho	ich habe
μικρός, μικρή, μικρό mikr**o**s, mikr**i**, mikr**o**	klein (kleiner, kleine, kleines)
μεγάλος, μεγάλη, μεγάλο mäg**a**los, mäg**a**li, mäg**a**lo	groß (großer, große, großes)
μάλιστα m**a**lista	»sehr wohl«: ja
αμέσως am**ä**ssos	sofort

Fischmarkt

Fischhändler: F

F: Ελάτε, έχω ωραία ψάρια, πρωϊνό το ψάρι,
äl**a**tä **ä**cho or**ä**a ps**a**rja proin**o** to ps**a**ri
Kommen Sie, ich habe schöne Fische, von heute früh der Fisch,

έχω μπαρμπούνια, φρέσκα τα μπαρμπούνια,
ächo barb**u**nia fr**ä**ska ta barb**u**nia
ich habe Barben, frisch die Barben,

λιθρίνια, έχω ξιφία, συναγρίδες, σφυρίδες,
liθr**i**nia **ä**cho xif**i**a ßinagr**i**δäs sfir**i**δäs
Rotbrassen, ich habe Schwertfisch, Meerbrassen, Barsche,

ωραίες οι σφυρίδες, ελάτε, ελάτε, κυρία,
or**ä**äs i sfir**i**δäs äl**a**tä äl**a**tä kir**i**a
schön die Barsche, kommen Sie, kommen Sie, (meine) Dame,

βακαλάος, ωραίος ο βακαλάος. Ορίστε!
wakal**a**os or**ä**os o wakal**a**os or**i**stä
Stockfisch, schön der Stockfisch. Bitte sehr!

S: Φρέσκο είναι αυτό το ψάρι;
fr**ä**sko **i**nä aft**o** to ps**a**ri
Ist dieser Fisch frisch?

H: Σημερινά, πολύ ωραία.
ßimärin**a** pol**i** or**ä**a
Von heute, sehr schöne.

S: Ξιφία δεν έχετε; Πούντος;
xif**i**a δän **ä***ch*ätä p**u**ndos
Schwertfisch haben Sie nicht? Wo ist er denn?

H: Νάτος, μπροστά σας, πολύ ωραίο,
n**a**tos brost**a** ßas pol**i** or**ä**o
Da ist er, vor Ihnen, sehr schön,

πόσο θέλετε;
p**o**ßo θ**ä**lätä
wieviel wollen Sie?

S: Αύριο, ευχαριστώ.
avrio äfcharist**o**
Morgen, (ich) danke.

Vokabeln Fischmarkt

τα ψάρια ta ps**a**rja	die Fische
όχι **o***ch*i	nein
ευχαριστώ äfcharist**o**	(ich) danke
πούντος; p**u**ndos	wo ist er?
νάτος! n**a**tos	da ist er!

3. Folge: Santorin

Frage nach der Polizeiwache

Passantin: P

S: Μήπως μπορείτε να μου πείτε, πού είναι
m**i**pos bor**i**tä na mu p**i**tä pu **i**nä
Vielleicht können Sie mir sagen, wo

η αστυνομία;
i astinom**i**a
die Polizei ist?

P: Θα πάτε ίσια μπροστά και θα στρίψετε δεξιά
θa p**a**tä **i**ßia brost**a** kä θa str**i**psätä δäxi**a**
Sie gehen geradeaus (voraus) und biegen rechts ab

και θα τη βρείτε μπροστά σας.
kä θa ti wr**i**tä brost**a** ßas
und Sie werden sie finden vor sich.

S: Ευχαριστώ.
äfcharist**o**
(Ich) danke.

Auf der Wache

Polizist: P

S: Καλημέρα σας.
kalim**ä**ra ßas
Guten Tag.

P: Χαίρετε, τι θέλετε;
*ch***ä**rätä ti θ**ä**lätä
»Seien Sie gegrüßt«, was wünschen Sie?

S: Μήπως μπορείτε να με βοηθήσετε; Έχασα το διαβατήριό μου.
m**i**pos bor**i**tä na mä woi**θi**ßätä **ä**chaßa to δiawat**i**ri**o** mu
Vielleicht können Sie mir helfen? Ich habe meinen Paß verloren.

P: Πού το χάσατε; Σας το πήραν;
pu to ch**a**ßatä ßas to p**i**ran
Wo haben Sie ihn verloren? Hat man ihn Ihnen (»genommen«) geklaut?

S: Όχι, δε νομίζω. Μάλλον έπεσε από την τσάντα μου.
o*ch*i δä nom**i**so m**a**lon **ä**päßä ap**o** tin ts**a**nda mu
Nein, glaube ich nicht. Wahrscheinlich ist er aus meiner Tasche gefallen.

P: Τότε μπορεί να βρεθεί. Αν το βρει κάποιος μπορεί να το
t**o**tä bor**i** na wrä**θi** an to wri k**a**pios bor**i** na to
Dann kann es sein, daß man ihn findet. Wenn ihn jemand findet, dann kann es sein, daß er ihn

φέρει. Μη στενοχωριέστε.
f**ä**ri mi stänochori**ä**stä
bringt. Machen Sie sich keine Sorgen.

S: Ναι, αλλά πώς θα βγω από την Ελλάδα, χωρίς διαβατήριο;
nä al**a** pos θa wgo ap**o** tin **ä**laδa chor**i**s δiawat**i**rio
Ja aber wie werde ich aus Griechenland herauskommen ohne Paß?

P: Στην Ευρώπη καταργήσαμε τα σύνορα! Δεν το ξέρετε;
stin äwr**o**pi katarj**i**ßamä ta ß**i**nora δän to x**ä**rätä
In Europa haben wir die Grenzen abgeschafft! Wissen Sie das nicht?

Ταυτότητα έχετε; Μπορείτε να βγείτε και με αυτήν.
taft**o**tita **ä***ch*ätä bor**i**tä na wj**i**tä kä mä aft**i**n
Personalausweis haben Sie? Sie können auch mit ihm ausreisen.

S: Πώς δεν έχω. Την έχω κιόλας μαζί μου. Νά τη.
pos δän **ä**cho tin **ä**cho ki**o**las mas**i** mu na ti
Und ob ich (den) habe. Den habe ich sogar bei mir. Hier ist er.

P: Πολύ ωραία. Με αυτήν θα βγείτε και καινούριο διαβατήριο
pol**i** or**ä**a mä aft**i**n θa wj**i**tä kä kän**u**rio δiawat**i**rio
Sehr schön. Mit dem werden Sie ausreisen und (einen) neuen Paß

θα βγάλετε όταν γυρίσετε στην πατρίδα σας.
θa wg**a**lätä **o**tan gir**i**ßätä stin patr**i**δa ßas
werden Sie sich ausstellen lassen, wenn Sie wieder heimgekehrt sind.

Θα σας συμβούλευα όμως, να περάσετε από το Προξενείο σας
θa ßas simw**u**läwa **o**mos na pär**a**ßätä ap**o** to proxän**i**o ßas
Ich würde Ihnen allerdings raten, bei Ihrem Konsulat vorbeizuschauen

και να δηλώσετε ότι χάσατε το διαβατήριο.
kä na δil**o**ßätä **o**ti ch**a**ßatä to δiawat**i**rio
und zu erklären, daß Sie den Paß verloren haben.

S: Ευχαριστώ πάρα πολύ. Με υποχρεώσατε κύριε!
äfcharist**o** p**a**ra pol**i** mä ipochrä**o**ßatä k**i**riä
Ich bedanke mich vielmals. Sie haben mich (zu Dank) verpflichtet, mein Herr!

Vokabeln

πού; pu	wo?
είμαι **i**mä	ich bin
είναι **i**nä	er/sie/es ist, sie sind
τί θέλετε; ti θ**ä**lätä	was wünschen Sie?

μπορώ boro	ich kann
μπορεί bori	er/sie/es kann, es ist möglich
ναι nä	ja
θα το βρει θa to vri	er/sie/es wird es finden
η Ελλάδα i äla**δ**a	(das) Griechenland
η Ευρώπη i äwr**o**pi	(das) Europa

4. Folge: Antike Peloponnes

Hutkauf

Verkäufer: V

V: ΄Εχουμε πολύ ωραία καπέλα.
ächumä pol**i** or**ä**a kap**ä**la
Wir haben sehr schöne Hüte.

Θέλετε ένα ψάθινο ή από ύφασμα;
θ**ä**lätä **ä**na ps**a**θino i ap**o** **i**fasma
Wünschen Sie einen aus Stroh oder aus Stoff?

S: Θέλω ένα ωραίο ψάθινο καπέλο για τον ήλιο.
θ**ä**lo **ä**na or**ä**o ps**a**θino kap**ä**lo ja ton **i**lio
Ich will einen schönen Strohhut für die Sonne.

V: Να, αυτό εδώ σας αρέσει;
na aft**o** äδ**o** ßas ar**ä**ßi
Da, der hier, gefällt er Ihnen?

S: ΄Οχι, δε μ' αρέσει.
o*ch*i δä mar**ä**ßi
Nein, (der) gefällt mir nicht.

Μπράβο, αυτό είναι. Μα έχει μια μαύρη κορδέλα,
br**a**wo aft**o** **i**nä ma **ä***ch*i mia m**a**vri korδ**ä**la
Super, das ist er. Er hat aber ein schwarzes Band,

κι εγώ θέλω μια κόκκινη κορδέλα.
kiäg**o** θ**ä**lo mia k**o**kini korδ**ä**la
und ich will ein rotes Band.

V: Μάλιστα, κανένα πρόβλημα. ΄Ωσπου να την βρω, μπορώ
m**a**lista kan**ä**na pr**o**wlima **o**spu na tin wr**o** bor**o**
Jawohl, kein Problem. Bis ich es finde, darf ich

να σας κεράσω ένα καφεδάκι;
na ßas kär**a**ßo **ä**na kafäδ**a**ki
Sie zu einem Täßchen Kaffee einladen?

Πώς τον πίνετε τον καφέ σας;
pos ton p**i**nätä ton kaf**ä** ßas
Wie trinken Sie Ihren Kaffee?

S: Ευχαρίστως . . . Φραπέ με λίγη ζάχαρη.
äfchar**i**stos frap**ä** mä l**i**ji s**a**chari
Gern Frappé mit etwas Zucker.

V: Νά εδώ στο τραπεζάκι. Καθίστε παρακαλώ.
na äδ**o** sto trapäs**a**ki kaθ**i**stä parakal**o**
Da hier auf dem kleinen Tisch.

Θα δω για την κορδέλα.
θa δo ja tin korδ**ä**la
Ich schaue nach dem Band.

Ορίστε το καπέλο σας!
or**i**stä to kap**ä**lo ßas
Bitte sehr, Ihr Hut!

S: Θαύμα, το πιο ωραίο καπέλο της ζωής μου!
θ**a**wma to pio or**ä**o kap**ä**lo tis zo**i**s mu
Wunderbar, der schönste Hut meines Lebens!

Πόσο σας χρωστάω για αυτό το αριστούργημα;
p**o**ßo ßas chrost**a**o ja aft**o** to arist**u**rjima
Wieviel schulde ich Ihnen für dieses Meisterwerk?

V: Μαζί με την κορδέλα ένα χιλιάρικο.
mas**i** mä tin korδ**ä**la **ä**na *ch*ili**a**riko
Zusammen mit dem Band einen Tausender.

S: »Πέντε πέντε δέκα . . .«
p**ä**ndä p**ä**ndä δ**ä**ka
»Fünf fünf zehn . . .« (nach dem Lied)

V: Εννιακόσιες.
äniak**o**ßiäs
Neunhundert.

S: Είκοσι.
ikoßi
Zwanzig.

V: ΄Οχι . . ., οχτακόσιες.
o*ch*i ochtak**o**ßiäs
Nein, achthundert.

S: Τριάντα.
tri**a**nda
Dreißig.

V: Εφτακόσιες.
äftak**o**ßiäs
Siebenhundert.

S: Σαράντα.
sar**a**nda
Vierzig.

V: Εξακόσιες.
äxak**o**ßiäs
Sechshundert.

S: Πενήντα.
pän**i**nda
Fünfzig.

V: Πεντακόσιες.
pändak**o**ßiäs
Fünfhundert.

S: Εκατό.
äkat**o**
Einhundert.

V: Τετρακόσιες.
tätrak**o**ßiäs
Vierhundert.

S: Διακόσιες.
diak**o**ßiäs
Zweihundert.

V/S (zusammen):
. . . Τριακόσιες!
triak**o**ßiäs
Dreihundert!

Epidauros

Professor: P

S: Αισχύλος, Σοφοκλής, Ευριπίδης!
äß*ch***i**los ßofokl**i**s, äwrip**i**δis
Aischylos, Sophokles, Euripides!

»οὔτοι συνέχθειν, ἀλλὰ συμφιλεῖν ἔφυν.«
uti ßin**ä**chθin al**a** ßimfil**i**n **ä**fin
»Nicht mitzuhassen, mitzulieben bin ich da.«

Θα είχατε την καλοσύνη, κύριε καθηγητά,
θa **i**chatä tin kaloß**i**ni k**i**riä kaθijit**a**
Hätten Sie die Freundlichkeit, Herr Professor,

να μας το πείτε όπως, κατά τη γνώμη σας,
na mas to p**i**tä **o**pos kat**a** ti *g*n**o**mi ßas
uns zu sagen, wie nach Ihrer Meinung

το πρόφεραν τότε;
to pr**o**färan t**o**tä
man das damals ausgesprochen hat?

P: Ευχαρίστως, κόρη μου!
äfcharistos kori mu
Sehr gern, meine Tochter!

»οὔτοι συνέχθειν, ἀλλὰ συμφιλεῖν ἔφυν.«
utoi synéchθein alla symfilein efyn
»Nicht mitzuhassen, mitzulieben bin ich da.«

S: Ευχαριστώ πολύ.
äfcharisto poli
Danke vielmals.

Και η νεοελληνική μετάφραση είναι:
kä i näoäliniki mätafraßi inä
Und die neugriechische Übersetzung ist:

»΄Οχι, για να μισώ, αλλά για να αγαπώ γεννήθηκα.«
ochi ja na mißo ala ja na agapo jeniθika
»Nicht um zu hassen, sondern um zu lieben bin ich da.«

Vokabeln

ένα καπέλο äna kapälo	ein Hut
αυτό εδώ afto äδo	das hier
. . . μου αρέσει mu aräßi	gefällt mir
σας αρέσει; ßas aräßi	gefällt er/sie/es Ihnen?
ορίστε orista	bitte (sehr), bitte (schön)

παρακαλώ parakal**o**	(ich) bitte
ο καφές o kaf**ä**s	der Kaffee
καθίστε! kaθ**i**stä	setzen Sie sich, nehmen Sie Platz!
χρωστάω chrost**a**o	ich bin schuldig
πόσο; p**o**ßo	wieviel?

5. Folge: Moderne Peloponnes

Tolon

Schirmvermieter: V

V: Ομπρέλες, νοικιάζω ομπρέλες, ομπρέλες, νοικιάζω ομπρέλες.
ombr**ä**läs niki**a**so ombr**ä**läs ombr**ä**läs niki**a**so ombr**ä**läs
Schirme, ich vermiete Schirme, Schirme, ich vermiete Schirme.

S: Τι ζέστη είναι αυτή, δεν αισθάνομαι καλά.
ti s**ä**sti **i**nä aft**i** δän äsθ**a**nomä kal**a**
Was für eine Hitze ist das, ich fühle mich nicht gut.

V: Τώρα εσείς δε χρειάζεστε ομπρέλα,
t**o**ra äß**i**s δä chri**a**sästä ombr**ä**la
Jetzt brauchen Sie keinen Schirm,

εσείς χρειάζεστε έναν γιατρό.
äß**i**s chri**a**sästä **ä**nan jatr**o**
Sie brauchen einen Arzt.

S: Ξέρετε κανέναν γιατρό; Είναι εδώ κοντά;
x**ä**rätä kan**ä**nan jatr**o** **i**nä äδ**o** kond**a**
Kennen Sie einen Arzt? Ist er hier in der Nähe?

V: Μάλιστα. Θα σας πάω εγώ . . .
m**a**lista θa ßas pa**o** äg**o**
Ja. Ich bringe Sie hin . . .

Beim Arzt

Arzt: A

A: Τι έχετε, τι πάθατε;
ti **ä***ch*ätä ti p**a**θatä
Was haben Sie, was ist Ihnen passiert?

S: Φοβάμαι, ηλίαση!
fow**a**mä il**i**aßi
Ich befürchte Sonnenstich!

A: Αυτό φοβάμαι κι εγώ. Οι τουρίστες κάθονται όλη τη μέρα
aft**o** fow**a**mä kiäg**o** i tur**i**stäs k**a**θondä **o**li ti m**ä**ra
Das fürchte ich auch. Die Touristen sitzen den ganzen Tag

στον ήλιο, για να μαυρίσουν,
ston **i**lio ja na mawr**i**ßun
in der Sonne, damit sie braun werden,

και μετά παθαίνουν ηλίαση.
kä mät**a** paθ**ä**nun il**i**aßi
und dann kriegen sie einen Sonnenstich.

S: Και τώρα τι θα γίνει;
kä t**o**ra ti θa j**i**ni
Und jetzt, was tun?

A: Πρώτα θα παραγγείλουμε έναν καφέ,
pr**o**ta θa parang**i**lumä **ä**nan kaf**ä**
Als erstes bestellen wir einen Kaffee,

για να τονώσουμε το κυκλοφορικό,
ja na ton**o**ßumä to kikloforik**o**
um den Kreislauf zu stabilisieren,

και θα σας μετρήσω την πίεση.
kä θa ßas mätr**i**ßo tin p**i**äßi
und ich messe Ihnen den Blutdruck.

S: Φάρμακα δε θα μου δώσετε;
f**a**rmaka dä θa mu δ**o**ßätä
Medizin werden Sie mir nicht geben?

A: Όχι, το πολύ πολύ ένα ηρεμιστικό
o*ch*i to pol**i** pol**i** **ä**na irämistik**o**
Nein, höchstens ein Beruhigungsmittel

για τη νύχτα, κατά τα άλλα: σκιά, δροσιά
ja ti n**i**chta kat**a** ta **a**la ski**a** δroßi**a**
für die Nacht, im übrigen: Schatten, Kühle

και κρύες κομπρέσες, . . . και υπομονή!
kä kr**i**äs kombr**ä**ßäs kä ipomon**i**
und kalte Umschläge . . . und Geduld!

S: Πρέπει να μείνω στο κρεβάτι;
pr**ä**pi na m**i**no sto kräw**a**ti
Muß ich im Bett bleiben?

A: Απόψε, ναι, αύριο θα είστε εντελώς καλά.
ap**o**psä nä **a**wrio θa **i**stä ändäl**o**s kal**a**
Heute noch, ja, morgen sind Sie wieder vollständig o. k.

S: Ευχαριστώ πολύ.
äfcharist**o** pol**i**
Vielen Dank.

A: Παρακαλώ.
parakal**o**
(Ich) bitte.

Vokabeln

η ζέστη i s**ä**sti	die Hitze
καλά kal**a**	gut
είμαι καλά **i**mä kal**a**	es geht mir gut
χρειάζομαι chri**a**somä	ich brauche

κοντά kond**a**	in der Nähe
ο γιατρός o jatr**o**s	der Arzt
φοβάμαι fow**a**mä	ich fürchte (mich), ich habe Angst
τώρα t**o**ra	jetzt
ο ήλιος o **i**lios	die Sonne
η μέρα i m**ä**ra	der Tag

6. Folge: Athen

Taxifahrt

Taxifahrer: T

T: Πώς κουβάλησες τόσα πράματα μαζί σου, κορίτσι μου;
pos kuw**a**ließes t**o**ßa pr**a**mata mas**i** ßu kor**i**tsi mu
Wie(so) hast du so viel Gepäck mitgeschleppt, mein Mädchen?

S: Ολο παραγγελίες, και τα δώρα
olo parangäl**i**äs kä ta **δo**ra
Alles Bestellungen, und die Geschenke

για τους συγγενείς και τους φίλους μου.
ja tus singän**i**s kä tus f**i**lus mu
für die Verwandten und meine Freunde.

T: Κατάλαβα, κατάλαβα.
kat**a**lawa kat**a**lawa
Kapiert, kapiert.

S: Πόσο κάνει;
p**o**ßo k**a**ni
Wieviel macht's?

T: Ενάμισο χιλιάρικο, για τις βαλίτσες και για αυτό το μπαούλο.
än**a**mißo *ch*ili**a**riko ja tis wal**i**tsäs kä ja afto to ba**u**lo
Anderthalbtausend, für die Koffer und für diese »Truhe«.

S: Ορίστε, ευχαριστώ.
or**i**stä äfcharist**o**
Bitte sehr, (ich) danke.

An der Hotelrezeption

Portier: P

S: Χαίρετε!
*ch***ä**rätä
Seien Sie gegrüßt!

P: Καλημέρα σας!
kalim**ä**ra ßas
Guten Tag!

S: ΄Εκλεισα ένα δωμάτιο στο ξενοδοχείο σας!
äklißa **ä**na δom**a**tio sto xänoδo*ch***i**o ßas
Ich habe in Ihrem Hotel ein Zimmer vorbestellt!

P: Σε τι όνομα; Πώς λέγεστε;
ße ti **o**noma pos l**ä**jästä
Auf welchen Namen? Wie heißen Sie?

S: Στο δικό μου όνομα: Ανθουδάκη.
sto δik**o** mu **o**noma anθuδ**a**ki
Auf meinen Namen: Anthoudaki.

P: Το μικρό σας;
to mikr**o** ßas
Ihr Vorname?

S: ΄Αρτεμις.
artämis
Artemis.

P: Μισό λεπτό, παρακαλώ . . . Ανθουδάκη, ΄Αρτεμις.
miß**o** läpt**o** parakal**o**, anθuδ**a**ki **a**rtämis
(Eine) halbe Minute bitte . . . Anthoudaki, Artemis.

Μάλιστα . . . ΄Ενα μονόκλινο με ατομικό μπάνιο.
m**a**lista **ä**na mon**o**klino mä atomik**o** b**a**nio
Ja . . . Ein Einzelzimmer mit (separatem) Bad.

S: ΄Εχει και αιρ κοντίσιον;
ä*ch*i kä är kond**i**ßion
Hat es auch (eine) Klimaanlage?

P: Βεβαίως! ΄Ολα τα δωμάτια κλιματίζονται.
wäw**ä**os **o**la ta δom**a**tia klimat**i**sondä
Sicher! Alle Zimmer sind klimatisiert.

Οι βαλίτσες σας;
i wal**i**tsäs ßas
Ihre Koffer?

S: Να, εκεί είναι! Αυτές οι δύο και η μεγάλη τσάντα.
na äk**i** **i**nä aft**ä**s i δ**i**o kä i mäg**a**li ts**a**nda
Da, dort sind sie! Diese zwei und die große Tasche.

P: Μόνο αυτά είναι; Πάλι καλά. Ορίστε το κλειδί του δωματίου σας!
m**o**no aft**a** **i**nä p**a**li kal**a** or**i**stä to kliδ**i** tu δomat**i**u ßas
Nur diese sind's? Auch gut. Bitte sehr Ihr Zimmerschlüssel!

Δωμάτιο διακόσια έντεκα στον δεύτερο όροφο.
δom**a**tio δiak**o**ßia **ä**ndäka ston δ**ä**ftäro **o**rofo
Zimmer zweihundertelf im zweiten Stock.

Εκεί είναι το ασανσέρ,
äk**i** **i**nä to aßanß**ä**r
Dort ist der Aufzug,

τις βαλίτσες θα τις φέρει ο μικρός στο δωμάτιο.
tis wal**i**tsäß θa tis f**ä**ri o mikr**o**s sto δom**a**tio
die Koffer bringt der Boy aufs Zimmer.

S: Ευχαριστώ πολύ!
äfcharist**o** pol**i**
Vielen Dank!

Blumenstand in Athen

Verkäufer: V

V: Λουλούδια, ωραία λουλούδια!
lul**u**δia or**ä**a lul**u**δia
Blumen, schöne Blumen!

S: Είναι πολύ ωραία. Ωραία τριαντάφυλλα!
inä pol**i** or**ä**a or**ä**a triand**a**fila
Die sind sehr schön. Schöne Rosen!

V: Τι θα θέλατε, δεσποινίς; Από τα κόκκινα,
ti θa θ**ä**latä δäspin**i**s ap**o** ta k**o**kina
Was wünschen Sie, Fräulein? Von den roten,

κίτρινα, άσπρα ή από τα ροζέ;
k**i**trina **a**spra i ap**o** ta ros**ä**
gelben, weißen oder von den rosafarbenen?

S: Όλα είναι ωραία, δύσκολη η επιλογή. Δώστε μου,
ola **i**nä or**ä**a δ**i**skoli i äpilog**i** δ**o**stä mu
Alle sind schön, die Wahl (ist) schwierig. Geben Sie mir,

σας παρακαλώ, ένα από τα άσπρα τριαντάφυλλα.
ßas parakal**o** **ä**na ap**o** ta **a**spra triand**a**fila
ich bitte Sie, eine von den weißen Rosen.

V: Ορίστε, διάλεξα το ωραιότερο.
or**i**stä δi**a**lexa to orä**o**täro
Bitte sehr, ich wählte die schönste aus.

S: Πόσο κάνει;
p**o**ßo k**a**ni
Wieviel macht's?

V: Σ' το χαρίζω, . . . και να χαίρεσαι τα ωραία μάτια σου!
sto ch**a**r**i**so kä na *ch***ä**räßä ta or**ä**a m**a**tia ßu
Ich schenke sie dir, und mögest du noch viel Freude haben an deinen schönen Augen!

S: Νά 'σαι καλά, ευχαριστώ.
n**a**ßä kal**a** äfcharist**o**
Möge es dir (immer) gut gehen, danke.

Vokabeln

τα πράματα — die Dinge, Sachen, auch Gepäckstücke
ta pr**a**mata

κατάλαβα — ich habe verstanden, kapiert
katal**a**wa

πόσο κάνει; — wieviel macht's?
p**o**ßo k**a**ni

το ξενοδοχείο — das Hotel
to xänoδο*ch***i**o

το δωμάτιο — das Zimmer
to δom**a**tio

η βαλίτσα — der Koffer
i wal**i**tsa

η τσάντα — die Tasche
i ts**a**nda

τα λουλούδια — die Blumen
ta lul**u**δia
δώστε μου — geben Sie mir!
δ**o**stä mu

τα μάτια — die Augen
ta m**a**tia

7. Folge: Attika

Frage nach dem Weg

Passantin: P

S: Συγνώμη, πού είναι το ταχυδρομείο;
ßign**o**mi pu **i**nä to ta*ch*iδrom**i**o
Entschuldigung, wo ist die Post?

Παρακαλώ, πού είναι το ταχυδρομείο
parakal**o** pu **i**nä to ta*ch*iδrom**i**o
Bitte, wo ist die Post,

για να πάρω γραμματόσημα;
ja na p**a**ro *g*ramat**o**ßima
um Briefmarken zu kaufen?

P: Ρωτήστε στο περίπτερο, μήπως έχει.
rot**i**stä sto pär**i**ptäro m**i**pos **ä***ch*i
Fragen Sie am Kiosk, vielleicht hat er (welche).

S: Και πού υπάρχει περίπτερο εδώ κοντά;
kä pu ip**a**r*ch*i per**i**ptäro äδ**o** kond**a**
Und wo gibt es (einen) Kiosk hier in der Nähe?

P: Να εκεί, στο δρόμο!
na **ä**ki sto δr**o**mo
Dort, an der Straße!

S: Ευχαριστώ πολύ.
äfcharist**o** pol**i**
(Ich) danke sehr.

Am Kiosk

Kioskbesitzerin: K

S: Αυτά τα μπισκότα!
aft**a** ta bisk**o**ta
Diese Kekse!

K: Ναι, εκατό δραχμές.
nä äkat**o** δrachm**ä**s
Ja, hundert Drachmen.

S: Μήπως έχετε και γραμματόσημα;
m**i**pos **ä***ch*ätä kä *g*ramat**o**ßima
Vielleicht haben Sie auch Briefmarken?

K: Τίποτε άλλο θέλετε;
t**i**potä **a**lo θ**ä**lätä
Wollen Sie noch etwas?

S: Αυτά τα καρτποστάλ.
aft**a** ta kartpost**a**l
Diese Postkarten.

K: Ναι, έχω και γραμματόσημα. Για τη Γερμανία πάνε;
nä **ä**cho kä *g*ramat**o**ßima ja ti järman**i**a p**a**nä
Ja, ich habe auch Briefmarken. Gehen die nach Deutschland?

S: Όχι όλα: το ένα πάει στη Νέα Υόρκη, το άλλο στην Αυστρία
o*ch*i **o**la to **ä**na p**a**i sti n**ä**a i**o**rki to **a**lo stin afstr**i**a
Nicht alle: die eine geht nach New York, die andere nach Österreich

και τούτο εδώ στη Ζυρίχη.
kä t**u**to äδ**o** sti sir**i***ch*i
und die hier nach Zürich.

K: Στην Ελβετία!
stin älwät**i**a
In die Schweiz!

S: Ξένο τύπο έχετε;
xä**n**o t**i**po **ä***ch*ätä
Haben Sie ausländische Presse?

K: Ορίστε;
or**i**stä
Wie bitte?

S: Πού είναι;
pu **i**nä
Wo ist sie?

K: ´Οχι, δεν έχουμε!
o*ch*i δän **ä**chumä
Nein, haben wir nicht!

Frage nach dem OTE (Telefonamt)

S: Συγνώμη, πού έχει τηλέφωνο εδώ κοντά;
ßig**n**omi pu **ä***ch*i til**ä**fono äδ**o** kond**a**
Verzeihung, wo gibt es (ein) Telefon hier in der Nähe?

P: Εκεί στο περίπτερο!
äk**i** sto pär**i**ptäro
Dort, am Kiosk!

S: ´Οχι, έχει πολύ θόρυβο εκεί. Θα ήθελα
o*ch*i **ä***ch*i pol**i** **θ**oriwo äk**i** θa **i**θäla
Nein, es ist dort sehr laut (es gibt viel Lärm). Ich wollte

να τηλεφωνήσω από το ταχυδρομείο.
na tiläfon**i**ßo ap**o** to ta*ch*iδrom**i**o
telefonieren von der Post aus.

P: Από το ταχυδρομείο δεν μπορείτε να τηλεφωνήσετε,
ap**o** to ta*ch*iδrom**i**o δän bor**i**tä na tiläfon**i**ßätä
Von der Post aus können Sie nicht telefonieren,

εκεί μπορείτε να αγοράσετε γραμματόσημα.
äk**i** bor**i**tä na agor**a**ßätä gramat**o**ßima
dort können Sie Briefmarken kaufen.

Για να τηλεφωνήσετε, πρέπει να πάτε στον ΟΤΕ.
ja na tiläfoni**i**ßätä pr**ä**pi na p**a**tä ston ot**ä**
Um zu telefonieren, müssen Sie zum OTE.

S: Πού έχει ΟΤΕ εδώ κοντά;
pu **ä***ch*i ot**ä** äδ**o** kond**a**
Wo gibt es (ein) OTE hier in der Nähe?

P: Είναι μακριά από εδώ.
inä makri**a** ap**o** äδ**o**
(Das) ist weit von hier.

Καλύτερα να πάρετε ταξί.
kal**i**tära na p**a**rätä tax**i**
Besser Sie nehmen (ein) Taxi.

S: Ευχαριστώ.
äfcharist**o**
Danke.

Vokabeln

συγνώμη! ßign**o**mi	Verzeihung!
το ταχυδρομείο to ta*ch*iδromi**o**	die Post
τα γραμματόσημα ta gramat**o**ßima	die Briefmarken
το περίπτερο to pär**i**ptäro	der Kiosk

εκατό δραχμές äkat**o** δrachm**ä**s	hundert Drachmen
ο τύπος o t**i**pos	die Presse
ο ΟΤΕ o ot**ä**	das Telegrafenamt
μακριά makri**a**	weit (weg)
καλύτερα kal**i**tära	besser
το ταξί to tax**i**	das Taxi

8. Folge: Rhodos

Busuki-Spiel

Händlerin: H Busuki-Spieler: B

H: Ορίστε, περάστε!
or**i**stä pär**a**stä
Bitte eintreten!

S: Αυτό το τάβλι, πόσο κάνει;
aft**o** to t**a**wli p**o**ßo k**a**ni
Dieses Tavlispiel, wieviel macht's?

H: Ω, αυτό είναι ένα θαυμάσιο κομμάτι,
o aft**o** **i**nä **ä**na θawm**a**ßio kom**a**ti
Oh, das ist ein tolles Stück,

αυτό είναι για το μουσείο,
aft**o** **i**nä ja to muß**i**o
das ist fürs Museum,

με αυτό έπαιξε τάβλι ο Αλέξης Ζορμπάς!
mä aft**o** **ä**päxä t**a**wli o al**ä**xis sorb**a**s
mit dem spielte Alexis Sorbas Tavli!

S: O Αλέξης Ζορμπάς;
o al**ä**xis sorb**a**s
Alexis Sorbas?

H: Εικοσιπέντε χιλιάδες δραχμές, του Ζορμπά είναι αυτό.
ikoßipändä *ch*ili**a**δäs δrachm**ä**s tu sorb**a** **i**nä aft**o**
Fünfundzwanzigtausend Drachmen, von Sorbas ist das.

S: Εικοσιπέντε χιλιάδες; Τόσο ακριβό;
ikoßip**ä**ndä *ch*ili**a**δäs t**o**ßo akriw**o**
Fünfundzwanzigtausend? So teuer?

H: Μα είναι πολύ ωραίο, πολύ παλιό, του Ζορμπά!
ma **i**nä pol**i** or**ä**o pol**i** palj**o** tu sorb**a**
Aber es ist sehr schön, sehr alt, von Sorbas!

S: Και αυτό το μπουζούκι;
kä aft**o** to bus**u**ki
Und dieses Busuki?

H: Και αυτό είναι πολύ ωραίο και πολύ παλιό.
kä aft**o** **i**nä pol**i** or**ä**o kä pol**i** palj**o**
Auch das ist sehr schön und sehr alt.

S: Πραγματικά ωραίο. Να το ακούσω λίγο;
pragmatik**a** or**ä**o na to ak**u**ßo l**i**go
In der Tat schön. Kann ich es ein bißchen hören?

Ξέρετε να παίζετε μπουζούκι;
x**ä**rätä na p**ä**sätä bus**u**ki
Können Sie Busuki spielen?

H: Εγώ δυστυχώς δεν ξέρω, αλλά ο άντρας μου ξέρει.
äg**o** δistich**o**s δän x**ä**ro al**a** o **a**ndras mu x**ä**ri
Ich leider nicht, aber mein Mann kann.

S: Θα είχατε την καλοσύνη να μας παίξετε λίγο;
θa **i**chatä tin kaloß**i**ni na mas p**ä**xätä l**i**go
Wären Sie so nett, ein bißchen für uns zu spielen?

B: Πολύ ευχαρίστως!
pol**i** äfchar**i**stos
Sehr gern!

Lied »Frankosyriani«

Μια φούντωση μια φλόγα
mia f**u**ndoßi mia fl**o**ga
Ein Feuer, eine Flamme

έχω μέσα στην καρδιά,
ächo m**ä**ßa stin karδi**a**
habe ich im Herzen,

λες και μάγια μού' χεις κάνει
läs kä m**a**ja m**u**chis k**a**ni
als ob du mich verzaubert hättest,

Φραγκοσυριανή γλυκιά.
frangoßiriani glikia
süße Frankosyriani.

Vokabeln

περάστε! pär**a**stä	treten Sie ein!
το τάβλι to t**a**wli	das Tavli-Brettspiel
ακριβό akriw**o**	teuer
παλιό palj**o**	alt
το μπουζούκι to bus**u**ki	das Busuki
παίζω p**ä**so	ich spiele

δυστυχώς δistich**o**s	leider
ο άντρας o **a**ndras	der Mann
η γυναίκα i jin**ä**ka	die Frau
ευχαρίστως äfchar**i**stos	gern

9. Folge: Delphi und Festland

Im Stadtrestaurant

Kellner: K

K: Καλησπέρα, τι κάνετε;
kalisp**ä**ra ti k**a**nätä
Guten Abend, wie geht es Ihnen?

S: Καλά, κι εσείς;
kal**a** kiäß**i**s
Gut, und Ihnen?

K: Καλά, ευχαριστώ.
kal**a** äfcharist**o**
Gut, danke.

Τί θα πάρετε;
ti θa p**a**rätä
Was nehmen Sie?

S: Τί έχετε απόψε;
ti **ä***ch*ätä ap**o**psä
Was haben Sie heute?

K: Από σαλάτες έχουμε διάφορες: τζατζίκι,
ap**o** ßal**a**täs **ä**chumä δi**a**foräs dzadz**i**ki
An Salaten haben wir verschiedene: Tzatziki,

μελιτζανοσαλάτα, ταραμοσαλάτα, χωριάτικη,
mälidzanoßal**a**ta taramoßal**a**ta chori**a**tiki
Auberginencreme, Fischrogen, Bauernsalat (Greek salad),

κι από μεζέδες έχουμε: ντολμαδάκια,
kiap**o** mäs**ä**δäs **ä**chumä dolmaδ**a**kia
und an Vorspeisen haben wir: gefüllte Weinblätter,

γίγαντες, κολοκυθάκια τηγανιτά . . . και χταποδάκι.
j**i**gandäs koloki**θa**kia tiganit**a** kä chtapo**δa**ki
dicke Bohnen, Zucchini gebraten . . . und Oktopus.

S: Λοιπόν, φέρτε μου, μια χωριάτικη, ντολμαδάκια,
lip**o**n f**ä**rtä mu mia chori**a**tiki dolma**δa**kia
Also, bringen Sie mir einen Bauernsalat, gefüllte Weinblätter,

χταποδάκι και πρώτα απ' όλα ένα ούζο.
chtapo**δa**ki kä pr**o**ta ap**o**la **ä**na **u**so
Oktopus und vor allem einen Uso.

K: Έγινε.
äjinä
Alles klar.

S: Στη γειά σας.
sti ja ßas
Auf Ihr Wohl.

K: Γεια νά 'χετε!
ja n**a***ch*ätä
Auf Ihr Wohl!

S: Και από φαγητά τι έχετε;
kä ap**o** fajit**a** ti **ä***ch*ätä
Und an Hauptspeisen, was haben Sie?

K: Διαλέξτε μόνη σας, στην κουζίνα.
δial**ä**xtä m**o**ni ßas stin kus**i**na
Wählen Sie selbst in der Küche.

Κοιτάξτε, από φαγητά έχουμε: κεφτεδάκια,
kit**a**xtä ap**o** fajit**a** **ä**chumä käftä**δa**kia
Sehen Sie, an Hauptspeisen haben wir: Fleischbällchen,

γεμιστά, αρνάκι του φούρνου,
jämist**a** arn**a**ki tu f**u**rnu
gefüllte Tomaten/Paprika, Lammbraten (aus dem Backofen),

μουσακά, παστίτσιο, ψητό, και της ώρας έχουμε:
mußak**a** past**i**tsio psit**o** kä tis **o**ras **ä**chumä
Mussaka, Nudelauflauf, Gebratenes (Fleisch), und vom Grill haben wir:

μπριζόλες χοιρινές, παϊδάκια,
bris**o**läs *ch*irin**ä**s pai**δa**kia
Schweinekoteletts, Lammkoteletts,

σουτζουκάκια, μπριζόλα μοσχαρίσια, σουβλάκι, μπιφτέκι . . .
sudzuk**a**kia bris**o**la moßchar**i**ßia suwl**a**ki bift**ä**ki
Hackfleischwürstchen, Rinderkotelett, Fleischspießchen, Frikadelle . . .

S: Φτάνει, φτάνει, φέρτε μου πατάτες τηγανιτές.
ft**a**ni ft**a**ni f**ä**rtä mu pat**a**täs ti*g*anit**ä**s
Es reicht, genug. Bringen Sie mir Pommes frites.

K: Μάλιστα.
m**a**lista
Sehr wohl.

K: Τι θα πιείτε;
ti θa pj**i**tä
Was trinken Sie?

S: Τι έχετε;
ti **ä***ch*ätä
Was haben Sie?

K: Απ' όλα. Μαύρο κρασί, λευκό σε μπουκάλι, αλλά έχω και
ap**o**la m**a**wro kraß**i** läfk**o** ße buk**a**li al**a** **ä**cho kä
»Von allem«. Rotwein, Weiß(wein) in der Flasche, aber ich habe auch

ντόπια ρετσίνα από το βαρέλι, . . . και μπίρα!
d**o**pia räts**i**na ap**o** to war**ä**li kä b**i**ra
»aus der Gegend« (offenen) Retsina vom Faß, . . . und Bier!

S: Ωραία. Φέρτε μια μπίρα λοιπόν . . . και μια σόδα.
or**ä**a f**ä**rtä mia b**i**ra lip**o**n kä mia ß**o**δa
Schön. Bringen Sie also ein Bier und ein Mineralwasser.

K: Εντάξει!
änd**a**xi
Alles klar!

Ορίστε το ψωμί!
or**i**stä to psom**i**
Hier bitte das Brot!

S: Λείπει το μαχαίρι και το πηρούνι . . . και φέρτε και νερό!
l**i**pi to ma*ch***ä**ri kä to pir**u**ni kä f**ä**rtä kä när**o**
Es fehlt das Messer und die Gabel . . . und bringen Sie auch Wasser!

K: Αμέσως . . .
am**ä**ßos
Sofort . . .

K: Θέλετε ωραίο χαλβά, παγωτό ή κρεμ καραμελέ;
θälätä or**ä**o chalw**a** pagot**o** i kräm karam**ä**l
Wünschen Sie schönen Chalvas, Eis oder crème caramel?

S: Όχι, όχι, δεν μπορώ άλλο, κανένα φρούτο δεν έχετε;
o*ch*i **o***ch*i δän bor**o** **a**lo kan**ä**na fr**u**to δän **ä***ch*ätä
Nein, nein, ich kann nicht mehr, haben Sie etwas Obst?

K: Έχουμε! Ότι θέλετε! Καρπούζι, πεπόνι,
ächumä **o**ti **θä**lätä karp**u**si päp**o**ni
Haben wir. Was immer Sie wollen. Wassermelone, Zuckermelone,

σταφύλια, μήλα, αχλάδια . . . και κυδώνι.
staf**i**lia m**i**la achl**a**δia kä kiδ**o**ni
Trauben, Äpfel, Birnen . . . und Quitte.

S: Φέρτε μου κυδώνι . . . και το λογαριασμό.
f**ä**rtä mu kiδ**o**ni kä to logariasm**o**
Bringen Sie mir Quitte . . . und die Rechnung.

K: ´Εγινε!
ä**j**inä
Alles klar!

Vokabeln

καλησπέρα kalisp**ä**ra	guten Abend
τι κάνετε; ti k**a**nätä	wie geht es Ihnen?
κι εσείς; kiäß**i**s	und Ihnen?
απόψε ap**o**psä	heute abend
έγινε **ä**jinä	»es ist geschehen« = »alles klar«
φέρτε μου! f**ä**rtä mu	bringen Sie mir!
κοιτάξτε! kit**a**xtä	schauen Sie, sehen Sie!
οι μεζέδες i mäs**ä**ðäs	die Vorspeisen
τα φαγητά ta fajit**a**	die Hauptspeisen
το κρασί to kraß**i**	der Wein

10. Folge: Thessaloniki

Im Schallplattengeschäft

Verkäufer: V

S: Παρακαλώ, θέλω αυτά τα τραγούδια:
parakal**o** θ**ä**lo aft**a** ta trag**u**δia
Bitte, ich möchte diese Lieder:

Είναι μεγάλος ο καημός,
inä mäg**a**los o kaim**o**s
Groß ist der Kummer,

Σήκω, χόρεψε συρτάκι, Σαμιώτισσα,
ß**i**ko ch**o**räpsä ßirt**a**ki ßami**o**tißa
Steh auf, tanz Syrtaki, Samiotissa,

Φραγκοσυριανή, Όμορφη Θεσσαλονίκη,
frangoßirian**i** **o**morfi θäßalon**i**ki
Frankosyriani, Schönes Thessaloniki

και θέλω και ένα άλλο,
kä θ**ä**lo kä **ä**na **a**lo
und ich möchte auch ein weiteres,

που δεν ξέρω πώς το λένε.
pu δän x**ä**ro pos to l**ä**nä
von dem ich nicht weiß, wie es heißt.

V: Θέλετε το »Πέντε πέντε δέκα . . .«.
θ**ä**lätä to p**ä**ndä p**ä**ndä δ**ä**ka
Sie möchten das »Fünf fünf zehn . . .«.

Τα θέλετε σε δίσκους, CD ή σε κασέτες;
ta θ**ä**lätä ßä δ**i**skus ßi di i ße kaß**ä**täs
Wollen Sie's als Platte, CD oder auf Kassette?

S: Θα προτιμούσα σε CD.
θa protim**u**ßa ße ßi di
Ich würde CD vorziehen.

Μήπως υπάρχουν και τα λόγια ή και οι νότες;
m**i**pos ip**a**rchun kä ta l**o**ja i kä i n**o**täs
Gibt es vielleicht auch die Texte oder sogar die Noten?

V: Δυστυχώς όχι. Ρωτήστε σε κανένα βιβλιοπωλείο!
δistich**o**s **o**chi rot**i**stä ßä kan**ä**na wiwliopol**i**o
Leider nein. Fragen Sie (mal) in einer Buchhandlung danach!

Λοιπόν, θέλετε τη »Σαμιώτισσα«, το »Είναι μεγάλος
lip**o**n θ**ä**lätä ti ßami**o**tißa to **i**nä mäg**a**los
Also, Sie möchten die »Samiotissa«, das »Groß ist

ο καημός«, τη »Φραγκοσυριανή» και το »΄Ομορφη Θεσσαλονίκη«.
o kaim**o**s ti frangoßirian**i** kä to **o**morfi θäßalon**i**ki
der Kummer«, die »Frankosyriani« und das »Schöne Thessaloniki«.

Το »Σήκω, χόρεψε συρτάκι« και το »Πέντε πέντε δέκα«
to ß**i**ko ch**o**räpsä ßirt**a**ki kä to p**ä**ndä p**ä**ndä δ**ä**ka
Das »Steh auf, tanz Syrtaki« und das »Fünf fünf zehn . . .«

δεν τα έχω αυτήν τη στιγμή. Αύριο.
δän ta **ä**cho aft**i**n ti stigm**i** **a**wrio
habe ich in diesem Moment nicht da. Morgen.

S: Ευχαριστώ. Θα περάσω αύριο.
äfcharist**o** θa pär**a**ßo **a**wrio
Dankeschön. Ich komme morgen wieder.

Frage nach einer Bank

Passant: P

S: Συγνώμη . . .
ßign**o**mi
Entschuldigung . . .

P: Παρακαλώ . . .
parakal**o**
Bitte . . .

S: Έχει εδώ κοντά καμιά τράπεζα;
ä*ch*i äδ**o** kond**a** kami**a** tr**a**päsa
Gibt es hier in der Nähe eine Bank?

P: Ναι, αλλά οι τράπεζες έχουν απεργία σήμερα.
nä al**a** i tr**a**päsäs **ä**chun apärj**i**a ß**i**mära
Ja, aber die Banken streiken heute.

S: Και πού μπορώ να αλλάξω χρήματα;
kä pu bor**o** na al**a**xo chr**i**mata
Und wo kann ich Geld wechseln?

P: Συνήθως σε κάθε ξενοδοχείο!
ßin**i**θos ßä k**a**θä xänoδo*ch***i**o
Gewöhnlich in jedem Hotel!

S: Έχει ξενοδοχείο εδώ κοντά;
ä*ch*i xänoδo*ch***i**o äδ**o** kond**a**
Gibt es ein Hotel hier in der Nähe?

P: Ναι, απέναντι.
nä ap**ä**nandi
Ja, gegenüber.

S: Πού ακριβώς;
pu akriw**o**s
Wo genau?

P: Εδώ απέναντι!
äδo apänandi
Hier gegenüber!

S: Ευχαριστώ.
äfcharisto
Dankeschön.

An der Hotelrezeption

Angestellter: A

A: Γειά σας, τι θέλετε παρακαλώ;
ja ßas ti θälätä parakalo
Ich grüße Sie, was wünschen Sie, bitte?

S: Γειά σας, μπορώ να αλλάξω χρήματα εδώ;
ja ßas boro na alaxo chrimata äδo
Grüß (Gott), kann ich hier Geld wechseln?

A: Βεβαίως. Πόσα θέλετε να αλλάξετε;
wäwäos poßa θälätä na alaxätä
Gewiß. Wieviel wollen Sie wechseln?

S: Μια στιγμή! Διακόσια μάρκα, εξακόσια σελίνια,
mia stigmi δiakoßia marka äxakoßia ßälinia
Moment! 200 Mark, 600 Schilling,

εκατό ελβετικά φράγκα και πενήντα δολλάρια!
äkato älwätika franga kä päninda δolaria
100 Schweizer Franken und 50 Dollar!

A: Ευχαρίστως!
äfcharistos
Gern!

11. Folge: Makedonien

Auf der Straße

Passant: P

S: Από πού φεύγει το λεωφορείο για την Πέλλα;
ap**o** pu f**ä**wji to läofor**i**o ja tin p**ä**la
Von wo fährt der Bus nach Pella ab?

P 1: Δεν ξέρω.
δän x**ä**ro
Ich weiß nicht.

S: Συγνώμη, το λεωφορείο για την Πέλλα, από πού φεύγει;
ßign**o**mi to läofor**i**o ja tin p**ä**la ap**o** pu f**ä**wji
Verzeihung, der Bus nach Pella, von wo fährt er ab?

P 2: Πρακτορείο Πέλλης να ζητήσετε, κάθε ταξιτζής το ξέρει.
praktor**i**o p**ä**lis na sit**i**ßätä k**a**θä taxits**i**s to x**ä**ri
Verlangen Sie Busausgangsstelle Pella, jeder Taxifahrer kennt das.

S: Ευχαριστώ πολύ.
äfcharist**o** pol**i**
Vielen Dank.

P 2: Παρακαλώ.
parakal**o**
Bitte.

Im Taxi

Taxifahrer: T

T: Για πού;
ja pu
Wohin?

S: Πρακτορείο Πέλλης.
praktor**i**o p**ä**lis
Busausgangsstelle Pella.

T: Μάλιστα, ΚΤΕΛ Πέλλης, εντάξει!
m**a**lista ktäl p**ä**lis änd**a**xi
Jawohl, KTEL Pella, o. k.!

S: Βάζετε λίγη μουσική;
w**a**sätä l**i**ji mußik**i**
Machen Sie ein bißchen Musik?

Beim Aussteigen

S: Πόσο χρωστάω;
p**o**ßo chrost**a**o
Wieviel bin ich schuldig?

T: Οχτακόσιες δραχμές!
ochtak**o**sjäs δrachm**ä**s
Achthundert Drachmen!

S: Ορίστε ένα χιλιάρικο!
or**i**stä **ä**na *ch*ilj**a**riko
Bitte sehr, ein Tausender!

T: Κι εδώ τα ρέστα σας!
ki**ä**δo ta r**ä**sta ßas
Und hier ist Ihr Restgeld!

An der Busausgangsstation

Angestellter: A

S: Πότε φεύγουν τα λεωφορεία για την Πέλλα;
potä **fä**wgun ta läofor**i**a ja tin **pä**la
Wann fahren die Busse nach Pella?

A: Κάθε μισή ώρα από τις έξι το πρωί
k**a**θä miß**i** **o**ra ap**o** tis **ä**xi to pro**i**
Jede halbe Stunde von sechs Uhr morgens

ως τις οχτώμιση το βράδι.
os tis ocht**o**mißi to wr**a**δi
bis halb acht am Abend.

S: Το εισιτήριο θα το βγάλω στο λεωφορείο;
to ißit**i**rio θa to wg**a**lo sto läofor**i**o
Soll ich den Fahrschein im Bus lösen?

A: ΄Οχι, εδώ στο πρακτορείο.
o*ch*i äδ**o** sto praktor**i**o
Nein, hier in der Station.

S: Λοιπόν, παρακαλώ ένα εισιτήριο για την Πέλλα, για τώρα.
lip**o**n parakal**o** **ä**na ißit**i**rio ja tin **pä**la ja t**o**ra
Also: bitte einen Fahrschein nach Pella, für jetzt.

S: Πόση ώρα κάνει το λεωφορείο για την Πέλλα;
p**o**ßi **o**ra k**a**ni to läofor**i**o ja tin **pä**la
Wie lange fährt der Bus nach Pella?

Το λεωφορείο, που είναι απέξω, φεύγει;
to läofor**i**o pu **i**nä ap**ä**xo f**ä**wji
Ist das der Bus, der draußen steht?

A: Ναι, αυτό είναι το λεωφορείο που θα φύγει για την Πέλλα,
nä aft**o** **i**nä to läofor**i**o pu θa f**i**ji ja tin **pä**la
Ja, das ist der Bus, der nach Pella abfährt,

και κάνει σαράντα λεπτά, για να πάει.
kä k**a**ni ßar**a**nda läpt**a** ja na p**a**i
und der fährt 40 Minuten.

Το εισιτήριό σας κάνει πεντακόσιες πενήντα δραχμές.
to ißit**i**ri**o**ßas k**a**ni pändak**o**ßjäs pän**i**nda δrachm**ä**s
Ihr Fahrschein macht 550 Drachmen.

Ψιλά δεν έχετε;
psil**a** δän **ä***ch*ätä
Haben Sie's nicht klein – haben Sie kein Kleingeld?

S: ´Οχι, λυπάμαι, δεν έχω.
o*ch*i lip**a**mä δän **ä**cho
Nein, bedaure, hab' ich nicht.

A: Δεν πειράζει.
δän pir**a**si
Macht nichts.

S: Ευχαριστώ, αντίο!
äfcharist**o** ad**i**o
Danke, tschüs!

A: Αντίο, και καλό ταξίδι!
ad**i**o kä kal**o** tax**i**δi
Tschüs und gute Reise!

Pella

Wärter: W

S: Θαυμάσιο μωσαϊκό. Τι ωραία χρώματα!
θawm**a**ßio moßaik**o** ti or**ä**a chr**o**mata
(Ein) wunderbares Mosaik. Was für schöne Farben!

Αυτός είναι ο Διόνυσος, έτσι δεν είναι;
aft**o**s **i**nä o δi**o**nißos **ä**tsi δän **i**nä
Das ist Dionysos, ist es nicht so?

W: Μάλιστα!
m**a**lista
Ja.

S: Και πού είναι ο Μεγαλέξαντρος;
kä pu **i**nä o mägal**ä**xandros
Und wo ist Alexander der Große?

W: Ο Μεγαλέξαντρος; . . . Πέθανε!
o mägal**ä**xandros p**ä**θanä
Alexander der Große? Gestorben – tot!

S: Το ξέρω. Εννοώ το μωσαϊκό με τον Μεγαλέξαντρο!
to x**ä**ro äno**o** to moßaik**o** mä ton mägal**ä**xandro
Das weiß ich. Ich meine das Mosaik mit Alexander dem Großen!

W: Ελάτε να σας το δείξω.
äl**a**tä na ßas to δ**i**xo
Kommen Sie, ich zeig's Ihnen.

Νά το, αυτό είναι. Αυτός είναι ο Μεγαλέξαντρος,
n**a**to aft**o** **i**nä aft**o**s **i**nä o mägal**ä**xandros
Das ist es. Der hier ist Alexander der Große,

εκείνος είναι ο φίλος του. ΄Ετσι λένε τουλάχιστο,
äk**i**nos **i**nä o f**i**los tu **ä**tsi l**ä**nä tul**a***ch*isto
der hier ist sein Freund. So sagt man wenigstens,

W: και στη μέση το λιοντάρι.
kä sti m**ä**ßi to liond**a**ri
und in der Mitte der Löwe.

S: Πολύ ωραίο, θαύμα! Ευχαριστώ πολύ.
pol**i** or**ä**o θ**a**wma äfcharist**o** pol**i**
Sehr schön. Toll. Vielen Dank.

W: Παρακαλώ!
parakal**o**
Bitteschön!

Vokabeln

από πού; ap**o** pu	von wo?
το λεωφορείο to läofor**i**o	der Bus
το πρακτορείο to praktor**i**o	das Reisebüro, die Busausgangsstation
τα ψιλά ta psil**a**	das Kleingeld
το εισιτήριο to ißit**i**rio	die Fahrkarte
το χιλιάρικο to *ch*ilj**a**riko	der Tausenddrachmenschein
η ώρα i **o**ra	die Stunde, die Zeit
τι ώρα είναι; ti **o**ra **i**nä	wieviel Uhr ist es?
το πρωί to pro**i**	morgens, der Morgen
το βράδι to wr**a**δi	abends, der Abend
καλό ταξίδι! kal**o** tax**i**δi	gute Reise!

Archäologisches Museum Thessaloniki

Wärter: W

1. Vitrine

W: Αυτή είναι η χρυσή λάρνακα όπου βρέθηκαν
aft**i** **i**nä i chriß**i** l**a**rnaka **o**pu wr**ä**θikan
Dies ist die goldene Urne, in der gefunden wurden

τα οστά του Φιλίππου του Δευτέρου, του πατέρα
ta ost**a** tu fil**i**pu tu δäft**ä**ru tu pat**ä**ra
die Gebeine Philipps des Zweiten, des Vaters

του Μεγαλέξαντρου, και αυτό είναι το χρυσό
tu mägal**ä**xandru kä aft**o** **i**nä to chriß**o**
Alexanders des Großen, und dies ist die goldene

στεφάνι, που βρέθηκε στον τάφο του στη Βεργίνα.
stäf**a**ni pu wr**ä**θikä ston t**a**fo tu sti wärj**i**na
Krone, die in seinem Grab in Vergina gefunden wurde.

S: Θαύμα. Να το και το αστέρι της Βεργίνας,
θ**a**wma na to kä to ast**ä**ri tis wärj**i**nas
Wunderbar. Da (ist) auch der Stern von Vergina,

ο ήλιος της Μακεδονίας. Όλο χρυσό.
o **i**lios tis makäδon**i**as **o**lo chriß**o**
die Sonne Makedoniens. Alles in Gold.

Και τι αριστούργημα το στεφάνι!
kä ti arist**u**rjima to stäf**a**ni
Und was für ein Meisterwerk die Krone!

2. Vitrine

W: Και εδώ είναι και τα άλλα αστέρια ως κόσμημα
kä äδ**o** **i**nä kä ta **a**la ast**ä**ria os k**o**smima
Und hier sind auch die anderen Sterne als Schmuck

πια στα ρούχα τους . . . και οι περικνημίδες.
pja sta r**u**cha tus kä i päriknim**i**δäs
jetzt schon auf ihren Kleidern, und die Beinschienen.

S: Είναι αυτές οι περικνημίδες του Φιλίππου,
inä aft**ä**s i päriknim**i**δäs tu fil**i**pu
Sind das die Beinschienen von Philipp,

η μία λίγο πιο κοντή από την άλλη,
i m**i**a l**i**go pjo kond**i** ap**o** tin **a**li
die eine etwas kürzer als die andere,

επειδή κούτσαινε ο Φίλιππος;
äpiδ**i** k**u**tsänä o f**i**lipos
weil Philipp hinkte?

W: Αυτές είναι, μπροστά σας.
aft**ä**s **i**nä brost**a** ßas
Das sind sie, vor Ihnen.

S: Και πού είναι αυτά τα κεφάλια από ελεφαντοστούν,
kä pu **i**nä aft**a** ta käf**a**lia ap**o** äläfandost**u**n
Und wo sind diese Köpfe aus Elfenbein,

για τα οποία λέμε πως είναι ο Φίλιππος και ο Μεγαλέξαντρος;
ja ta op**i**a l**ä**mä pos **i**nä o f**i**lipos kä o mägal**ä**xandros
von denen gesagt wird, daß sie Philipp und Alexander den Großen darstellen?

W: Εκεί πέρα. Θα τα βρείτε στη μέση,
äk**i** p**ä**ra θa ta wr**i**tä sti m**ä**ßi
Dort drüben. Die werden Sie in der Mitte finden,

αριστερά ο Φίλιππος, δεξιά ο Μεγαλέξαντρος.
arist**ä**ra o f**i**lipos δäxi**a** o mägal**ä**xandros
links Philipp, rechts Alexander der Große.

S: Σας ευχαριστώ πολύ.
ßas äfcharist**o** pol**i**
Ich danke Ihnen vielmals.

Vokabeln

τα τραγούδια ta trag**u**δia	die Lieder
η τράπεζα i tr**a**päsa	die Bank
σήμερα ß**i**mära	heute
χρήματα chr**i**mata	Geld
το μουσείο to muß**i**o	das Museum
θαύμα! θ**a**wma	wunderbar!
το κεφάλι to käf**a**li	der Kopf
δεξιά δäxi**a**	rechts
αριστερά aristär**a**	links
πολύ pol**i**	sehr

12. Folge: Korfu

Fischtaverne

Wirt: W

W: Καλησπέρα σας.
kalisp**ä**ra ßas
Guten Abend.

S: Καλησπέρα. Από ψάρι τί έχετε;
kalisp**ä**ra apo ps**a**ri ti **ä***ch*ätä
Guten Abend. Was haben Sie an Fisch?

W: ʹΕχω γαύρο, αθερίνα, σαρδελίτσα,
ächo *g***a**wro aθär**i**na ßarδäl**i**tsa
Ich habe »Gawro«, »Atherina«, kleine Sardellen,

έχω μύδια, χταπόδι της σχάρας, καλαμαράκια,
ächo m**i**δia chtap**o**δi tis ßch**a**ras kalamar**a**kja
ich habe Muscheln, Oktopus vom Grill, Kalamares,

έχω μπαρμπούνι, συναγρίδα, ξιφία,
ächo barb**u**ni ßina*g*r**i**δa xif**i**a
ich habe Barbe(n), Meerbrasse(n), Schwertfisch,

έχω όμως και αστακό, όλα φρέσκα φυσικά.
ächo **o**mos kä astak**o** **o**la fr**ä**ska fißik**a**
ich habe aber auch Hummer, alles frisch natürlich.

S: Φέρτε μου τώρα για μεζέ μια καλαμαράκια,
f**ä**rtä mu t**o**ra ja mäs**ä** mia kalamar**a**kja
Bringen Sie mir jetzt als Vorspeise einmal Kalamares,

μια σαρδελίτσες με ένα ουζάκι,
mia sarδäl**i**tsäs mä **ä**na us**a**ki
einmal Sardellen mit einem Uso,

για τα άλλα περιμένω την παρέα μου.
ja ta **a**la pärim**ä**no tin par**ä**a mu
für alles weitere warte ich auf meine Kumpel.

W: Ό τι θέλετε.
oti θ**ä**lätä
Was (immer) Sie wünschen.

Vokabeln

όλοι, όλες, όλα **o**li, **o**läs, **o**la	alle
φρέσκο fr**ä**sko	frisch
φυσικά fißik**a**	natürlich
περιμένω pärim**ä**no	ich warte
η παρέα i par**ä**a	die Freunde, die Gesellschaft, die »Kumpel«
γειά σου / σας ja ßu / ßas	grüß dich / seien Sie gegrüßt
ό τι θέλετε **o**ti θ**ä**lätä	was (immer) Sie wünschen
άλλος, άλλη, άλλο **a**los, **a**li, **a**lo	anders, andere
χορεύω chor**ä**wo	ich tanze
σηκώνομαι ßik**o**nomä	ich stehe auf

13. Folge: Lesbos und Chios

Abendunterhaltung

1. An der Bar

Barmann: B

S: Μπορώ να σας ρωτήσω κάτι;
bor**o** na ßas rot**i**ßo k**a**ti
Darf ich Sie etwas fragen?

Τι κάνει κανείς το βράδι εδώ;
ti k**a**ni kan**i**s to wr**a**δi äδ**o**
Was macht man hier am Abend?

B: Πού θέλετε να πάτε; Τι προτιμάτε;
pu θ**ä**lätä na p**a**tä ti protim**a**tä
Wo möchten Sie hingehen? Was mögen Sie am liebsten?

Σινεμά, θέατρο, ντίσκο ή είστε για ρεμπέτικο;
ßinäm**a** θ**ä**atro d**i**sko **i** **i**stä ja räb**ä**tiko
Kino, Theater, Disko oder Rembetiko?

S: Φυσικά ρεμπέτικο. Έχει καμία καλή κομπανία;
fisik**a** räb**ä**tiko **ä***ch*i kam**i**a kal**i** kompan**i**a
Natürlich Rembetiko. Gibt es eine gute Gruppe?

B: Πολύ καλή! Κάθε βράδι γίνεται χαμός.
pol**i** kal**i** k**a**θä wr**a**δi g**i**netä cham**o**s
Eine sehr gute! Jeden Abend ist dort der Teufel los.

S: Πού παίζουν; Πού είναι αυτό το κέντρο;
pu p**ä**sun pu **i**nä aft**o** to k**ä**ndro
Wo spielen sie? Wo ist das Lokal?

Είναι μακριά από δω;
inä makr**i**a apo δ**o**
Ist es weit von hier?

B: »Στα καλά παιδιά«, ένα θαυμάσιο μαγαζί. Δεν είναι μακριά.
sta kal**a** päδi**a** **ä**na θawm**a**ßio magas**i** δän **i**nä makri**a**
»Zu den guten Kumpeln«, ein wunderbares Lokal. Es ist nicht weit.

Μόνη σας δεν μπορείτε να πάτε.
m**o**ni ßas δän bor**i**tä na p**a**tä
Allein können Sie da nicht hingehen.

S: Εγώ όμως μπορώ. Ευχαριστώ, έφυγα.
äg**o** **o**mos bor**o** äfcharist**o** **ä**figa
Ich kann aber. Danke, bin schon weg.

B: Καλή διασκέδαση.
kal**i** δiask**ä**δassi
Gute Unterhaltung – viel Vergnügen.

2. Im Lokal

Kellner: K

S: ΄Εχει και μουσική απόψε;
ä*ch*i kä mußik**i** ap**o**psä
Gibt's auch Musik heute abend?

K: Φυσικά έχουμε μουσική, αργότερα!
fißik**a** **ä**chumä mußik**i** arg**o**tära
Natürlich gibt's Musik, später!

S: ΄Αλλη μια ρετσίνα, παρακαλώ.
ali mia räts**i**na parakal**o**
Noch einen Retsina, bitte.

K: Αμέσως. Ορίστε.
am**ä**ßos or**i**stä
Sofort. Bitte.

S: Ευχαριστώ. Και πότε θα παίζουν οι ρεμπέτες;
äfcharist**o** kä p**o**tä θa p**ä**sun i räb**ä**täs
Und wann spielen die Rembetes?

Θα παίξουν και τη »Φραγκοσυριανή«;
θa p**ä**xun kä ti frangosirian**i**
Werden die auch die »Frankosyriani« spielen?

K: Αργότερα. Για τη »Φραγκοσυριανή« δεν ξέρω,
arg**o**tära ja ti frangosirian**i** δän x**ä**ro
Später. Von der »Frankosyriani« weiß ich nicht(s),

αλλά φαντάζομαι πως θα το παίξουν και αυτό.
al**a** fand**a**somä pos θa to p**ä**xun kä aft**o**
aber ich nehme an, daß sie auch die spielen werden.

S: Για δεύτερη φορά μου μιλάτε για »αργότερα«.
ja δ**ä**ftäri for**a** mu mil**a**tä ja arg**o**tära
Zum zweiten Mal sprechen Sie von »später«.

Τι σημαίνει »αργότερα«;
ti ßim**ä**ni arg**o**tära
Was heißt »später«?

K: Μετά τα μεσάνυχτα!
mät**a** ta mäß**a**nichta
Nach Mitternacht!

S: Αχ, τι πάθαμε! Και τώρα είναι μόλις δέκα η ώρα!
ach ti p**a**θamä kä t**o**ra **i**nä m**o**lis δ**ä**ka i **o**ra
Ach, was für ein Pech! Und jetzt ist es kaum zehn Uhr!

K: Μα πάντα έτσι είναι, το ρεμπέτικο αργεί.
ma p**a**nda **ä**tsi **i**nä to räb**ä**tiko arj**i**
Aber so ist das immer, der Rembetiko kommt spät.

S: Δεν αντέχω άλλο. Να πληρώσω.
δän and**ä**cho **a**lo na plir**o**ßo
Ich kann nicht mehr. Ich zahle.

K: Αμέσως . . . Ορίστε ο λογαριασμός.
am**ä**ßos, or**i**ste o logariasm**o**s
Sofort . . . Hier bitte die Rechnung.

S: Καληνύχτα σας.
kalini**ch**ta ßas
Gute Nacht.

K: Καληνύχτα σας, κρίμα!
kalini**ch**ta ßas kr**i**ma
Gute Nacht, schade!

Vokabeln

κάτι k**a**ti	etwas
κάθε k**a**θä	jeder
το σινεμά to ßinäm**a**	das Kino
το θέατρο to **θä**atro	das Theater
το κέντρο to k**ä**ndro	(Ausflugs-) Lokal
το μαγαζί to magas**i**	Laden, auch Lokal, »Schuppen«
αργά, αργότερα arg**a**, arg**o**tära	spät, später
πάντα p**a**nda	immer
να πληρώσω na plir**o**ßo	ich möchte bezahlen
ο λογαριασμός o logariasm**o**s	die Rechnung

Anmerkungen zur Grammatik und erweiterter Wortschatz

Die Texte der einzelnen Folgen konnten sich nicht immer nach dem wachsenden grammatischen Schwierigkeitsgrad richten. Ohnehin können die Anmerkungen zur Grammatik für jede Folge nur eine erste Bekanntschaft mit diesen Fragen, nicht aber schon deren komplette Erklärung sein. Für Einzelheiten muß auf die einschlägige Fachliteratur verwiesen werden[1].

Da die Teile zum Sprachunterricht mit den Untertiteln der deutschen Übersetzung laufen, muß hier zunächst einmal die – unberechtigte – Scheu vor dem griechischen Alphabet genommen werden. Die in den einzelnen Folgen gesprochenen Texte sind hier natürlich in griechischer Schrift gedruckt; die deutsche Umschrift und Übersetzung ist allerdings hier auch noch einmal mitangegeben.

Zu jeder Folge werden einige grammatische Schwerpunkte angesprochen und kurz – und ganz unzureichend – erklärt. Der größte Nachteil für Sie als Leser ist der, daß Sie grammatische Phänomene, die Ihnen erklärt wurden und die sie auch in ihrer Gesetzmäßigkeit erkannt zu haben glauben, nur sehr eingeschränkt auf analoge Fälle übertragen können. Dazu fehlen Ihnen weitergehende Kenntnisse, die mit der dreitausendjährigen Geschichte der griechischen Sprache zusammenhängen. Unser Hauptaugenmerk liegt deshalb auf den feststehenden Redewendungen und einzelnen wichtigen Wörtern. Wenn Sie alle in den Folgen benutzten – und auch immer wieder auftauchenden und wiederholten – gängigen Ausdrücke kennen, wird dies bereits ein sehr guter Einstieg in weitere neugriechische Sprachstudien sein.

Auf die deutsche Umschrift wird für diese Anmerkungen zur Grammatik verzichtet, da die meisten Begriffe schon im Textstück mit Umschrift vorkommen.

[1] Für weitere Einzelheiten sei auf Hans und Niki Eideneier, *Neugriechisch ist gar nicht so schwer*. Grundwortschatz, Grundgrammatik, 2. Aufl. Wiesbaden, Dr. Ludwig Reichert Verlag, 1986 verwiesen. Dazu das gleichnamige Lehrwerk, Teil 1, 5. Auflage Wiesbaden 1993, Teil 2, 4. Auflage, Wiesbaden 1991, mit Sprachkassetten, Schlüssel, Methodischen Hinweisen und einer Musikkassette der in den Lehrbüchern behandelten gängigsten griechischen Lieder.
Unerläßlich sind auch: Hans Ruge, *Grammatik des Neugriechischen*. Lautlehre, Formenlehre, Syntax, Romiosini-Verlag Köln, 2. Auflage 1988. – Christina Antoniadou – Petra Kaltsas, *Lexikon der idiomatischen Redewendungen*, griechisch- deutsch / deutsch-griechisch, Romiosini-Verlag Köln, 1994.

Zu Folge 1: Griechenland

που	Relativpronomen für alle Fälle, zugleich – wie hier – »daß«, entspricht deutschem »wo« (πού mit Akzent: »wo?«) in süddeutschen Dialekten
θα	damit wird die folgende Verbform als Futurform gekennzeichnet: θα παρουσιάσω ich werde vorstellen
σας	euch – Ihnen, immer unmittelbar vor der Verbform
από δω και πέρα	von jetzt an, trotz des Akzentzeichens auf από liegt die Betonung auf δω, und nicht auf από

Begrüßung, Grußvokabular

καλημέρα	Guten Morgen, guten Tag
καλησπέρα	Guten Abend
καληνύχτα	Gute Nacht
χαίρετε	»seien Sie gegrüßt« – bei Begrüßung und Abschied
γειά σου	»sei gegrüßt« – familiär (per du)
γειά σας	»seien Sie gegrüßt« – familiär (per Sie)
αντίο	adieu

Zu Folge 2: Kreta

ο, η, το der, die das
το σταφύλι, τα σταφύλια die Traube, die Trauben
Neutra auf -ι sind die häufigsten Substantive: ψάρι, αχλάδι, καρπούζι, πεπόνι.

Die Adjektive werden mitdekliniert: ωραίο ψάρι schöner Fisch, ωραία ψάρια schöne Fische.
μικρός, μικρή, μικρό. μεγάλος, μεγάλη, μεγάλο usw.

Steigerung der Adjektive:
καλά ψάρια, καλύτερα ψάρια, τα καλύτερα ψάρια
gute Fische, bessere Fische, die besten Fische

Komparativ auch mit πιο – mehr: πιο γλυκά – süßer.

έχω, έχεις, έχει, έχουμε, έχετε, έχουν
ich habe, du hast, er hat, wir haben, ihr habt/Sie haben, sie haben
(Aussprache des ch-Lauts in έχω wie in deutsch »noch«, nicht wie in »echt«!)
So auch: θέλω, πειράζω

πειράζει – δεν πειράζει: Verneinung beim Verb: δε bzw. δεν.
Sonst: όχι: όχι bedeutet also nicht nur »nein«, sondern auch »nicht«: όχι καλό – nicht gut. (Aussprache des ch-Lauts: wie im Deutschen »ich«, nicht »och«!)

τι »was für ein«: das übliche Fragepronomen.

ευχαριστώ wird konjugiert: *ich* danke – in der Mehrzahl: ευχαριστούμε: *wir* danken

το ροδάκινο, τα ροδάκινα der Pfirsich, die Pfirsiche (Neutrum). So auch (τα) ρέστα, σύκα, μήλα.

η κυρία, οι κυρίες die Dame, die Damen (Femininum). So auch διαφορά, συναγρίδα, σφυρίδα.

πούντος, πούντη, πούντο < που είναι (αυ)τός usw. wo ist er?

Zu Folge 3: Santorin

μήπως	zur Einleitung von zweifelhaften und höflichen Fragen: »vielleicht«.

μπορώ, μπορείς, μπορεί, μπορούμε, μπορείτε, μπορούν
ich kann, du kannst, er kann, wir können, ihr könnt/Sie können, sie können.
So auch: ευχαριστώ.

Es gibt im Neugriechischen keinen Infinitiv. Alle Sätze, die im Deutschen einen Infinitiv haben (Beispiel: »können Sie mir vielleicht *sagen*«), müssen im Griechischen mit einem »daß-Satz« konstruiert werden: »können Sie, daß Sie mir sagen« – μπορείτε να μου πείτε.
να πω (daß ich sage), να πεις (daß du sagst), να πει (daß er sagt), να πούμε (daß wir sagen), να πείτε (daß ihr sagt), να πουν (daß sie sagen) (die Endungen wie oben bei μπορώ) wird also konjugiert: μπορείτε να πείτε.

Wie ein vor das Verb gestelltes θα dessen Futur-Funktion bezeichnet, so signalisiert ein vor das Verb gestelltes να die »Konjunktivfunktion«:

τι να κάνω;	was soll ich tun?

μου entspricht dem deutschen »mir« und steht immer vor der Verbform, auf die es sich bezieht.

Die Vergangenheitsformen des Verbs sind nicht schwer zu verstehen, aber sehr schwer zu erklären:
έχασα – ich verlor, πού χάσατε – wo verloren Sie?
πήραν – sie haben es »genommen« = gestohlen
έπεσε – er/sie/es ist gefallen, fiel
καταργήσαμε – wir haben abgeschafft
με υποχρεώσατε – »Sie haben mich verpflichtet« = ich bin in Ihrer Schuld

Die Endungen:

έχασα	ich verlor, habe verloren
έχασες	du hast verloren
έχασε	er/sie/es hat verloren
χάσαμε	wir haben verloren
χάσατε	ihr habt verloren, Sie haben verloren
έχασαν	sie haben verloren.

Zu Folge 4: Antike Peloponnes

αυτός, αυτή, αυτό	der da, die da, das da dieser, diese, dieses

αυτός wird dekliniert wie ein Adjektiv. Wenn Sie auf etwas deuten und »das da« sagen wollen, muß es auch ein »das da« sein, und nicht ein »der da« oder »die da«.

ορίστε heißt »bitte« als Aufforderung: bitte sehr, während παρακαλώ das »ich bitte« im bittenden Sinn und als höfliche Entgegnung auf ευχαριστώ – *danke* bedeutet.

ευχαρίστως heißt zwar »gern«, wird aber längst nicht so häufig benutzt wie die Konstruktion mit μου αρέσει »gefällt mir« = mag ich: ich esse gern Tzatziki: μου αρέσει να τρώ τζατζίκι.

Die Zahlwörter eins, drei und vier sind wie Adjektive zu deklinieren. Am wichtigsten natürlich bei eins, das auch der unbestimmte Artikel einer, eine, ein ist:

ένας κύριος	ein Herr
μια δραχμή	eine Drachme
ένα καπέλο	ein Hut

δύο κύριοι, δύο δραχμές, δύο καπέλα: zwei – δύο unverändert
τρεις κύριοι, τρεις δραχμές, τρία καπέλα: drei – τρεις, τρεις, τρία.
τέσσερις κύριοι, τέσσερις δραχμές, τέσσερα καπέλα: vier – τέσσερις, τέσσερις, τέσσερα.

So auch δεκατρείς und δεκατέσσερις:	13, 14
εικοσιένας, εικοσιμία, εικοσιένα:	21
εικοσιτρείς, εικοσιτρείς, εικοσιτρία:	23
εικοσιτέσσερις, εικοσιτέσσερις, εικοσιτέσσερα:	24

So 31, 33, 34, 41 usw. bis 99

εκατό – hundert: unverändert

Ab 200:	διακόσιοι κύριοι διακόσιες δραχμές διακόσια καπέλα

So auch:
τριακόσιοι (300), τετρακόσιοι (400), πεντακόσιοι (500), εξακόσιοι (600), εφτακόσιοι (700), οχτακόσιοι (800), εννιακόσιοι (900), und χίλιοι, χίλιες, χίλια (1000).
Ab 1000 wird in Tausendern gezählt: δυο χιλιάδες, τρεις χιλιάδες, usw., auch dies alles sind Feminina, wie δραχμές, μέρες (Tage), νύχτες (Nächte), usw. Die Femininformen der Zahlen müssen also immer parat sein.

Zu Folge 5: Moderne Peloponnes

η ζέστη die Hitze οι ζέστες: Feminina auf -η

χρειάζομαι, χρειάζεσαι, χρειάζεται, χρειαζόμαστε, χρειάζεστε, χρειάζονται
ich brauche – habe nötig, du brauchst, er/sie/es braucht, wir brauchen, ihr braucht/Sie brauchen, sie brauchen.
So auch κάθομαι sitzen, sich setzen, auch »wohnen«.

φοβάμαι, φοβάσαι, φοβάται, φοβόμαστε, φοβάστε, φοβούνται
ich fürchte (mich), du fürchtest, er/sie/es fürchtet, wir fürchten, ihr fürchtet/Sie fürchten, sie fürchten.

Ein paar Adverbien:

τώρα	jetzt
μετά	danach
επίσης	auch
κατ' ευθείαν	geradeaus
περίπου	ungefähr

όλος ο κόσμος	die ganze Welt = alle Leute
όλη η μέρα	der ganze Tag
όλο το χιλιάρικο	der ganze Tausender (Tausenddrachmenschein)

Im Plural

όλοι οι κύριοι	alle Herren
όλες οι μέρες	alle Tage
όλα τα χιλιάρικα	alle Tausender

Wie αυτός, αυτή, αυτό im Sinne von »dieser, diese, dieses« muß auch όλος – ganz, im Plural: όλοι – alle, immer von einem bestimmten Artikel begleitet sein.

Noch ein paar Vokabeln, die nützlich sein können:

ο γιατρός	der Arzt
ο οδοντίατρος	der Zahnarzt
χτύπησα	ich bin verletzt
πονάει ο λαιμός μου	ich habe Halsschmerzen
πονάει το δόντι μου	ich habe Zahnschmerzen
έχω πυρετό	ich habe Fieber
εδώ με πονάει	hier tut's mir weh
το νοσοκομείο	das Krankenhaus
το πρώτων βοηθειών	die Erste Hilfe
η αρρώστεια	die Krankheit
είμαι άρρωστος / -η	ich bin krank
τα πόδια	die Beine, Füße
τα αφτιά	die Ohren
η μύτη	die Nase
η καρδιά	das Herz
το κεφάλι	der Kopf
το ιατρείο	die Arztpraxis
το φαρμακείο	die Apotheke

Zum Wetter, zum Strand und zur Hygiene:

κάνει ζέστη	es ist heiß
κάνει κρύο	es ist kalt
κάνει πολλή ζέστη	es ist sehr heiß
ωραίος καιρός σήμερα	schönes Wetter heute
ο ήλιος	die Sonne
το φεγγάρι	der Mond

η θάλασσα	das Meer
έχει θάλασσα	das Meer ist bewegt – hat Wellen
κάνω μπάνιο	(ich) bade
το μαγιό	Badeanzug / Badehose
χωρίς μαγιό	ohne Badeanzug / Badehose
είναι ζεστή η θάλασσα;	ist das Meer warm?
η αμμουδιά	der Strand
ο γιαλός	der Strand
το ντους	die Dusche
η τουαλέττα	die Toilette
ΑΝΔΡΩΝ	Herrentoilette
ΓΥΝΑΙΚΩΝ	Damentoilette

Das Altgriechische wird an mitteleuropäischen Gymnasien und allgemein anders ausgesprochen als in Griechenland. Dort überträgt man die heutige griechische Aussprache auch auf das Altgriechische. Dies ist ganz natürlich, schafft aber hin und wieder Probleme, wenn heutige Griechen behaupten, man tue ihnen mit der mitteleuropäischen Aussprache, die auf Erasmus von Rotterdam (16. Jh.) zurückgeht, unrecht. Allein ein Blick auf ältere neugriechische Dialekte wie etwa das Griechische aus Unteritalien oder vom Schwarzen Meer (»Pontos«) zeigt die verschiedenen Ausssprachestufen älterer Perioden der griechischen Sprachgeschichte. Zwar ist die Aussprache des Altgriechischen durch mitteleuropäische Altphilologen in einzelnen Punkten zum Teil widersprüchlich, doch ist es im Grunde müßig, darüber einen Streit vom Zaun zu brechen.
Der zitierte berühmte Vers aus der Antigone des Sophokles ist vom Inhalt her zu würdigen und nicht von seiner Aussprache.

Zu Folge 6: Athen

το πράμα, τα πράματα	Ding, Sache, im Plural auch Gepäck.

So auch alle weiteren Neutra auf -μα. Auch im Deutschen ist der Plural von Komma: Kommata, so auch Klimata, Themata usw.

Die häufigsten Präpositionen:

σε	in, an, auf, nach, bei, zu

από	von, aus, seit, ab, als (bei Vergleichen)
με	mit
για	für, über (sprechen)

Diese Präpositionen stehen mit dem Akkusativ, den wir noch nicht extra genannt haben: Bei allen Neutra, und damit bei dem größten Teil aller Substantive, entspricht er dem Nominativ und wird deshalb als bekannt vorausgesetzt.

So auch bei den Feminina, außer beim bestimmten Artikel: η wird im Akkusativ: τη bzw. vor Vokalen oder -p-, -t-, -k-Lauten την.

Bei den Maskulina fällt das für den Nominativ Singular so charakteristische Schluß-ς weg, auch der bestimmte Artikel ist anders:

Nominativ Singular:	ο κύριος	Akkusativ:	τον κύριο
Nominativ Plural:	οι κύριοι	Akkusativ:	τους κυρίους

Die wichtigsten Farbadjektive:

κόκκινος, κόκκινη, κόκκινο	rot
μπλέ / γαλάζιος, γαλάζια, γαλάζιο	blau
κίτρινος, κίτρινη, κίτρινο	gelb
πράσινος, πράσινη, πράσινο	grün
μαύρος, μαύρη, μαύρο	schwarz
άσπρος, άσπρη, άσπρο	weiß
καφέ	braun

Zur Taxiszene muß angemerkt werden, daß es, vor allem in Athen und Thessaloniki, schwierig ist, ein leeres Taxi für sich allein zu finden. Es ist üblich, vom Straßenrand aus eins aus dem fließenden Verkehr herauszuwinken. Das Taxi, das noch einen oder mehrere Plätze frei hat, fährt langsam an Ihnen vorbei und reagiert auf Zuruf. Sie müssen also die Richtung, einen markanten Punkt, einen Stadtteil oder dergleichen parat haben, um von dem Taxi aufgenommen zu werden, das Ihren Wunsch mit seinem Ziel vereinbaren kann. Das erfordert eine gewisse Übung, klappt aber gut, außer in der Hauptverkehrszeit von ca. 13–15 Uhr.
Alle Taxis – in den Städten – haben Taxameter, Zuschläge sind nachts, mit Gepäck, bei Fahrten ab und bis zum Flughafen und dergleichen üblich.

Zu Folge 7: Attika

πού είναι το ταχυδρομείο;	wo ist die Post?
πού έχει ένα τηλέφωνο;	wo gibt es ein Telefon?
πού υπάρχει ένα περίπτερο;	wo gibt es einen Kiosk?

έχει und υπάρχει entsprechen beide einem »es gibt«, έχει wird aber mit dem Akkusativ, υπάρχει mit dem Nominativ konstruiert.

Mit για να werden »um zu«-Nebensätze eingeleitet.

συγνώμη »Verzeihung« als Einleitung einer höflichen Frage.
Με συγχωρείτε »verzeihen Sie« – »Entschuldigung«, auch entschuldigend.
ζητάω συγνώμη ich bitte um Entschuldigung.

Die wichtigsten Adverbien:

εδώ	hier
εκεί	dort
κοντά	nah
μακριά	weit (weg)
μαζί	zusammen
πίσω	hinter
μπροστά	vorne
έξω	draußen, hinaus
μέσα	drinnen, hinein
πάνω	oben
κάτω	unten
δίπλα	(da) neben
γύρω	um herum
απέναντι	gegenüber
αριστερά	links
δεξιά	rechts
μεταξύ	zwischen

Diese Adverbien können sich mit den Präpositionen σε bzw. από zu präpositionalen Ausdrücken verbinden, die dann die Funktion einer Präposition haben. Dabei drückt σε jeweils die räumliche oder zeitliche Nähe, από die räumliche oder zeitliche Entfernung aus.

Beispiel:

πάνω στο τραπέζι	auf dem Tisch
πάνω από το τραπέζι	über dem Tisch
κάτω στο τραπέζι	unten am Tisch
κάτω από το τραπέζι	unter dem Tisch

σε verbindet sich mit dem bestimmten Artikel zu

στο(ν)	στη(ν)	στο	im Singular
στους	στις	στα	im Plural

Noch eine Anmerkung zur Gestik:

Jemanden etwas zu fragen, ohne auf den Gefragten zuzugehen mit einer Drehbewegung der halb geöffneten Hand, wobei der Daumen nach außen geworfen wird, läßt den Gefragten oft überhaupt nicht reagieren. Dies sollte in der ersten Szene demonstriert werden.

In der zweiten Szene am Kiosk erhält unsere Sprecherin auf ihre Frage nach den ausländischen Zeitungen zweimal eine verneinende Antwort – durch Zungenschnalzen –, was sie nicht versteht. Beim zweiten Mal zieht das Kioskfräulein darüber hinaus die Augenbrauen hoch, wirft den Kopf kurz zurück. Dies kann von einem mitteleuropäischen Gestikstandpunkt aus als »ja« – falsch – gedeutet werden, da der Kopf ja nach dem Rückschnellen wieder nach vorne kommen muß und damit – fälschlicherweise – ein Ja-Nicken signalisiert, wo ein Nein-Rückwurf gemeint ist: ein weites Feld für Mißverständnisse!

. . . und zum Telefon:

Telefonieren ist normalerweise an Kiosken möglich. Die Telefonzellen funktionieren heute meist mit Telefonkarten. Die Post hat mit dem Telegrafenamt (»O.T.E.«) nichts zu tun.

Zu Folge 8: Rhodos und Karpathos

Possessivpronomina:

Die gewöhnlichen schwach betonten Formen:

	Singular	Plural
1. Person	μου	μας
2. Person	σου	σας
3. Person	του, της, του	τους

Beispiel:

ο άντρας μου	mein Mann
το σπίτι σου	dein Haus, deine Wohnung
η γυναίκα του	seine Frau
το τάβλι της	ihr Tavli
το ταξί μας	unser Taxi
το ξενοδοχείο σας	euer / Ihr Hotel
οι βαλίτσες τους	ihre Koffer

Weitere wichtige Adverbien:

καλά	gut	τουλάχιστο	mindestens
λίγο	wenig	βεβαίως!	gewiß!
πολύ	sehr	δυστυχώς	leider
φυσικά	natürlich	ευτυχώς	Gott sei Dank, zum Glück
περισσότερο	mehr	ακριβώς	genau
το πολύ (πολύ)	höchstens		

Zu Folge 9: Delphi und Festland

Personalpronomina:

a) Die gewöhnlichen schwach betonten Formen stehen im Akkusativ (»mich«, »dich«, usw.) und in der Funktion des Dativs (»mir«, »dir« usw.) **vor** dem Verb, auf das sie sich beziehen:

Akkusativ:	με βλέπει	er /sie / es sieht mich
	μσε βλέπω	ich sehe ihn
	μτον / την / το βλέπω	ich sehe ihn / sie / es
	μμας βλέπει	er / sie / es sieht uns
	μσας βλέπω	ich sehe euch / Sie
	μτους / τις / τα βλέπω	ich sehe sie

In der Funktion des Dativs (einen Dativ gibt es im Griechischen nicht mehr):

μου δίνει	er / sie / es gibt mir
σου δίνω	ich gebe dir
του / της / του δίνω	ich gebe ihm / ihr / ihm
μας δίνει	er / sie /es gibt uns
σας δίνω	ich gebe euch / Ihnen
τους δίνω	ich gebe ihnen

Stehen zwei schwach betonte Personalpronomina nebeneinander, steht das Pronomen in akkusativischer Funktion näher vor dem Verb, auf das es sich bezieht:

μου το δείχνει	er / sie / es zeigt es mir
σας τα δείχνει	er / sie / es zeigt sie euch / Ihnen
τους τις δίνω	ich gebe sie ihnen

Bei Imperativformen steht das Personalpronomen **hinter** dem Verb:

φέρτε μου	bringen Sie mir
δώστε μας	geben Sie uns

b) stärker betont:
Nominativ:

εγώ	ich	εσύ	du
αυτός, αυτή, αυτό	er, sie, es	αυτοί, αυτές, αυτά	sie
εμείς	wir	εσείς	ihr, Sie

Zur Erklärung der weiteren Formen in der Funktion des Akkusativs und des Dativs müßte etwas weiter ausgeholt werden; deshalb sei auf die einschlägigen Lehrwerke verwiesen.
Grundsätzlich ist anzumerken, daß die Personalpronomina, die im Deutschen mit dem Verb genannt werden (**ich** gehe, **du** gehst, **er / sie / es** geht usw.), im Griechischen in der jeweiligen Verbform enthalten sind:

θέλω	ich will	θέλουμε	wir wollen
θέλεις	du willst	θέλετε	ihr wollt, Sie wollen
θέλει	er /sie / es will	θέλουν	sie wollen

Zum Restaurantbesuch ein kleiner Vokabelnachtrag:

το κουτάλι	der Löffel
το κουταλάκι	der kleine Löffel
το ποτήρι	das Glas, der Becher
(το) γκαρσόνι	der Kellner
(το) πουρμπουάρ	das Trinkgeld
στη γειά μας	auf unser Wohl (in einer Gesellschaft)

πεινάω, πεινάς, πεινάει, πεινάμε, πεινάτε, πεινάν(ε)
ich habe Hunger usw.
διψάω, διψάς, διψά, διψάει, διψάμε, διψάτε, διψάν(ε)
ich habe Durst usw.

η σούπα	die Suppe
σούπα αυγολέμονο	»Eierzitronensuppe«
το αβγό, τα αβγά	das Ei, die Eier
το λεμόνι, τα λεμόνια	die Zitrone, die Zitronen
το τυρί	der Käse
το βούτυρο	die Butter
το λάδι	das Öl
το πιπέρι	der Pfeffer
το αλάτι	das Salz
το ξύδι	der Essig
το γιαούρτι	der Joghurt
το γάλα	die Milch
το τσάι (tsái)	der Tee
η πορτοκαλάδα	die Orangenlimonade
το κοτόπουλο	das Hähnchen

Zu Folge 10: Thessaloniki

Einige – sehr häufig gebrauchte – Verben im Präsens stehen in einer zusammengezogenen Form.

λέω	ich sage	πάω	ich gehe
λές	du sagst	πας	du gehst
λέει	er / sie / es sagt	πάει	er / sie / es geht
λέμε	wir sagen	πάμε	wir gehen
λέτε	ihr sagt	πάτε	ihr geht
λένε	sie sagen	πάνε	sie gehen

τρώω	ich esse	ακούω	ich höre
τρως	du ißt	ακούς	du hörst
τρώει	er / sie / es ißt	ακούει	er / sie / es hört
τρώμε	wir essen	ακούμε	wir hören
τρώτε	ihr ißt	ακούτε	ihr hört
τρώνε	sie essen	ακούνε	sie hören

Zu Folge 11: Makedonien

Fragen nach dem Preis:

πόσο κάνει;	was macht's?
πόσο χρωστάω;	wieviel bin ich schuldig?

ακριβό	teuer
πολύ ακριβό	sehr/zu teuer
φτηνό	billig
κάνω μπαζάρι	handeln, feilschen

Uhrzeit:

τι ώρα είναι;	wieviel Uhr ist es?
οχτώ	acht
οχτώ και δέκα	zehn nach acht
οχτώ και τέταρτο	Viertel nach acht
οχτώμιση	halb neun

εννέα παρά τέταρτο	Viertel vor neun
εννέα	neun
τα δευτερόλεπτα	die Sekunden
τα λεπτά	die Minuten
η ώρα	die Stunde
οχτώ το πρωί	acht Uhr morgens
οχτώ το βράδι	acht Uhr abends
ΑΦΙΞΕΙΣ	ANKUNFT (Ankunft)
ΑΝΑΧΩΡΗΣΕΙΣ	ABFAHRT (Abfahrt)

Zu Folge 12: Korfu

Wichtige Imperativformen:

έλα	komm
ελάτε	kommen Sie
κοίτα / κοίταξε	schau
κοιτάξτε	schauen Sie
πρόσεχε	paß auf
προσέξτε	passen Sie auf
τρέχα	lauf
φύγε	hau ab
άκου	hör
ανέβα	steig ein / auf
κατέβα	steig runter
κάτσε	setz dich, sei brav
καθίστε	setzen Sie sich
τρέχα	lauf
τρέξτε	laufen Sie
σηκωθείτε	stehen Sie auf
πήγαινε	geh
παίξε	spiel
σώπα	schweig – was du nicht sagst
περίμενε	warte
άσε	laß

άς τον / την / το	laß ihn / sie
αφήστε το	lassen Sie das
ορίστε	bitte sehr (wörtlich: bestimmen Sie)
περάστε	treten Sie ein
σήκω, χόρεψε συρτάκι	steh auf, tanze Syrtaki

Sprachkenntnisse:

μήπως ξέρετε γερμανικά;	können Sie vielleicht Deutsch?
μήπως ξέρετε αγγλικά / εγγλέζικα;	können Sie vielleicht Englisch?
μήπως ξέρετε γαλλικά;	können Sie vielleicht Französisch?
μήπως ξέρετε ιταλικά;	können Sie vielleicht Italienisch?
δεν ξέρω ελληνικά	ich kann kein Griechisch
ξέρω λίγα ελληνικά	ich kann (nur) ein bißchen Griechisch
δεν καταλαβαίνω τίποτα	ich verstehe nichts
δεν κατάλαβα	ich hab' nicht verstanden

Die wichtigsten Fragen und Antworten:

πώς σε λένε;	wie heißt du?
με λένε Γκέρτρουντ	ich heiße Gertrud
πώς λέγεστε;	wie heißen Sie?
με λένε Βόλφγκανγκ Πφλιψ	ich heiße Wolfgang Pflips
πώς το λένε αυτό;	wie heißt das?
αυτό το λένε καρέκλα	das ist ein Stuhl
αυτό τι είναι;	was ist das?
αυτό είναι ένα κολοκύθι	das ist ein Kürbis
μ' αγαπάς, Ελένη μου;	liebst du mich, Eleni?
σ' αγαπώ, Γιωργάκη μου!	ich liebe dich, Jürgen!

Zu Folge 13: Lesbos und Chios

Zeitangaben:

πότε;	wann?
τώρα	jetzt
τότε	damals
χτες	gestern
προχτές	vorgestern, neulich
σήμερα	heute
αύριο	morgen
μεθαύριο	übermorgen
νωρίς	früh
αργά	spät
νωρίτερα	früher
αργότερα	später
κάποτε	irgendwann einmal
την ημέρα	am Tag
τη νύχτα	in der Nacht
απόψε	heute abend
το πρωί	morgens
το μεσημέρι	mittags
το βράδι	abends
τα μεσάνυχτα	um Mitternacht
πόσων χρονών είστε;	wie alt sind Sie?
είμαι δεκαοκτώ χρονών	ich bin 18 Jahre alt
μια ώρα δρόμος	eine Stunde Wegs
ένα τσιγάρο δρόμος	eine Zigarettenlänge Wegs
μισή ώρα	eine halbe Stunde
ένα τέταρτο	ein Viertelstunde
πέντε λεπτά	fünf Minuten
μια φορά	einmal
δυο φορές	zweimal
πρώτη φορά	zum 1. Mal
δεύτερη φορά	zum 2. Mal

Die Wochentage:

Δευτέρα	Montag
Τρίτη	Dienstag
Τετάρτη	Mittwoch
Πέμπτη	Donnerstag
Παρασκευή	Freitag
Σάββατο	Sonnabend / Samstag
Κυριακή	Sonntag

Die Monatsnamen:

Ιανουάριος	Januar
Φεβρουάριος	Februar
Μάρτιος	März
Απρίλιος	April
Μάιος	Mai
Ιούνιος	Juni
Ιούλιος	Juli
Αύγουστος	August
Σεπτέμβριος	September
Οκτώβριος	Oktober
Νοέμβριος	November
Δεκέμβριος	Dezember

Feiertage:

το Πάσχα	Ostern
η Μεγάλη Εβδομάδα	Karwoche
τα Χριστούγεννα	Weihnachten
το Δεκαπενταύγουστο	15. August
Εικοσιπέντε Μαρτίου	25. März (Nationalfeiertag)
Εικοσιοχτώ Οκτωβρίου	28. Oktober (Nationalfeiertag)

Jahreszeiten:

η άνοιξη	der Frühling
το καλοκαίρι	der Sommer
το φτινόπωρο	der Herbst
ο χειμώνας	der Winter, auch: Sturm, schlechtes Wetter.

Zeittafel

6000 – 3000 v. Chr.
Neolithikum
Früheste Kulturen sind Lerna I auf der Peloponnes, Sesklo/Dimini in Thessalien und Chirokitia auf Zypern.

2800 – 1200
Bronzezeit

2800 – 2000
Frühminoische Kultur auf Kreta

2600 – 1900
Frühkykladische Kultur auf den Kykladen

2500 – 1950
Frühhelladische Kultur auf der Peloponnes; indoeuropäische Stämme dringen in Griechenland ein, Zerstörung von Lerna IV

1950 – 1550
Mittelminoische Kultur auf Kreta; um 1700 Zerstörung der Alten Paläste und Menschenopfer in Anemóspilia

1950 – 1580
Mittelhelladische Kultur auf der Peloponnes; Ioner und Achäer sind Träger einer protogriechischen Kultur

1900 – 1600
Mittelkykladische Kultur auf den Kykladen. Die Kykladeninseln z. B. Santorin stehen unter minoischem Einfluß.

1550 – 1200
Spätminoische Kultur auf Kreta; Florastil und Meeresstil; um 1450 Zerstörung der Neuen Paläste mit Palaststil-Keramik; Mykener in Knossós und Archánes; um 1380 endgültige Zerstörung von Knossós

1580 – 1200
Späthelladische Kultur auf der Peloponnes; um 1580 – 1450 v. Chr. Gräberrund in Mykene; um 1500 v. Chr. erste Tholosgräber; um 1350/25 v. Chr. »Schatzhaus des Atreus« in Mykene; um 1200 v. Chr. sog. Seevölker zerstören die mykenischen Burgen

1600 – 1100
Spätkykladische Kultur auf den Kykladen; um 1600 v. Chr. minoische Stadt Akrotíri auf Santorin mit Florastil-Keramik; um 1500 v. Chr. Vulkanausbruch auf Santorin; um 1400 v. Chr. zunehmender mykenischer Einfluß; um 1200 v. Chr. Bedrohung durch die sog. Seevölker

ab 1200
Eisenzeit

1050 – 990
Subminoische Epoche

um 1000
Die eingewanderten Dorer siedeln auf der Peloponnes, setzen nach Kreta, Rhodos und auf andere Inseln der Ägäis über. Mykenische Griechen (Ioner und Äoler) beginnen mit der Kolonisation an der kleinasiatischen Westküste.

990 – 710
Geometrische Epoche

814/813
Gründung von Karthago

um 800
Entstehung der Epen Homers

776
1. Olympische Spiele der Antike

Mitte 8. Jh.
Beginn der Kolonisation gen Westen und Osten nach Sizilien, Unteritalien und zum Schwarzen Meer

734
Gründung von Kerkyra und Syrakus

710 – 620
Orientalisierende Epoche

Anfang 7. Jh.
Die makedonischen Griechen errichten ihre Herrschaft in Nordgriechenland.

um 650
Beginn der Tyrannis

um 624
Drakonische Gesetzgebung in Athen

620 – 480
Archaische Epoche

561 – 527
Tyrannis des Peisistratos

547
Krösos, der das Delphische Orakel nach seinem Kriegsglück befragte, erleidet in Sardes mit seinem Heer eine totale Niederlage.

508/507
Reformen des Kleisthenes

500 – 494
Ionischer Aufstand

490
Schlacht bei Marathon gegen die Perser

ab 490
Themistokles setzt sein Flottenprogramm politisch durch. Verstärkte Ausbeutung der Silberminen von Láwrion

486
Xerxes wird Nachfolger seines Vaters, des persischen Königs Darios I.

480 – 330
Klassische Epoche

480
Hochsommer: Schlacht am Thermopylen-Paß. Leonidas aus Sparta kämpft zwei Tage vergeblich gegen die Übermacht der Perser. Ende September: Seeschlacht in der Bucht von Salamis, in der die Griechen die Perser besiegen können. Auf Sizilien erringen die Griechen bei Himera einen Sieg gegen die Karthager.

431 – 404
Der Peloponnesische Krieg. Athen und Sparta ringen um die Herrschaft in Griechenland, am Ende kapituliert Athen.

415
Beginn der »Sizilischen Expedition« durch die Flotte Athens

359
Philipp II. von Makedonien festigt seine Macht, besonders nach seinem Sieg bei Chaironeia (338).

356
Geburt Alexanders d.Gr.

338/337
Erster Panhellenischer Kongreß; der makedonische Herrscher Philipp II. wird Heerführer der Griechen und ruft zum Feldzug gegen Persien auf.

336
Ermordung Philipps II. in Vergina/Aigai. Sein Sohn Alexander d.Gr. übernimmt die Staatsgeschäfte.

334
Alexander setzt über den Hellespont und beginnt seinen Eroberungsfeldzug nach Persien und Indien.

333
Schlacht bei Issos

331
Alexander gründet Alexandria in Ägypten.

330 – 67
Hellenistische Epoche

330 – 327
Alexander-Feldzug in Persien

327 – 325
Alexander-Feldzug in Indien

324
Massenhochzeit griechischer Offiziere mit Perserinnen in Susa.

323
10. Juni Tod Alexanders d.Gr.

316/315
Kassandros gründet Thessaloníki.

168
Perseus, der letzte König der Makedonen, muß sich den Römern ergeben. Im Laufe der Jahre wird ganz Griechenland römisch.

1. Jh. v. Chr. – 324 n. Chr.
Römische Epoche

324 – 1453
Byzantinische Epoche

324
Konstantin d. Gr. macht Byzantion als das »Zweite Rom« zur neuen römischen Hauptstadt, die fortan Konstantinopel heißt.

312
Sieg Konstantins d.Gr. über Maxentius am Pons Milvius in Rom.

313
Toleranzedikt von Mailand. Ende der Christenverfolgungen.

395
Bleibende Reichsteilung durch Theodosios I. in »Ostrom« und »Westrom«. Arkadios (395 – 409) wird in Konstantinopel Kaiser des Oströmischen Reiches.

476
Untergang des Weströmischen Reiches. Kaiser Romulus Augustulus wird von dem Germanen Odoaker nach der Eroberung Roms gestürzt.

1054
Schisma. Trennung von Ost- und Westkirche, die erst 1965 wieder überwunden werden konnte.

1204
Eroberung Konstantinopels durch die Kreuzfahrer

1204 – 1669
Kreta wird venezianisch. Auch andere Inseln und Landschaftsräume werden von Genuesen, Franken und Venezianern erobert und verhindern damit teilweise über Jahrhunderte die Eroberung durch die Osmanen.

1453
Eroberung Konstantinopels. Nahezu ganz Griechenland (mit Ausnahme der Ionischen Inseln) gerät unter osmanische Herrschaft.

1821
25. März: Erzbischof Germanos von Patras ruft zum Widerstand gegen die Osmanen und zur Befreiung Griechenlands auf.

1827
Londoner Abkommen

1829
Friedensvertrag von Adrianopel

1830
Griechenland erhält seine völkerrechtliche Anerkennung.

1831
Der erste Staatspräsident I. Kapodistrias wird am 9. Oktober in Nauplia ermordet.

1832
Am 8. August wird auf Vorschlag der Schutzmächte Prinz Otto von Bayern von der griechischen Nationalversammlung zum ersten König Griechenlands gewählt.

1832 – 1862
König Otto I.

1862 – 1913
König Georg I.

1913 – 1917 und **1920 – 1922**
König Konstantin I. (mußte von 1917 bis 1920 auf Druck von Venizelos auf seinen Thron verzichten).

1922 – 1924 und **1935 – 1947**
König Georg II. (lebte von 1924 bis 1935 nach Ausrufung der Republik, und von 1941 bis 1944, während des Zweiten Weltkriegs, im Exil).

1947 – 1964
König Paul I.

1963 – 1974
Militärdiktatur

1964 – 1974
König Konstantin II. (Nach einem mißlungenen Gegenputsch gegen die Obristen im Dezember 1967 ging er ins Exil).

1974
23. Juli: Die Regierung der Militärdiktatur tritt zurück.
24. Juli: Karamanlis kehrt aus dem Exil zurück und bildet eine neue Regierung.
17. November: Erste Parlamentswahlen für eine demokratische Regierung ohne fremde Könige und Herrscher! Bei 79,5 % Wahlbeteiligung gewinnt K. Karamanlis mit seiner Nea Demokratia mit 73,3%.
8. Dezember: Volksabstimmung über die zukünftige Staatsform Griechenlands. 69,2 % stimmen gegen die Monarchie (auf Kreta sind es sogar 91%!).

1981
18. Oktober: A. Papandreu und die PASOK erringen 48% der Wählerstimmen und mit 172 Sitzen die absolute Mehrheit im Parlament. K. Karamanlis und die Nea Demokratia kommen nur auf 36%, KKE erzielt 11%.

1988
1. Januar: Griechenland wird EG-Vollmitglied.

1993
Präsident Karamanlis vereidigt am 13.10. die neue Regierung unter Ministerpräsident Papandreu.

1994
Aufgrund der Auseinandersetzungen mit Skopje beschließt die griechische Regierung am 16.2. die Schließung des Hafens von Thessaloníki für den Warenverkehr.

Weiterführende Literatur

Austin, Michel/Vidal-Naquet, Pierre, *Gesellschaft und Wirtschaft im alten Griechenland*, München 1984

Baumann, Hellmut, *Die griechische Pflanzenwelt in Mythos, Kunst und Literatur*, München 1982

Beck, Hans-Georg, *Das byzantinische Jahrtausend*, München 1978

Beck, Hans-Georg, *Byzantinisches Lesebuch*, München 1982

Bengston, Herrmann, *Griechische Geschichte. Von den Anfängen bis in die Römische Kaiserzeit*, München 1965

Chadwick, John, *Die mykenische Welt*, Stuttgart 1979

Der Griechenland Brockhaus, Wiesbaden 1983

Die Hexe von Patmos, eine Sammlung der schönsten griechischen Inselmärchen, deutsch von Inez Diller-Sellschopp, Romiosini-Verlag Köln 1983

Eckhardt, Klaus, *So singt Griechenland*, Romiosini-Verlag Köln 1993

Eideneier, Niki und Hans (Hrsg.), *Thessaloniki – Bilder einer Stadt*, Romiosini-Verlag Köln 1992

Eideneier, Niki und Hans, *Neugriechisch ist gar nicht so schwer*, Wiesbaden 1994

Faure, Paul, *Die griechische Welt im Zeitalter der Kolonisation*, Stuttgart 1981

Flacelière, Robert, *Literaturgeschichte Griechenlands*, München 1966

Flacelière, Robert, *Griechenland. Leben und Kultur in klassischer Zeit*, Stuttgart 1977

Fränkel, Hermann, *Dichtung und Philosophie des frühen Griechentums*, München 1962

Gallas, Klaus, *Kreta. Landschaft, Kultur, Menschen*, Köln 1979

Gallas, Klaus, Wessel, Klaus, Borboudakis, Manolis, *Byzantinisches Kreta*, München 1983

Gallas, Klaus, *Kreta. Ursprung Europas*, München 1984

Gallas, Klaus, *Rhodos: Eine der sonnenreichsten Inseln des Mittelmeeres – ihre Geschichte, Kultur und Landschaft*, Köln 1984

Gallas, Klaus, *Kreta. Von den Anfängen Europas bis zur kreto-venezianischen Kunst*, Köln 1985

Gallas, Klaus, *Korfu. Das antike Kerkyra im Ionischen Meer. Geschichte, Kultur, Landschaft*, Köln 1986

Gallas, Klaus, *Korfu und die Ionischen Inseln*, Köln 1987

Gallas, Klaus, *Rhodos*, München 1989

Gallas, Klaus, Klemm, Dieter, *Griechenland. 21 Annäherungen an ein dreitausendjähriges Reiseziel*, Gießen 1990

Gallas, Klaus, *Byzantinisches Griechenland*, Dortmund 1993

Hellenika Jahrbuch, Herausgeberin Isidora Rosenthal-Kamarinea, Bochum 1964 ff.

Jongh, Brian de, *Griechenland. Festland und Peloponnes*, München 1974

Kaltsas, Petra / Antoniadu, Christina, *Idiomatische Redewendungen*, Romiosini-Verlag Köln 1993

Karkavitsas, Andreas, *Der Bettler*, deutsch von Ulf-Dieter Klemm, Köln 1984

Kavafis, Konstantinos, *Brichst du auf gen Ithaka.* Sämtliche Gedichte deutsch von Wolfgang Josing, Romiosini-Verlag Köln 1987

Krug, Antje, *Heilkunst und Heilkult*, München 1985

Lienau, Cay, *Griechenland. Geographie eines Staates der europäischen Südperipherie*, Darmstadt 1989

Makedonen, die Griechen des Nordens. Ausstellungskatalog, Hannover 11. März bis 19. Juni 1994

Myrivilis, Stratis, *Das Leben im Grabe*, deutsch von Ulf-Dieter Klemm, Romiosini-Verlag Köln 1986

Ostrogorsky, Georg, *Geschichte des Byzantinischen Staates*, München 1963

Politis, Linos, *Geschichte der Neugriechischen Literatur*, Köln 1984

Rossiter, Stuart, *Reiseführer Griechenland*, München/Athen 1982

Ruge, Hans, *Grammatik des Neugriechischen*, Romiosini-Verlag, Köln 1988

Schäfer-Schuchardt, Horst, *Die Olive*, DA Verlag Nürnberg 1993

Seidl, Wolf, *Bayern in Griechenland. Die Geburt des griechischen Nationalstaats und die Regierung König Ottos*, München 1981

Sotiriu, Dido, *Grüß mir die Erde, die uns beide geboren hat*, historischer Roman, deutsch von Inge von Meerendonk, Romiosini-Verlag Köln 1993

Tachtsis, Kostas, *Dreimal unter der Haube*, Roman, deutsch von Wolfgang Josing, Romiosini-Verlag Köln 1984

Tzermias, Pawlos, *Neugriechische Geschichte. Eine Einführung*, Tübingen 1986

Vakalopulos, Apostolos, *Griechische Geschichte von 1204 bis heute*, Köln 1985

Register

Kursiv gesetzte Seitenzahlen verweisen auf Bilder, **fett** gedruckte auf Haupttextstellen.

Text- und Bildquellen

Textquelle

Platon, Sämtliche Werke, Band 4 RK 39

Bildquellen

Alle Fotografien stammen von Klaus Gallas mit Ausnahme von:
Sidney Wiesner, Köln/Bad Honnef: S. 14/15, 21, 22/23, 24/25, 275
Dieter Koch, Nürnberg: S. 51, 109, 114, 117 (4)
Neue Pinakothek, München: S. 141 o., 142 o. + u.
Staatliche Museen, Berlin: S. 193 o.
Staatliche Münzsammlung, München: S. 193 u.

Alle in diesem EDITION ERDE TV-Buch enthaltenen Angaben wurden von den Autoren sowie vom Lektorat nach bestem Wissen erstellt. Im Sinne des Produkthaftungsrechts muß der Verlag jedoch darauf hinweisen, daß inhaltliche Fehler nicht vollständig auszuschließen sind. Verlag und Autoren übernehmen deshalb keinerlei Verantwortung und Haftung, alle Angaben erfolgen ohne Gewähr. Der Verlag bittet hierfür um Verständnis. Korrekturhinweise von seiten der Leser nimmt das Lektorat gerne entgegen.

EDITION ERDE im BW Verlag, Außenstelle Lektorat, Friedrichstraße 13, 80801 München.

Über die Autoren

Klaus Gallas, geboren 1941, studierte Architektur (Dipl. Ing.), Archäologie, Ägyptologie und Byzantinische Kunstgeschichte (Dr. Ing.). Ab 1963 längere Aufenthalte und kunstgeschichtliche Reiseführungen in den Mittelmeerländern und im Vorderen Orient, speziell Iran/Persien. Korrespondierendes Mitglied der Gesellschaft für Griechische Kultur, Athen. Grabungstätigkeit im Bereich der frühchristlichen Archäologie auf Kreta und Zypern; Idee und Drehvorlage zu dem fünfteiligen ZDF-Film *Kreta, Ursprung Europas*. Autor und Fotograf zahlreicher Kunstreiseführer und Fotobände, vor allem zu den griechischen Inseln – Rhodos, Kreta, Korfu –, aber auch zu Themen wie München, Zypern und Griechenland. Seit 1991 Herausgeber der Edition Erde Reiseführer.

Hans Eideneier, geboren 1937 in Stuttgart, gilt als Experte auf dem Gebiet der neugriechischen Philologie. Er studierte Klassische Philologie, Vergleichende Sprachwissenschaft, Neugriechisch, Byzantinistik und Geschichte (1966 Promotion). Von 1969 an war er Lektor für Mittel- und Neugriechisch an der Universität zu Köln. 1974 Habilitation im Fach Mittel- und Neugriechische Philologie. Zwei Gastprofessuren für Mittel- und Neugriechische Philologie an der Universität Thessaloniki und an der Universität Kreta. Seit 1994 Ordentlicher Professor für Byzantinistik und Neugriechische Philologie an der Universität Hamburg. Seit der Gründung 1983 Vorsitzender der »Initiativgruppe Griechische Kultur in der Bundesrepublik Deutschland«. Seit 1988 Ehrenmitglied im griechischen Schriftstellerverband.
Hans Eideneier ist auch Mitbegründer des Romiosini-Verlages für Zeitgenössische griechische Literatur, den seine Frau Niki Eideneier leitet. Dieser Verlag hat es sich zur Aufgabe gemacht, die moderne Kultur Griechenlands und Zyperns in deutscher Sprache zu verbreiten. Die über 90 Titel aus den Bereichen schöngeistige Literatur in deutscher Übersetzung, Praktische Landeskunde (Lieder, Tänze, Kochkunst) und Wissenschaft (Handbücher zur Geschichte und zur Literaturgeschichte) ermöglichen einen Einblick in das geistige Leben Griechenlands und Zyperns hinter den Kulissen des alltäglichen Tourismus.

Nürnberger Nachrichten

Für Globetrotter

Nicht selten stellt der Urlauber während der Reise fest, daß er sich mit dem falschen Buch belastet hat. Damit Enttäuschungen dieser Art ausbleiben, bemühen sich die Herausgeber der *Edition Erde* in einer anspruchsvollen Reisebuch-Reihe, möglichst kompakt soviel Informationen wie möglich in den sorgfältig gestalteten Bänden unterzubringen.

Das Konzept für die Reiseführer aus dem Verlag Bildung und Wissen entwarf der erfahrene Reisebuchautor Klaus Gallas.

Die Reiseführer der *Edition Erde* sind immer auch Lesebücher. Weil die für jede Reise notwendigen Daten und Fakten nicht bloß aufgezählt werden, sondern immer in kleine Geschichten verpackt sind, macht das Schmökern Spaß.

Kompetente Kenner

Bei der Wahl der Autoren wird größter Wert darauf gelegt, daß es sich um kompetente Kenner des Landes handelt.

In der Gestaltung sind die Bände der *Edition Erde* wohltuend konventionell.
Die solide fotografierten touristischen Sujets sind eine sinnvolle Illustration, denn sie ergänzen die Text-Informationen und sind manchmal wertvolle Anregungen für die eigene Motiv-Suche. Lobenswert sind auch die jedem Band beigefügten Karten und Stadtpläne, die jeweils aktuell vor dem Druck für die Reiseführer-Reihe angefertigt werden.

Jedes Reisebuch, das unter dem Signet des wölkchenumspielten Globus der *Edition Erde* von fremden Ländern erzählt, hat vor allen anderen Anliegen eines ganz besonderes: Der Reisende soll nicht wie ein Trampeltier in unbekannte Regionen einfallen, sondern sich auf den Pfaden des „sanften Tourismus“ fortbewegen.